汽车电工从入门到精通系列

# 汽车数据流分析详解与应用

主　编　麻友良　张　威

机械工业出版社

本书系统地总结了汽车数据流及数据流分析的作用，在此基础上，系统地介绍了检测汽车数据流的常用设备、数据流的获取方法及分析方法，并列举了多个通过汽车数据流分析检修汽车故障的典型实例。

本书可帮助读者认识并熟知汽车数据流，掌握汽车数据流的获取方法，以及数据流的分析方法，最终熟练掌握通过汽车数据流分析检修汽车电子控制系统故障的技能，进而提高汽车维修技术水平。本书是汽车电工提高自身工作能力的必备书籍，同时也适合从事或准备从事汽车维修工作的广大读者阅读学习，还可作为高等院校、职业学校学生学习汽车电器与电子控制技术课程的参考用书。

**图书在版编目（CIP）数据**

汽车数据流分析详解与应用 / 麻友良，张威主编 . — 北京：机械工业出版社，2022.3（2024.4 重印）
（汽车电工从入门到精通系列）
ISBN 978-7-111-70456-0

Ⅰ . ①汽… Ⅱ . ①麻…②张… Ⅲ . ①汽车 – 电子系统 – 控制系统 – 故障诊断 Ⅳ . ① U472.41

中国版本图书馆 CIP 数据核字（2022）第 052620 号

机械工业出版社（北京市百万庄大街 22 号　邮政编码 100037）
策划编辑：谢　元　　　　　责任编辑：谢　元　刘　煊
责任校对：郑　婕　刘雅娜　封面设计：马精明
责任印制：郜　敏
北京富资园科技发展有限公司印刷
2024 年 4 月第 1 版第 2 次印刷
184mm×260mm · 14.75 印张 · 371 千字
标准书号：ISBN 978-7-111-70456-0
定价：69.90 元

电话服务　　　　　　　　　网络服务
客服电话：010-88361066　　机　工　官　网：www.cmpbook.com
　　　　　010-88379833　　机　工　官　博：weibo.com/cmp1952
　　　　　010-68326294　　金　书　网：www.golden-book.com
封底无防伪标均为盗版　　　机工教育服务网：www.cmpedu.com

# 前言

　　现代汽车技术发展的一个突出特点是电子控制技术的广泛应用。汽车电子控制装置在降低汽车油耗和排放污染、提高汽车安全性和舒适性方面，发挥着无可替代的作用，与此同时，对汽车维修技术水平的要求也相应提高了。通过汽车数据流分析诊断汽车上的电子控制系统、燃料供给系统及其他系统和部件的故障，早在 20 世纪末期就已经出现了。但是，由于种种原因，直至今日，汽车数据流及其分析对于许多从事汽车维修的人来说，还是不太熟悉。汽车数据流分析实际上已经逐渐成为现代汽车故障检修中不可或缺的技术，因此熟悉汽车数据流、掌握数据流分析方法是提高现代汽车故障检修水平所必需的。汽车数据流分析技术水平的高低，已经成为衡量汽车维修人员技术水平的重要标准之一。而作为一名主要从事汽车电器与电子控制系统维修的汽车电工，掌握汽车数据流分析方法，则是更好地承担本职工作所必需的。

　　本书系统地总结了汽车数据流的作用、汽车数据流分析的作用、汽车数据流的类型等基本概念，以帮助读者了解并熟悉汽车数据流。在此基础上，循序渐进地对数据流的获取方法、数据流分析基本方法、数据流分析的一般步骤、汽车主要参数分析等做了全面而又系统的介绍。通过对这些内容的学习，读者可进一步加深对汽车数据流分析的认识，同时也可初步了解和掌握汽车数据流分析的基本方法。本书还总结了汽车数据流应用误区分析，及不同数据值情况下数据流的应用，这部分内容是想帮助读者在开展汽车数据流分析实践之前，提高汽车数据流分析的能力。本书还精选了汽车数据流分析的典型故障检修实例，其中每个实例都是数据流分析的典型应用，目的是让读者充分了解故障检修过程，汲取他人的经验，在迅速提高汽车维修知识水平的同时，提高汽车数据流分析的实践能力。

　　本书适用于从事汽车维修的技术人员和工人，以及想要学习汽车检测与维修的广大读者，同时也可作为大学、高职、中职等相关专业学生学习的参考用书。

　　本书由麻友良、张威担任主编，参加编写的还有罗晨晖、吴贺利、游彩霞、孟芳、杨帆、吴满、袁青。在本书编写过程中，阅读了大量相关的书籍资料，从中汲取了许多知识和经验，借此，向这些书籍和资料的作者表示感谢。由于编者水平有限，书中难免会有不妥之处，恳请广大读者批评指正。

编　者

# 目录

前言

## 第一章　认识汽车数据流　/1

### 第一节　汽车数据流概述 ……………………………………………………… 1
一、汽车数据流的基本概念 …………………………………………………… 1
二、汽车数据流在汽车电子控制系统中的作用 ……………………………… 3
三、汽车数据流的类型 ………………………………………………………… 4

### 第二节　汽车数据流的获取方式 ……………………………………………… 5
一、电脑通信方式 ……………………………………………………………… 5
二、电路在线检测方式 ………………………………………………………… 6
三、元器件模拟方式 …………………………………………………………… 7

## 第二章　了解汽车数据流分析　/9

### 第一节　汽车数据流分析概述 ………………………………………………… 9
一、汽车数据流分析的作用 …………………………………………………… 9
二、汽车数据流分析的意义 …………………………………………………… 10

### 第二节　汽车数据流分析发展概况 …………………………………………… 11
一、国内汽车维修行业汽车数据流分析应用现状 …………………………… 11
二、汽车数据流分析应用前景 ………………………………………………… 12

## 第三章　汽车数据流获取方法详解　/14

### 第一节　用电脑通信方式获得汽车数据流 …………………………………… 14
一、概述 ………………………………………………………………………… 14
二、电脑通信方式获取数据流示例 …………………………………………… 16

### 第二节　用电路在线检测方式获得汽车数据流 ……………………………… 30
一、概述 ………………………………………………………………………… 30
二、汽车万用表检测获取汽车数据流 ………………………………………… 32

三、示波器检测获取汽车数据流 ……………………………………… 35

**第三节　元器件模拟方式获取汽车数据流** ………………………………… 40
　　一、概述 ………………………………………………………………… 40
　　二、单路信号模拟器 …………………………………………………… 41
　　三、同步信号模拟器 …………………………………………………… 41

# 第四章　汽车数据流的分析方法　/43

**第一节　汽车数据流常用分析方法** ………………………………………… 43
　　一、数值分析法 ………………………………………………………… 43
　　二、时间分析法 ………………………………………………………… 44
　　三、因果分析法 ………………………………………………………… 45
　　四、关联分析法 ………………………………………………………… 46
　　五、比较分析法 ………………………………………………………… 47

**第二节　数据流分析的一般步骤** …………………………………………… 47
　　一、有故障码时的数据流分析方法 …………………………………… 47
　　二、无故障码时的数据流分析方法 …………………………………… 48
　　三、数据流综合分析步骤 ……………………………………………… 49

**第三节　数据流分析和传统维修技术对比分析** …………………………… 51
　　一、传统汽车维修技术排除故障 ……………………………………… 51
　　二、数据流分析方法排除故障 ………………………………………… 52

# 第五章　汽车主要参数分析　/53

**第一节　基本参数分析** ……………………………………………………… 53
　　一、发动机转速 ………………………………………………………… 53
　　二、发动机起动转速 …………………………………………………… 53
　　三、氧传感器工作状态 ………………………………………………… 53
　　四、发动机负荷 ………………………………………………………… 54
　　五、发动机运转时间 …………………………………………………… 54
　　六、车速 ………………………………………………………………… 55

**第二节　控制与状态参数分析** ……………………………………………… 55
　　一、燃油控制参数 ……………………………………………………… 55
　　二、发动机冷却液温度参数 …………………………………………… 58
　　三、节气门位置和怠速控制参数 ……………………………………… 59
　　四、进气状态参数 ……………………………………………………… 60

　　　　五、电器和点火系统参数 …………………………………………… 62
　　　　六、排放控制参数 ……………………………………………………… 64
　　　　七、变速器参数 ………………………………………………………… 68
　　　　八、ABS 参数 …………………………………………………………… 74
　　　　九、汽车空调参数 ……………………………………………………… 75

## 第六章　汽车数据流应用误区与各种数值状态下的数据流应用分析　/78

### 第一节　汽车数据流应用误区分析 …………………………………… 78
　　　　一、简单地照搬维修手册上提供的数值分析结果 …………………… 78
　　　　二、数据流参数值在标准范围内时数据流就无作用 ………………… 81
　　　　三、无参考数据时数据流就无法分析运用 …………………………… 83
　　　　四、仅按数据流数据字面含义分析数据 ……………………………… 87
　　　　五、故障分析不能有效地与工作原理相结合 ………………………… 88

### 第二节　不同数据值情况下的数据流应用 …………………………… 90
　　　　一、没有数据值超范围时的数据流应用 ……………………………… 90
　　　　二、多项数据值超范围时的数据流应用 ……………………………… 91
　　　　三、个别数据值超范围时的数据流应用 ……………………………… 98

## 第七章　大众/奥迪车系的数据流分析　/99

### 第一节　大众/奥迪车系发动机数据流分析 ………………………… 99
　　　　一、奥迪车系发动机数据流的读取 …………………………………… 99
　　　　二、奥迪车系发动机数据流分析 ……………………………………… 101

### 第二节　大众/奥迪车系自动变速器数据流分析 …………………… 132
　　　　一、奥迪车系自动变速器数据流的读取 ……………………………… 132
　　　　二、奥迪车系自动变速器数据流分析 ………………………………… 134

### 第三节　大众/奥迪车系 ABS 数据流分析 …………………………… 140
　　　　一、奥迪车系 ABS 数据流的读取 ……………………………………… 140
　　　　二、奥迪车系 ABS 数据流分析 ………………………………………… 141

## 第八章　通用/别克轿车数据流分析　/143

### 第一节　通用/别克轿车发动机数据流分析 ………………………… 143
　　　　一、发动机基本数据流分析 …………………………………………… 143

二、排放控制数据流分析 …………………………………………… 146
　　三、燃油控制数据流分析 …………………………………………… 149
　　四、进气状态数据流分析 …………………………………………… 151
　　五、供电及点火控制数据流分析 …………………………………… 155

第二节　通用/别克轿车自动变速器数据流分析 ………………………157
　　一、自动变速器参数和数据流分析 ………………………………… 157
　　二、自动变速器油温度（TFT）传感器数据流分析 ……………… 160
　　三、自动变速器输入/输出转速传感器数据流分析 ……………… 160
　　四、自动变速器电磁阀数据流分析 ………………………………… 161
　　五、自动变速器开关数据流分析 …………………………………… 163

第三节　通用/别克轿车ABS与安全气囊数据流分析 …………………164
　　一、ABS数据流分析 ………………………………………………… 164
　　二、安全气囊系统数据流分析 ……………………………………… 168

# 第九章　其他典型汽车数据流分析　　　　　　　　　　/170

第一节　北京现代汽车数据流分析 ………………………………………170
　　一、伊兰特、索纳塔、途胜发动机数据流分析 …………………… 170
　　二、北京现代御翔发动机数据流分析 ……………………………… 172
　　三、伊兰特、索纳塔、途胜自动变速器数据流分析 ……………… 176
　　四、御翔NF自动变速器数据流分析 ………………………………… 177
　　五、伊兰特和索纳塔轿车ABS数据流分析 ………………………… 178
　　六、御翔NF ESP系统数据流分析 …………………………………… 179

第二节　广汽丰田凯美瑞轿车数据流分析 ………………………………182
　　一、发动机控制系统数据流分析 …………………………………… 182
　　二、自动变速器控制系统数据流分析 ……………………………… 189
　　三、防抱死制动控制系统数据流分析 ……………………………… 190
　　四、汽车空调控制系统数据流分析 ………………………………… 192

# 第十章　汽车数据流分析应用实例　　　　　　　　　　/196

# 参考文献　　　　　　　　　　　　　　　　　　　　　/227

# 第一章
## 认识汽车数据流

### 第一节 汽车数据流概述

#### 一、汽车数据流的基本概念

 阅读提示

> 数据流（data stream）最初是存在于通信领域的概念，代表传输中所使用的信息的数字编码信号序列。如今的数据流概念则有所不同，已将数据流定义为"只能以事先规定好的顺序被读取一次的数据的一个序列"。数据流的概念也被引入汽车领域，而"汽车数据流"，则是用于表示汽车 ECU 从其输入与输出电路中反映被控对象状态信息的流入数据，以及 ECU 对被控对象进行控制的流出数据。

**1. 什么是汽车数据流**

近年来，"汽车数据流"这个名词在汽车维修行业逐渐盛行起来，但很多人对"汽车数据流"究竟表示什么还不是很清楚。如果了解"汽车数据流"的概念是从何而来的，就会对"汽车数据流"有比较清晰的认识。汽车数据流原是用来表示通过汽车故障诊断仪，从汽车 ECU 的诊断接口读取的数据。这些数据包括汽车电子控制器（ECU）从传感器信号及开关信号中获取的汽车工况与状态识别参数，以及 ECU 为实现设定的控制目标而向执行器输出的控制参数。由于数据的传输就像排队一样，一个一个通过数据线流向诊断仪，因而称其为"汽车数据流"。

由此可见，汽车数据流就是指汽车 ECU 用来判别被控对象工况与状态的数据，以及汽车 ECU 用来控制被控对象工况与状态的控制数据。汽车数据流分析则是根据所获取数据流的具体数值和形态，分析与判断汽车电子控制系统及相关系统或部件的工作状态、故障与否等信息。

如今，"汽车数据流"的概念已逐渐被更多的人所熟悉，而通过汽车数据流分析诊断故障，已经在现代汽车维修中得到了广泛的运用，并发挥着越来越重要的作用。

**2. 汽车数据流的表现形式**

在汽车运行过程中，汽车数据流随时间和工况而变化。汽车数据流除了在进行故障检修时，由诊断接口"流向"故障诊断仪外，在汽车电子控制系统工作过程中，其传感器、控制器及执行器之间，也时刻进行着数据的交流（信号传递）。汽车数据流的交流方式如图 1-1 所示。

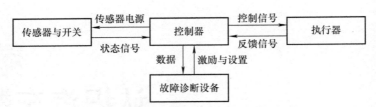

图 1-1　汽车电子控制系统中的数据流

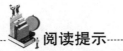 阅读提示

　　传感器与开关输入 ECU 的状态信号及执行器的反馈信号，包括连续变化的模拟信号、频率或相位变化的脉冲信号、高低电平变化的开关信号。这些状态信号均需通过 ECU 的输入电路转换为相应的二进制代码；ECU 输出的控制信号也为二进制代码，需通过 ECU 的输出电路转换为能使执行器工作的驱动脉冲或高低电平。

（1）汽车 ECU 内部的数据流

ECU 内部数据流是指 ECU 内部微处理器与输入电路和输出电路之间的数据传递。在汽车电子控制系统的检测与故障诊断过程中，通过汽车故障诊断仪从汽车诊断接口获取的，就是 ECU 内部的数据。数据信息的表达形式为二进制代码。这些数据不能直接识读，需要汽车故障诊断仪内部的信号处理电路进行译码或数模转换后，以十进制数值、文字及波形等方式才能被人们识读。

（2）汽车 ECU 外部数据流

ECU 外部数据流是指从 ECU 的输入端输入的信号（如传感器与开关信号、执行器的反馈信号），以及从 ECU 的输出端输出的控制信号（如各控制系统执行器的控制信号、指示灯/警告灯控制信号）。汽车 ECU 外部数据流需要通过万用表和示波器等检测工具，从传感器、控制器或执行器的连接端子才能检测到，数据表现形式也有多种。

1）连续变化的模拟信号。以与被测参量一一对应的电压参量为数据值。例如，节气门位置传感器、各种温度传感器、量板式空气流量传感器、电位计式转向盘转矩传感器等，向控制器传送的信号都是以信号电压值表示当时的节气门位置、温度、进气的流量、转向盘的转矩等参数。

2）脉冲电压的幅值。以脉冲电压的幅值反映数据值。例如，电感式转向盘转矩传感器向控制器传送的就是此类信号。

3）脉冲电压的频率。以脉冲电压的频率反映数据值。例如，发动机转速传感器、车轮转速传感器、车速传感器、卡门涡旋式空气流量传感器等，向控制器传送的脉冲信号均属此类信号。

4）脉冲电压的占空比。占空比脉冲电压是一种脉冲频率固定，以脉宽的变化来表示数据值变化的信号（图 1-2）。在汽车电子控制系统中，此类数据流也较多。例如，电子控制器向怠速控制电磁阀、变速器油压调节电磁阀、变矩器锁止电磁阀等输出的控制信号

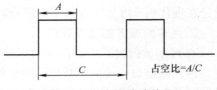

图 1-2　占空比脉冲信号

均为占空比脉冲信号。

5）高低电平。以电压的高低表示数据值，在汽车电子控制系统中，此类信号也有很多。例如，节气门位置传感器中的怠速开关、自动变速器的档位开关、制动系统中的制动灯开关等，均由各自的开关向电子控制器提供开关信号，而电子控制器向继电器、指示灯、开关式电磁阀、电动机等输出的，也是开关信号。

6）故障码。汽车电子控制系统故障自诊断过程中所获得的故障码，是反映汽车电子控制系统故障的数据流。当汽车电子控制系统的部件和线路出现故障时，自诊断系统就以二进制代码的形式，在指定的 RAM 中储存故障信息。在故障检修时，可通过扫描仪、汽车故障诊断仪或人工的方法读取故障信息。

7）其他形式。在汽车电子控制系统中，除了上述数据表达方式外，还有其他形式的信号。例如，氧传感器以输出接近 1V 的信号电压表示混合气过浓，以 0.2V 以下的信号电压表示混合气过稀；爆燃传感器则是以特定的脉冲电压波形（非共振型）或电压峰值（共振型）来反映发动机是否发生了爆燃；曲轴位置传感器及凸轮轴位置传感器输出的脉冲信号表示的是曲轴或凸轮轴的转角数据。

## 二、汽车数据流在汽车电子控制系统中的作用

综上所述，汽车数据流主要有三部分：一是由传感器产生的反映汽车 ECU 被控对象状态的数据块；二是由传感器或电路模块产生的反映执行器状态的数据块；三是由汽车 ECU 产生的用于对被控对象实施控制的数据块。这一系列数值所组成数据块的具体作用体现在维持电子控制系统正常工作、显示汽车工作状态、汽车的检测与故障诊断等几个方面。

### 1. 控制电子控制系统的工作

在汽车电子控制系统内部，数据流的作用是使电控系统保持正常工作，这是汽车数据流最根本的作用。传感器产生的反映被控对象状态的数据流传向汽车电子控制器（ECU），控制器根据传感器输入的数据流进行分析与计算，获得被控对象的物理参量及工作状态，并向执行器发出控制数据流，执行器在这些数据流的作用下工作，将被控对象控制在设定的目标参数范围之内。

### 2. 显示汽车工作状态

显示汽车工作状态是汽车数据流的另一个重要作用。当汽车的行驶工况与状态有变化时，汽车数据流随即改变，一些汽车数据流通过汽车显示仪表显示出汽车的行驶状态，以及发动机的状况。例如车速、燃油液面、瞬时油耗、发动机转速、发动机温度等。这些数据流通过显示装置使驾驶人随时了解汽车的工作状况，及时发现异常情况。

### 3. 检测与诊断汽车电子控制系统的故障

由于现代汽车上电子控制系统的应用涉及发动机、底盘及车身等各个部分，一些高级轿车所装备的电子控制系统的数据传输线多达数百条，各电子控制系统的工作状态即使有最轻微的变化，都会在数据流上有所反映。因此，通过诊断接口或其他检测手段获得相关的数据流（传感器的输入信号和控制器的输出信号），检修人员运用分析与比较的方法，就可以获得相关的系统工作正常与否，相关系统部件或线路是否有故障的诊断结果。

如果运用微机故障分析仪进行动态检测，就可将汽车运行中各种传感器和执行元件的输入与输出信号的瞬时数据值，直接以数据流的方式在显示屏上显示出来。这样，就可以根据汽车

工作过程中控制系统各种数据的变化情况，来分析与判断电子控制系统的工作是否正常。

#### 4. 实现汽车电子控制系统故障自诊断

汽车电子控制系统设有故障自诊断功能，在电子控制器的 ROM 中，存储有传感器输入信号和执行器反馈信号的标准参数和故障自诊断程序。汽车电子控制系统工作时，控制器在正常控制过程的间歇，运行故障自诊断程序，将输入的信号与标准参数进行比较。如果输入信号丢失或不在正常范围之内，就诊断为提供输入信号的线路和部件有故障，并将故障信息以故障码的形式储存于 RAM 中。

### 三、汽车数据流的类型

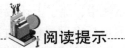

> 汽车数据流有很多种类型，包括输入与输出数据流，数据所表达的状态、作用及所属的系统均有所不同。熟悉并充分理解各种类型数据流的作用及特点，有助于更好地掌握汽车数据流分析方法。

下面以不同的方法对汽车数据流进行分类。

#### 1. 按数据所显示的方式分类

根据数据在检测仪上显示的方式不同，数据流可分为数值参数和状态参数两大类。

1）数值参数。数值参数是指有一定单位、一定变化范围的参数，它通常反映电控装置工作中各部件的工作电压、温度、压力、时间、速度等。

2）状态参数。状态参数是只有两种工作状态的参数，如开或关、是或否、闭合或断开、高或低等，它通常表示电控装置中的开关和电磁阀等元件的工作状态。

#### 2. 按数据与电子控制器的出入关系分类

根据数据流与电子控制器的输入与输出关系，汽车数据流又可分为输入参数和输出参数两大类。

1）输入参数。输入参数是指各传感器或开关信号输入给电子控制单元的各个参数。输入参数可以是数值参数，也可以是状态参数。

2）输出参数。输出参数是 ECU 送出给各执行器的输出指令。输出参数通常为状态参数，例如，电磁阀的开与关、警告灯的亮与灭、电动机的转与停等控制信号。当然，输出参数也有数值参数，例如，喷油器的喷油时间、点火提前角等。

#### 3. 按系统的工作状态分类

按检测数据流时汽车电子控制系统的工作状态，有静态数据流和动态数据流两大类。

1）静态数据流。汽车电子控制系统接通电源，但未进入工作状态时所检测到的数据为静态数据流。例如，接通点火开关，但不起动发动机。这时，利用故障诊断仪或其他测量仪器测得的汽车电子控制系统的数据即为静态数据流。

2）动态数据流。汽车电子控制系统处于工作状态时检测到的数据为动态数据流。例如，接通点火开关，且起动发动机，在发动机处于运转状态下，用故障诊断仪或其他测量仪器所测得的发动机电子控制系统的数据，即为动态数据流。动态数据流随着电子控制系统工作状态的变化而改变。

# 第一章 认识汽车数据流

### 4. 按数据所属的系统分类

如果按数据流中的参数所属的系统,则可以将数据分为电控发动机数据流、自动变速器数据流、ABS 数据流等。

> **专家提醒:**
> 
> 不同类型或不同系统的数据流,其作用和分析方法有所不同,不同厂牌及不同型号的汽车,其电控装置的数据流参数的名称和内容也不完全相同。因此,在利用汽车数据流进行故障诊断时,还应当将几种不同类型或不同系统的参数进行综合对照分析。

## 第二节 汽车数据流的获取方式

> **阅读提示**
> 
> 进行数据流分析的首要任务是获取汽车电子控制系统内部的数据流。最主要的方式是通过汽车 ECU 与诊断仪的数据通信获取 ECU 内部的数据。这种直接从 ECU 内部获取数据的方式称为电脑通信方式。但是,要获取 ECU 外部的数据流,还需要采用其他的方式,例如,在线方式和元器件模拟方式。

现代汽车电子控制系统故障检修过程中,常用的汽车数据流的获取方式有电脑通信方式、电路在线检测方式和元器件模拟方式三种。

## 一、电脑通信方式

### 1. 数据流的获取方法

电脑通信方式是指汽车 ECU 与诊断仪之间的数据通信。通过汽车电子控制系统连接在诊断插座中的数据通信线,将汽车 ECU 的实时数据参数以串行的方式传送给汽车故障诊断仪(图 1-3)。在汽车 ECU 内部的数据流中,包括故障信息、电子控制器(ECU)的实时运行参数。此外,还有 ECU 与诊断仪之间的相互控制指令。

汽车故障诊断仪在接收到这些信号数据以后,按照预定的通信协议将其显示为相应的文字和数值,以便于维修人员观察系统的运行状态,并通过分析这些数据,发现其中不合理或不正确的信息,并对故障检修对象进行故障诊断。

图 1-3 电脑通信方式获取数据流

### 2. 诊断仪的类型

电脑通信方式获得数据流所采用的诊断仪有通用型和专用型两种。

（1）通用型诊断仪

通用型汽车诊断仪可适用于多种车型的测试，设置的主要功能包括：电子控制器（ECU）电脑版本的识别、故障码读取和清除、动态数据参数显示、传感器和部分执行器的功能测试与调整、某些特殊参数的设定、维修资料及故障诊断提示、路试记录等。典型的通用型汽车诊断仪如图1-4所示。

通用型诊断仪的特点是可测试的车型较多，适应范围也较广。但它与专用诊断仪相比，无法完成某些特殊功能。

（2）专用型诊断仪

专用型汽车故障诊断仪除了具备通用型诊断仪的各种功能外，还有参数修改、数据设定、防盗密码的设定与更改等多种特殊功能。典型的专用型汽车诊断仪如图1-5所示。

图1-4 元征X431 GX3通用型汽车诊断仪

专用汽车故障诊断仪是汽车厂家自行或委托设计的专业测试仪器，专业性强、测试功能完善，但通常只适用于本厂家所生产的车型。

通用型汽车故障诊断仪和专用型汽车故障诊断仪的动态数据显示功能，不仅能对控制系统的运行参数（可达上百个）进行数据分析，还能观察电子控制器（ECU）的动态控制过程。因此，它具备从ECU内部分析过程的诊断功能。在汽车故障诊断过程中，通用型诊断仪或专用型诊断仪是获取数据流的主要手段。

图1-5 大众V.A.G1552型专用汽车诊断仪

## 二、电路在线检测方式

### 1. 数据流的获取方法

电路在线检测方式是指利用检测仪器（通常称为电路分析仪），对汽车电子控制器（ECU）电路进行在线检测，从汽车ECU的外部获取数据流。ECU外部的数据流主要是指ECU与外部连接电路的各个输入、输出端的电信号。电路分析仪通常从汽车ECU插接器处相应的端子测得相关数据流（图1-6），根据所测得的数据流可分析汽车电子控制系统的工作状态、相关传感器和执行器的工作状态，及发生故障与否。

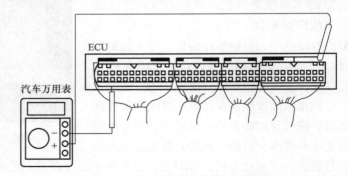

图1-6 电路在线方式获取数据流

## 2. 电路分析仪的种类

用于汽车电子控制系统电路在线方式获取数据流的电路分析仪，常用的有汽车万用表和汽车示波器两种。

（1）汽车万用表

用于检测汽车电子控制系统相关数据的万用表为数字式多用途仪表（图1-7）。它除具备袖珍数字万用表的功能外，通常还设有汽车专用项目测试功能。汽车万用表可测量交流电压与电流、直流电压与电流、电阻、频率、电容、占空比、温度、闭合角、转速等；汽车万用表通常还设置了其他功能，如自动断电、自动变换量程、模拟条图显示、峰值保持、读数保持（数据锁定）、电池测试（低电压提示）等。

有些汽车万用表为实现某些功能（例如测量温度、转速），还配有一套配套件，如热电偶适配器、热电偶探头、电感式拾取器，以及AC/DC感应式电流夹钳等。

（2）汽车示波器

汽车专用示波器以波形显示的方式表现电路中电参数的动态变化过程，用于对电路上的电参数进行连续性图形显示。汽车示波器是分析复杂电路中电信号波形变化的汽车检测专用仪器。

汽车示波器通常采用两个或两个以上的测试通道，可同时对多路电信号进行同步显示。汽车示波器的优点是：可高速动态分析各信号间相互关系；具有连续记忆和重放功能，以便于捕捉间歇性故障，并且还可以与计算机连接，将采集到的数据进行存储、打印或再现。汽车专用示波器采用手持式的居多，如图1-8所示。

图1-7　汽车专用万用表　　　　　图1-8　手持式汽车示波器

## 三、元器件模拟方式

### 1. 数据流获取方式

元器件模拟数据流获取方式，是指用模拟器向汽车电子控制器（ECU）输送传感器的模拟信号，并测得ECU相关的输出信号（响应参数）。通过分析与比较ECU的响应参数，可获取相关传感器、执行器及ECU的状态信息。

### 2. 信号模拟器的种类

输出传感器信号的电路模块或装置称为信号模拟器，基本上可分为单路信号模拟器和同步信号模拟器两种。

（1）单路信号模拟器

单路信号模拟器是单一通道信号发生器，它只能输出一路信号，模拟一个传感器的动态变化信号。为了模拟各种传感器信号，单路信号模拟器的可变信号电压范围为 0～15V，可变交直流信号频率范围为 0～10Hz。通过单路信号模拟，可以判断被模拟传感器及其信号处理电路的好坏，并且能用可变模拟信号去动态分析电子控制系统的响应，进而分析 ECU 及电子控制系统的工作情况。

（2）同步信号模拟器

同步信号模拟器是两通道以上的信号发生器。它主要用于产生相互有逻辑关系的信号，如曲轴传感器和凸轮轴传感器的同步信号，用于模拟发动机运转工况，可在发动机未转动的情况下，对 ECU 进行动态响应数据分析。同步信号模拟器也能用对比的方式比较传感器的好坏，并能分析电子控制系统的响应数据参数。

# 第二章 了解汽车数据流分析

## 第一节 汽车数据流分析概述

### 一、汽车数据流分析的作用

#### 1. 什么是汽车数据流分析

前面我们已经了解了什么是汽车数据流，并且知道了汽车数据流实际上包含了汽车电子控制器（ECU）从其输入与输出电路中反映被控对象状态信息的流入数据，以及ECU对被控对象进行控制的流出数据。汽车数据流是维系汽车电子控制系统正常工作的"灵魂"，而汽车数据流分析则是通过适当的方法获得汽车ECU输入与输出数据后，对所获得的数据进行分析，以确认汽车电子控制系统工作异常的真正原因，找到汽车电子控制系统故障的确切位置。

汽车数据流分析弥补了汽车故障自诊断的不足，有效地提高了汽车电子控制系统故障诊断的准确性和可靠性。

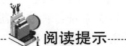
阅读提示

> 汽车故障自诊断是指汽车电子控制器能自动识别出系统电路出现的故障。汽车ECU的故障自诊断方法是：在控制系统对被控对象实施控制的间隙，执行故障自诊断程序。对输入ECU的信号进行分析对比，如果输入的某信号丢失或超出了正常的范围，就判定为提供这个信号的器件或电路有故障，并将故障信息以二进制代码的形式存入RAM中。

#### 2. 汽车故障自诊断的不足

汽车ECU的故障自诊断可自动诊断汽车电子控制系统的故障，并具有故障报警、故障码储存、故障运行和安全保障等功能，给汽车电子控制系统的使用与故障检修带来了极大的帮助。但是，汽车故障自诊断不可避免地存在着如下不足。

1）可自诊断的范围有限。由于ECU的故障自诊断是通过对输入信号与标准值对比的方式实现的，因而这种故障自诊断只对有信号输入的电子控制系统电路有效，其故障自诊断的范围有很大的局限性。

汽车电子控制系统有许多器件没有向ECU传递信号，例如，喷油器、燃油泵、各种电磁阀、许多继电器、各种指示灯和警告灯等器件，以及它们的电路出现短路或断路故障时，ECU

的自诊断系统是不会起作用的。

对一些非电路故障，例如，喷油器阻塞或漏油、节气门体脏污、电磁阀卡滞或漏气等，ECU 的自诊断功能也是无能为力的。

2）不能判别诊断对象性能的好坏。汽车故障自诊断系统只能检测出电控系统电路和部件有无故障，并不能监测传感器的特性变化。如果传感器出现性能不良（例如：工作不正常、偏差严重和灵敏度下降等）导致信号不准确的故障，只要其信号未超出设定的正常范围，自诊断系统就不能识别。因此，在故障检修时，无法通过故障码检测出这一类故障。

3）错误诊断不可避免。这种根据输入信号与标准值进行比较进行故障判断的故障诊断方式，在有些情况下会产生不确定的或完全错误的故障判断。例如，有多个传感器共接于公共搭铁线，当这根搭铁线出现了断路或短路故障时，ECU 故障自诊断的结果可能是多个传感器及其线路有故障。再如，喷油器漏油，氧传感器就会产生一个异常的信号，而 ECU 故障自诊断的结果则可能是氧传感器失效。

**3. 数据流分析故障的作用与特点**

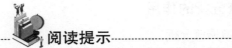

阅读提示

通过汽车数据流分析诊断故障不是仅仅依赖某个输入信号，而是获取多个互相之间有关联的数据，通过对互相之间有关联或有前因后果关系的一组数据进行综合分析，找到数据异常的真正原因，并最终判定故障确切的部位。

数据流分析故障是通过获取一组相互关联的数据进行综合分析，避免了 ECU 故障自诊断的不足，故障诊断的有效率和准确率极高。数据流分析的作用与特点主要有如下几点。

1）实时掌握汽车电子控制系统工作现状。在电子控制系统工作状态下获取数据流，通过分析数据流，可以实时了解汽车电子控制系统各种传感器和执行器的工作状态信息，掌握汽车的运行状况，判断汽车各电子控制系统工作是否正常。

2）能诊断无故障码的故障。数据流分析诊断故障可以解决有故障而无故障码，或错误故障码等疑难故障问题。在使用故障诊断仪读取电控系统故障码，并根据故障码进行检修时，大多数情况下都能判明故障发生的原因和具体的故障部位。但有时候仅仅靠故障码寻找故障，往往会出现判断上的失误。因为有很多故障不能被 ECU 记录，并且有些显示的故障码也不一定是汽车真正的故障。在这种情况下，最可靠的办法就是使用故障诊断仪，读取电控系统的数据流，动态研究电控系统的工作状况。通过对数据流中的各项参数进行数值分析，并与标准数据参数进行综合比较，可以判断汽车电控系统的工作是否正常，从而准确、快速地排除故障。

3）通过读取数据流，可以进行控制器编码、基本设定和自适应值清除等，对电控系统进行更精确的匹配，使电控发动机等各系统能在最佳的状态下工作。

由此可见，在汽车检测与故障诊断过程中，当一些故障不能通过故障码反映，或通过简单的故障码不能寻找到真正的故障时，检测并分析数据流就显得很重要。利用数据流分析方法，可以比较准确地判断故障的类型和发生部位。

## 二、汽车数据流分析的意义

从前面的相关阐述中，我们已经了解到了什么是汽车数据流，以及汽车数据流分析的作用。随着电子技术在汽车上的广泛应用,汽车中的电子设备越来越多,汽车的维修工作变得更加复杂化。目前,大多数汽车维修人员主要是通过查阅故障码来检修汽车电子控制系统的故障,当汽车出现了某种故障但无故障码,或所获取的故障码未能反映真实的故障时,汽车电子控制系统的故障诊断及修复就成了难题。在这种情况下,维修人员通常的做法是盲目性地检测电路,试探性地更换总成或部件,而这种故障检修方法往往会造成汽车故障检修效率低,重复性劳动增加,汽车维修成本增加。

通过对汽车技术服务行业汽车维修技术现状的调研,以及对汽车数据流分析在当今汽车使用与维修领域中的实际应用情况的调查分析,可以肯定,汽车数据流分析已逐渐成为现代汽车故障检修中不可或缺的技术。只有充分了解汽车电子控制系统的组成与工作原理,熟悉汽车数据流的作用与特点,掌握数据流获取和数据流分析方法,才能提高现代汽车故障检修水平。可以说,能够读懂数据流,并能通过数据流进行一系列的分析,会给汽车电子控制系统的实际维修工作带来极大的帮助。换句话说,汽车数据流分析技术水平的高低,是衡量汽车维修人员技术水平的重要标尺。

## 第二节　汽车数据流分析发展概况

### 一、国内汽车维修行业汽车数据流分析应用现状

通过十几年的汽车数据流推广应用,数据流分析的作用和重要性已经逐渐被一些汽车维修人员所接受。但是,一些汽车维修企业虽然有可读取数据流的故障诊断仪,很多维修人员却不愿用、不常用,或不能正确地运用从故障诊断仪获得的检测数据进行故障分析。在众多的汽车维修企业中,目前能够熟练掌握汽车数据流分析方法的维修人员还不是很多。汽车维修过程中,不能充分利用数据流分析这一有效的故障检修方法,其原因除了汽车维修企业员工对汽车电子控制系统还缺乏深入的了解,对数据流及数据流分析的作用及重要意义认识不足之外,还有如下几点原因。

#### 1. 诊断仪显示界面语言为英文

如通用公司的 Tech-II 专用解码器有些内容是中文和英文缩写组合而成的,如 IAC 步数、TP 角度等。这些对于没有英文基础的汽车维修人员来说,往往会觉得难懂,又不好意思多请教,因而放弃使用。这实际上成了影响汽车数据流分析推广使用的一个因素。

其实,只需要稍做努力,掌握一些汽车方面的英文单词,就能很方便地运用数据流。今后,会有越来越多的汽车维修人员来自大学本科、高职、中专和技校等院校,有英语学习的基础,稍加努力,看懂英文界面将不成问题。此外,越来越多的进口专用故障诊断仪都进行了显示汉化,而国内生产的专用或通用型故障诊断仪则完全是中文显示。

#### 2. 数据流参数没有标准值

数据流参数没有标准值也是影响数据流分析应用的一个因素。例如,有些数据只有怠速时的标准范围,而没有其他工况的标准数据。如帕萨特轿车点火提前角数据,维修手册只能查到点火提前角怠速时为 $12°±4.5°$,而没有提供其他工况的数据。这些给通过数据分析来准确判断故障造成了一定的困难。

其实,对大多数常见的车型查得标准数据不是什么难事,首先可以从维修手册上查取或在

介绍常见车型的数据流参数的书中找到。确实没有数据资料时，还是有一些弥补措施的。例如，可以通过比较法得出标准数据，将故障车与同车型对应参数进行比较来发现不正常数据；也可以通过同一辆车的不同工作阶段做比较，如有的热车工作不正常，但冷车工作正常，可以拿冷车和热车的数据做比较，从中发现不正常数据。

### 3. 数据流差异化明显

数据流随车型不同，相差甚远，掌握起来比较困难。一些汽车维修人员在缺乏相关维修资料的情况下，对获取数据和进行数据流分析产生畏难情绪。

实际上，已经有多种版本的汽车数据流速查手册在书市上出现，这些书籍较全面地介绍了不同车系各种类型的汽车数据流，平时注意收集这些图书资料就可以很好地解决这个问题。

### 4. 各传感器数据的表现形式不同

不同车型各传感器数据的表现形式不同，例如进气压力传感器，其显示数据的单位可能是kPa，也可能是mmHg，还可能是mbar。很多维修人员就因为单位不同，数据值相差很大，就觉得记不住，太复杂。

其实，搞清楚这些单位之间的换算关系，即一个标准大气压约等于101kPa，约等于76mmHg，就可以明白没什么特别的了。再如节气门位置传感器，其显示数据的单位可能是角度，也可能是信号电压值，还可能是百分比，使用前需要搞清楚这些数据的换算关系或表达方式。

上述几个原因导致一些汽车维修人员对数据流分析的应用有畏难情绪，因此敬而远之。但随着汽车维修人员文化基础和专业知识水平的逐渐提高，汽车数据流分析方法一定会被更多的维修人员重视和掌握。

## 二、汽车数据流分析应用前景

### 1. 汽车电控技术的发展对汽车检修技术提出了更高的要求

随着汽车电子控制技术的进一步发展，汽车上使用的电子产品也越来越多，汽车发动机、底盘和车身等电控系统中的电控单元数量不断增加。为使汽车各电子控制系统正常协调地工作，各控制器之间的通信也越来越重要。在汽车上采用网络技术，可大大提高各电子控制系统之间信息传递的可靠性，同时可大幅度减少汽车的线束数量，降低汽车电气系统的成本。近年来，控制器局域网（Controller Area Network，CAN），在汽车上的应用越来越广泛。CAN最早由德国博世公司推出，其特点是高性能、高可靠性、实时性强和设计独特，它已广泛地应用于汽车电子控制系统的各检测和执行机构之间的数据通信。

显然，面对日趋完善和复杂的汽车电子控制技术，过去光凭经验、拍脑袋换零件等旧的修车模式，已不能适应现代汽车电控系统检修的要求。现代汽车电子控制系统的故障检修，需要运用先进的专用诊断设备来读取故障码、进行数据流分析及波形分析等现代化的检修方法。

### 2. 汽车维修从业人员的构成有利于汽车检修技术水平的提高

如今，从事汽车维修行业的维修工和维修技术人员，越来越多地来自大专院校的汽车专业和汽车维修职业技术学校。这些汽车维修从业人员不仅具有较高的文化素质，还具备了较高的专业基础知识，特别是对汽车电子控制技术及计算机技术的了解，使得他们很容易认识到汽车数据流及数据流分析方法的作用与意义。因此，广大的汽车维修人员熟悉和掌握汽车数据流分析方法，并在汽车电子控制系统的故障检修中发挥重大的作用也就顺理成章，水到渠成了。

### 3. 汽车诊断设备的发展促进了汽车数据流分析的实际应用

除了汽车电子控制技术的进一步发展和汽车维修从业人员的因素外，专用型和通用型汽车诊断仪的不断发展，也促进了汽车数据流分析方法在汽车维修企业的普及和应用。

各大汽车公司都有适用于本公司生产的各车型的专用诊断设备，这些专用诊断仪通常匹配微型计算机，充分利用微型计算机存储容量大、运算速度快的特点，使汽车故障诊断仪的功能进一步完善，性能也不断提高。这些专用汽车诊断设备不仅具备汽车所装备的各个电子控制系统的故障码读取和清除、动态和静态数据流的测量等普通功能，以及电子控制系统相关参数修改和数据设定、信号模拟与状态测试、防盗密码设定与更改等特殊功能，还设置了数据流分析与判断结果显示、波形显示与分析结果显示等功能，使诊断仪具备了高度的智能化功能。

一些研发与生产汽车维修设备的公司所生产的通用型汽车诊断仪，除了能适用多种车型外，其功能也不断地完善。例如，元征 X431 超级电眼睛，不仅具备读取汽车故障码、读取动态数据流和动态测试，还可显示传感器波形、控制器编码等功能，结果可直接打印。通用型汽车诊断仪的另一个特点是其价格较低。

汽车数据流分析必将在现代汽车故障检修中发挥越来越重要的作用。

# 第三章 汽车数据流获取方法详解

## 第一节 用电脑通信方式获得汽车数据流

 阅读提示

> 电脑通信方式获得汽车数据流，实际上就是汽车电子控制系统 ECU 与汽车诊断设备 ECU 之间的数据通信。在汽车 ECU 的内部，微处理器与故障诊断插座之间连接有通信线路，当汽车故障诊断设备与汽车故障诊断插座连接后，汽车 ECU 内部的数据流就可通过汽车故障诊断插座，输送到汽车故障诊断设备，再经诊断设备内部的信号处理电路进行译码或数/模（D/A）转换后，以数值、文字、波形等方式显示出来。

### 一、概述

**1. 汽车电子控制器内部的数据流**

如果按照数据流的功能不同分，控制器数据流大致可分为输入数据流、输出数据流和通信数据流三类，在汽车电子控制器（ECU）内部的数据流示意图如图 3-1 所示。

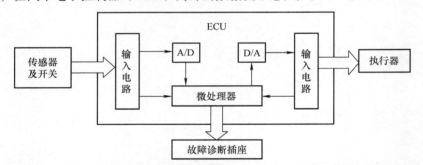

图 3-1　汽车电子控制器（ECU）内部的数据流示意图

（1）控制器输入数据流

传感器及开关输入控制器的信号形式有脉冲式、模拟式和开关式等不同的形式，这些信号均不能被计算机接受，脉冲与开关输入信号需要通过输入电路的信号处理，模拟信号还需经模/数（A/D）转换，变为相应的二进制代码才能通过微处理器的输入/输出（I/O）接口输入

到微处理器内部。因此，在汽车插接器处的传感器输入信号与 I/O 处的传感器输入信号虽然是同一信息，但表达的方式是完全不同的。

（2）控制器输出数据流

微处理器运行控制程序，并根据输入数据流进行计算与分析后，获得被控对象的控制参数，并通过 I/O 接口输出相应的控制信号。从微处理器 I/O 接口输出的各种控制信号是二进制代码，需经数/模（D/A）转换，或经译码器译码，转变为相应的控制脉冲或开关信号，控制执行器驱动电路工作，控制相应的执行器工作。

（3）控制器通信数据流

控制器通信数据流是指汽车 ECU 内部除输入与输出数据流之外，由微处理器通过数据线以二进制代码的方式与外部进行通信的数据流。通信数据流有两种：一种是与其他汽车控制器的通信（例如，发动机 ECU 与自动变速器 ECU 之间的通信），以实现各控制系统控制的协调性；另一种就是通过故障诊断插座连接汽车故障诊断仪，输出微处理器输入与输出信号、内部存储器所储存的性能参数、工作状态信息及故障信息。

## 2. 电脑通信获取数据流方式

（1）电脑通信获取数据流过程

电脑通信方式获取数据流，就是用通用型或专用型汽车诊断仪，通过连接汽车电子控制系统的故障诊断插座（图 3-2），由数据通信线将微处理器内部的实时数据，以串行的方式发送给汽车故障诊断仪，经 D/A 转换或解码后显示相应的数据流。

（2）汽车故障诊断插座

1993 年以前，不同的车系，其汽车电子控制系统自诊断系统一般都自成体系，数据流输出接口（故障诊断插座）也不统一。因此，用于读取数据流的汽车故障诊断设备（故障阅读器、专用故障诊断仪等）适用的车种单一，这给汽车的故障诊断与维修带来不便。这种自诊断系统被称为第一代随车自诊断系统（OBD-I）。美国汽车工程师学会（SAE）提出了第二代车载自诊断系统（OBD-II）标准规范，并于1993 年开始试行。OBD-II 采用统一的诊断模式，即统一的 16 端子诊断插座（图 3-2），这使汽车诊断设备硬件具有通用性成为可能，给汽车电控系统的故障诊断带来了很大的便利。因此，OBD-II 得到了世界各大汽车公司的响应，自 1996 年以来 OBD-II 已得到了全面实施。

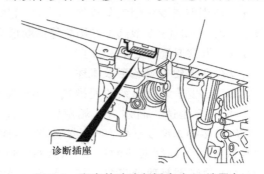

图 3-2　汽车故障诊断插座（16 端子）

## 3. 电脑通信方式的数据流检测设备

较早出现的故障码阅读器可以直接显示或打印故障码，有的还可以把故障码转换为相应的文字信息（解码）。通用性较强的故障码阅读器，可以通过换上不同的卡来适应不同的车系或同一车系不同年代生产的车型。

现在，应用于汽车电子控制系统故障诊断的专用设备通常是由微处理器控制的，有台式和手持便携式两种，可适应多种车型，能检测汽车上不同的电子控制系统。这种具有多项功能的检测设备可通过设备上的按键来选择所要检测的系统和所要进行的项目。例如，法国雪铁龙公司的手持便携式 ELIT 诊断仪（图 3-3），经 ELIT NO.15 版本软件升级后，可同时用于发动机电子控制系统、自动变速器电子控制系统及 ABS 的检测与故障诊断。ELIT 诊断仪具有识别被测的 ECU、读取故障信息（并提供故障检测部位和检测参数等）、删除故障信息、系统参数测定、模拟检测执行机构（输入模拟控制信号以检验执行器性能）、加速踏板初始化、微处理器系统初始化等功能。

再如，雪铁龙公司的 PROXLA 诊断仪（图 3-4），不仅可对发动机、自动变速器、ABS、电子式安全气囊等系统进行故障诊断，还可对与 ECU 相连的传感器、执行器进行检测。PROXLA 诊断仪的主要功能有：

1）通过通信方式获取各系统电子控制器 RAM 内存储的系统动态信息与故障信息；

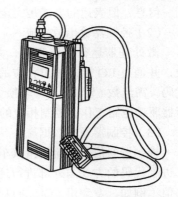

图 3-3 ELIT 诊断仪

2）监测 ECU 输送到各执行器的动态信号；

3）在车辆运行时，检测并记录暂时或永久性故障；

4）对各控制系统进行升级，对新装备的 ECU 进行软件加载。

此外，PROXLA 诊断仪还可查阅电器电路图、技术说明。新型的 PROXLA 诊断仪还安装有调制解调器，可以通过互联网进行远程故障诊断，从而实现专家会诊，同时也可以进行远程软件升级与加载。

## 二、电脑通信方式获取数据流示例

图 3-4 PROXLA 诊断仪

各种通用型或专用型汽车故障诊断仪，它们的具体功能设置及操作过程会有所不同，现以大众车系的 V.A.G1552 型汽车专用故障诊断仪为例，介绍其功能及操作过程，以便读者对电脑通信方式获取数据流有更深入的了解。

### 1. V.A.G1552 故障诊断仪概述

V.A.G1552 是大众车系的便携式专用故障诊断仪，可用于捷达、高尔夫、帕萨特，以及奥迪、红旗等多种车型发动机、自动变速器、ABS、自动空调等电子控制系统的检测。V.A.G1552 与 V.A.G1551 的区别是取消了打印机，键盘上无打印纸输出键，增加了屏幕显示向后翻键"↑"和向前翻键"↓"，其功能和使用方法与 V.A.G1551 基本相同。

V.A.G1552 故障诊断仪如图 3-5 所示，各部件的作用如下。

显示屏：数据显示，通过显示屏可以读取汽车控制器（ECU）输出的数据流。

诊断连线插座：用于接插诊断连线，通过诊

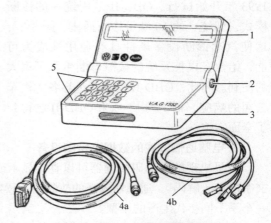

图 3-5 V.A.G1552 故障诊断仪

1—显示屏 2—诊断连线插座
3—程序卡罩盖 4a、4b—诊断连线 5—键盘

断连线将 V.A.G1552 故障诊断仪与汽车电子控制系统故障诊断插座连接起来。

程序卡罩盖：打开程序卡罩盖，可更换程序卡，进行外部联网。

诊断连线：其中 4a（V.A.G1551/3）适用于带 16 针测试接头的车辆，4b（V.A.G1551/1）适用于带 2 针测试接头的车辆。

键盘：键盘上的各键功能如表 3-1 所示。

表 3-1  V.A.G1552 故障诊断仪键盘各键功能

| 键 | 功　用 |
| --- | --- |
| 数字键 0~9 | 用于数字输入 |
| 字母键 C | 用来清除输入内容，退回到上一个操作步骤或终止程序运行 |
| 字母键 Q | 用于确定输入指令 |
| 字符键 HELP | 调出帮助菜单 |
| 箭头键→ | 程序继续运行或翻页 |
| 箭头键↑↓ | 在"匹配功能"（功能 10）中，用于改变匹配值；在"基本设置"（功能 04）和"阅读测量数据块"（功能 08）中，用于改变组号 |

**2. 更换程序卡**

与 V.A.G1551 故障诊断仪一样，V.A.G1552 故障诊断仪所有功能都由程序卡内的软件来控制，因此，V.A.G1552 故障诊断仪可通过更换程序卡来适应新的车型。

> **专家提醒：**
> 更换程序卡时须注意，应在诊断仪没有连接电源的情况下拆换程序卡。此外，不要触摸程序卡的触点，以免产生静电影响。

更换程序卡操作步骤如下：

1）旋松十字螺钉，拆下位于壳体右侧的程序卡插槽的盖板。
2）将旧程序卡向右拉出。
3）将新的程序卡插入插槽，注意标签上的插入方向。
4）再将程序卡向内向上推入，然后盖上插槽盖板。
5）打开诊断仪电源开关。
6）选择操作模式 3，诊断仪开始进行自检测。

诊断仪自检结束后，如果没有发现故障，新程序卡的程序将被仪器读入，诊断仪的功能由新的程序控制。

**3. 故障诊断仪的连接**

故障诊断仪通过诊断连线连接电源，装备有极性保护装置。诊断连线 V.A.G1551/1 和 V.A.G1551/3 的连接方法与步骤如下。

（1）诊断连线 V.A.G1551/1 的连接

1）将故障诊断仪上的电源供应（黑色）插头插入车辆上的黑色扁平插座 A（图 3-6）。
2）注意显示屏所显示的内容，应该显示以下的文字。

| Vehicle system test | HELP |
| Enter address word ×× | |
| 车辆系统测试 | 帮助 |
| 输入地址字 ×× | |

当显示屏显示出上述内容后,将白色插头插入诊断插座 B。如果显示屏没有上述显示,则说明故障诊断仪电源有问题,这时不能插入白色插头,应进行如下检查。

1)检查车辆上黑色扁形插头插座上的电压(图 3-6 中插座 A),电压应不低于 10V。如果确定为蓄电池亏电而导致电压过低,就需要对蓄电池进行补充充电。

2)检查诊断连线 V.A.G1551/1 是否断路。V.A.G1551/1 两端插头端子的排列如图 3-7 所示,各端子的连接情况如表 3-2 所示。

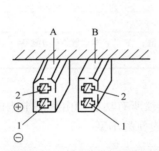

图 3-6  车上电源与诊断插座

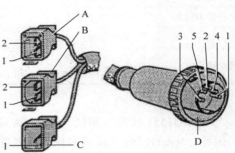

图 3-7  诊断连线 V.A.G1551/1 的排列

表 3-2  诊断连线 V.A.G1551/1 两端插头端子连接情况

| 连接车辆插座侧插头 | | 连接故障诊断仪侧插头 | |
| --- | --- | --- | --- |
| 扁平插头 | 端子 | 插头 D 端子 | 连接功能 |
| 黑色插头 A | 1 | 3 | 蓄电池(-) |
| | 2 | 2 | 蓄电池(+) |
| 白色插头 B | 1 | 4 | L 线 |
| | 2 | 1 | K 线 |
| 蓝色插头 C | 1 | 5 | 照明线 |

(2)诊断连线 V.A.G1551/3 的连接

将诊断连线插入到车辆的诊断接口。注意显示屏上的显示内容,应该有如下文字显示:

| Vehicle system test | HELP |
| Enter address word ×× | |
| 车辆系统测试 | 帮助 |
| 输入地址字 ×× | |

如果显示屏没有显示上述内容,就需要进行如下检查。

1)检查车辆上诊断接口处的电压(图 3-8),并注意极性是否正确。电源电压应不低于 10V,电压过低时,需要对蓄电池进行补充充电,以使电源电压达到正常。

2）检查诊断连线 V.A.G1551/3 是否有断路，V.A.G1551/3 两端插头端子的排列如图 3-9 所示，端子的连接情况如表 3-3 所示。

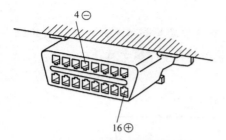

图 3-8 车上故障诊断插座

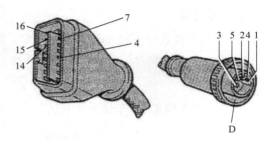

图 3-9 诊断连线 V.A.G1551/3 的排列

表 3-3 诊断连线 V.A.G1551/3 两端插头端子连接情况

| 连接车辆诊断插座侧 16 针插头端子 | 连接故障诊断仪侧插头 D 端子 |
| --- | --- |
| 4 | 3 蓄电池（－） |
| 7 | 1 K 线 |
| 14 | 5 灯线 |
| 15 | 4 L 线 |
| 16 | 2 蓄电池（＋） |

如果显示屏没有上述内容显示，检查电源及线路是否正常。显示屏显示不正常也有可能是由于程序卡插脚锈蚀导致接触不良所引起的。若是程序卡插脚锈蚀，可用浸透甲醇的无纤维布予以清洁，然后再将程序卡插入插槽。

**4. 诊断仪的工作模式**

连接好诊断仪之后，V.A.G1552 诊断仪有三种不同的工作模式可供选择：

工作模式 1——车辆系统测试；

工作模式 3——仪器自检；

工作模式 4——维修站编号。

当故障诊断仪连接好之后，接通点火开关（ON），诊断仪自动进入工作模式 1"车辆系统测试"，显示屏显示如下：

```
Vehicle system test     HELP
Enter address word ××

车辆系统测试            帮助
输入地址字 ××
```

如果要选择操作模式 3 或 4，可按 C 键，然后会显示以下的文字：

```
1-Vehicle system test      HELP
3-Self-test   4-Dealership number

1- 车辆系统测试            帮助
3- 仪器自检   4- 维修站编号
```

5. 工作模式 1——车辆系统测试

> 💡 **专家提醒：**
> 实际出现在诊断仪显示屏上的内容，取决于所连接的控制单元，以及使用的程序卡的版本，如果需要对不同的系统进行操作，必须使用相关的维修手册。

选择了工作模式 1 "车辆系统测试" 后，显示屏显示如下：

| | |
|---|---|
| Vehicle system test | HELP |
| Enter address word ×× | |
| 车辆系统测试 | 帮助 |
| 输入地址字 ×× | |

在工作模式 1 状态下，用键盘输入两位数字（这两位数字代表控制单元的地址字）即可选择想要进入的检测系统。如果不清楚所要检测系统的地址字，可按下 HELP（帮助）键，在显示屏上就会出现地址字的清单（表 3-4）。

表 3-4  地址字清单

| 地址字 | 地址内容 | 对应的英文 |
|---|---|---|
| 01 | 发动机电器 | Engine electronics |
| 02 | 变速器电器 | Gearbox electronics |
| 03 | 制动器电器 | Brake electronics |
| 08 | 空调/暖气电器 | AC/Heating electronics |
| 12 | 离合器电器 | Clutch electronics |
| 14 | 车轮阻尼电器 | Wheel damping electronics |
| 15 | 安全气囊 | Airbag |
| 17 | 仪表盘插件 | Dash panel insert |
| 24 | 侧滑控制 | Drive slip control |
| 26 | 电子车顶控制 | Electric roof control |
| 41 | 柴油泵电器 | Diesel pump electronics |
| 00 | 自动测试 | Automatic test sequence |

输入地址字（例如 01）后按 Q 键，地址字和指定的系统就会显示在显示屏的第二行，表示进入了发动机电器系统。

| | |
|---|---|
| Vehicle System Test | Q |
| 01-Engine electronics | |
| 车辆系统测试 | Q |
| 01- 发动机电器 | |

按 C 键可以更改输入，地址字 00 代表一种特殊情况。键入 00 这一地址字可启动自动检测过程：

```
Vehicle System Test        Q
00-Automatic test sequence
车辆系统测试              Q
00- 自动测试过程
```

此时，仪器将自动查询和显示车辆所有电气系统的故障。按下 Q 键，仪器将一个接一个地显示各个系统的地址字符和该地址字符所表示的系统故障码。

下面以发动机电控系统部分检测为例，说明仪器的使用方法。输入 0 和 1，显示屏将显示以下文字：

```
Vehicle System Test        Q
01-Engine electronics
车辆系统测试              Q
01- 发动机电器
```

按 Q 键确认，稍后显示屏显示如下：

```
4A0 907 473 A 2.6L V6  MPFI D01    →
Coding 00001           WSC63880
4A0 907 473 A 2.6L V6  MPFI D01    →
编码 00001             WSC63880
```

显示说明如下：
4A0 907 473 A—控制单元零件号
2.6L—发动机排量
V6—喷油系统（V 型 6 缸）
MPFI—多点燃油喷射系统
D01—控制单元软件版本
00001—控制单元编码
WSC63880—服务站代码
按"→"键，进入发动机系统的功能选择，显示如下：

```
Vehicle System Test       HELP
Select function × ×
车辆系统测试              帮助
选择功能 × ×
```

此时，可通过数字键输入两位数字选择所要的功能。按下 HELP（帮助）键，显示屏将显示出各种功能的清单，见表 3-5。

表 3-5 功能一览表

| 功能代码 | 功 能 | 对应的英文 |
|---|---|---|
| 01 | 查询控制单元版本 | Interrogate control unit version |
| 02 | 查询故障储存内容 | Interrogate fault memory |
| 03 | 终端执行元件诊断 | Final control diagnosis |
| 04 | 基本数据设定 | Introduction Basic setting |
| 05 | 清除故障储存内容 | Erase fault memory |
| 06 | 中断输出 | End output |
| 07 | 控制单元编码 | Code control unit |
| 08 | 读取测量值块 | Read measuring value block |
| 09 | 读取单个测量值 | Read individual measuring value |
| 10 | 匹配 | Adaptation |
| 11 | 登录 | Log-in |

如果想要选择其中的功能,输入相应的两位数字,按 Q 键以确认输入。然后,诊断仪向控制单元传送命令。如果诊断仪不提供所选择的功能,或因为当前操作状态的原因而导致命令不能执行,显示屏将会显示以下文字:

| Function is unknown or cannot be carried out at the moment. |
| --- |
| 未知的功能,或此功能此时不能执行。 |

(1) 功能 01—查询控制单元版本

输入 0 和 1,显示屏将会显示以下文字:

| Vehicle System Test    Q |
| --- |
| 01-Engine electronics |
| 车辆系统测试    Q |
| 01- 发动机电器 |

按 Q 键确认,稍后显示屏显示如下:

| 4A0 907 473 A 2.6L V6  MPFI D01    → |
| --- |
| Coding 00001         WSC63880 |
| 4A0 907 473 A 2.6L V6  MPFI  D01    → |
| 编码 00001          WSC63880 |

显示说明如下:

4A0 907 473 A—控制单元零件号

2.6L—发动机排量

V6—喷油系统(V 型 6 缸)

MPFI—多点燃油喷射系统

D01—控制单元软件版本

00001—控制单元编码

WSC63880—服务站代码

（2）功能 02—查询储存内容

如果选择 02 功能"查询故障储存内容"，并按 Q 键确认后，显示屏首先显示出故障的数量，例如：

| 2 fault recognized | → |
|---|---|
| 查到了 2 个故障 | → |

按→键，就可显示各个故障码及文字说明。例如：

| Fault Number:00513 | → |
|---|---|
| 故障码：00513 | → |

显示屏上首先显示的是故障码，再按→键，显示文字说明：

| Engine speed Sender-G28 | → |
|---|---|
| No Signal | /SP |
| 发动机速度传感器 -G28 | → |
| 无信号 | / 偶发性故障 |

故障所在位置的名称被显示在上面一行。"G28"是可在维修手册中查到的元件的名称。故障类型（本例中为无信号）显示在下面一行。如果故障的类型之后有后缀 /SP，它表示此故障是偶然产生的（短时间出现的偶发性故障）。

（3）功能 03—终端执行元件诊断

终端执行元件（控制系统执行器）诊断是电气测试的一部分，它可以测试各个执行器及电路是否完好。选择 03 并按 Q 键确认后，仪器就激活控制单元，对第一个执行器进行诊断。这时，显示屏显示下列文字：

| Final Control diagnosis | → |
|---|---|
| Injector Cylinder 1-N30 | |
| 终端执行元件诊断 | → |
| 喷油器 1-N30 缸 | |

显示屏的下面一行是被测执行器的名称，表示该执行器处于工作状态。如果再按→键，控制单元对下一个执行器进行检测。各执行器的检测顺序由控制单元决定。

如果在诊断过程中，某个显示在显示屏上的执行器没有动作，就必须检查该执行器的插头连接、线束及执行器本身。

（4）功能 04—基本数据设定

某些系统在进行了维修与保养之后，有必要进行基本数据设定。基本数据设定是将控制单元的控制参数调整到生产厂家原设定的值。例如，在怠速工况下的点火正时值等。基本数据设定需要在规定的车辆工作状态下进行，例如，发动机冷却液温度必须高于 80℃。

当需要进行基本数据设定时，键入 04 并按 Q 键确认后，显示屏显示如下：

```
Basic setting                    Help
Enter display group number × × ×

基本数据设定                     帮助
输入显示组别号码 × × ×
```

如果显示的读数具有物理单位（即有数字或字母），则在显示屏上同一行显示。例如：

```
Basic setting                    3→
850 rpm 17% 21<° 12.7°BTDC
```

如果想要显示不同的显示组数值，可先按 C 键、然后输入所需显示组别的号码。也可以按相应的键在显示组别之间切换（在当前显示组别号码上减 1 或加 1）。

如果想要在屏幕上显示出十组测量数据，输入显示组别号码 0。那么，在显示屏上就会显示下列读数：

```
Basic setting                    3→
176 34 70 128 128 128 128 128 64 39
```

注释：这十组数据的意义可参看相应的维修手册。

如果要读取车辆当前运行情况下的数据，可退出 04（基本数据设定）功能，并按 8 键进入 08 功能（读取测量值块），此时显示屏上就会显示出下列读数。

```
Read measuring value block       3→
850 rpm 17% 21<° 12.7°BTDC

读测量值块                       3→
850 rpm 17% 21<° 12.7°BTDC
```

此时，按数字键 4 可退回到 04 功能（基本数据设定）。在此过程中，控制单元可对基本数据进行调整。

（5）功能 05—清除储存内容

在完成了车辆的检修工作之后，必须清除存储器储存的故障记忆。功能 05 用于存储器故障记忆的清除。

在清除存储器故障记忆之前，应先进行故障查询（功能 02），再进行功能 05。键入 05，再按 Q 键，显示屏上显示如下：

```
Vehicle System Test         →
Fault memory is erased

车辆系统测试                →
故障存储器被清除了
```

按→键，存储器故障记忆就被清除。如果显示屏显示：

```
Vehicle System Test         →
Fault memory is not erased

车辆系统测试                →
故障存储器没有被清除
```

此时，必须再次查询存储器故障记忆，并按故障记忆排除相应控制系统的故障。

（6）功能 06—中断输出

键入 06 并按 Q 键确认，故障诊断仪中断信息输出，返回到地址字状态：

```
Vehicle System Test        Help
Enter address word  × ×

车辆系统测试              帮助
输入地址字  × ×
```

此时，可输入新的地址字，进行其他系统的检测。

（7）功能 07—控制单元编码

控制单元内储存了不同的控制程序，可使控制单元适用于不同的车型，控制单元的一个代码代表一个控制程序。使用本功能可改变控制单元内记忆块的内容，并可对控制单元编程，以使其能适合各种不同的工作状况。例如：适合不同的发动机、变速器、车身和传动装置；适合不同的燃油质量；适合出口国家的法律规定等。

键入 07 并按 Q 键确认，便进入"控制单元编码"功能，显示屏显示如下：

```
Code control unit
Enter code number × × × × ×（0-00127）

控制单元编码
输入编码字码 × × × × ×（0-00127）
```

编码可在 00000 和 00127 之间，或在 00000 和 32000 之间（适用范围显示在显示屏上的括号内）。如果需要更换控制单元，先要查看原控制单元代码，再给新换控制单元编相同的代码。

输入一个 5 位数字的号码。按 Q 键确认输入，控制单元做出响应，并显示控制单元的识别代码和相应的维修站代码（WSC）。

```
0123456789 Engine              →
Coding 00111 WSC 01234

0123456789 发动机              →
代码号 00111 维修站代号 01234
```

（8）功能 08—读取测量值块

此功能下，控制单元可将测量值传送到显示屏。这些测量值反映相关系统的运行状态或系统传感器状态，根据这些测量值可以查找并排除故障。这些测量数据被分为不同的显示组别，通过输入组别号码，可一个一个地从显示屏读出。可以参看维修手册查到该控制单元显示组别号码。

键入 08 并按 Q 键确认，便进入功能 08，显示屏显示如下：

```
Read measuring value block      Help
Enter display group number  × ×

读取测量值块                  帮助
输入显示组别号码  × ×
```

当输入了显示组别号码 3 并按 Q 键确认之后，测量值就会被显示在下面一行。

> Read measuring value block　　　3 →
> 850 rpm 17% 21<° 12.7°BTDC

本例检测发动机控制单元，上述测量值的意义如下：

1- 发动机转速（在显示屏上是 850r/min）。

2- 发动机负载（17%）。

3- 节气门开启角度（<21°）。

4- 点火角（12.7°BTDC）。

可以按 C 键后输入所需显示的显示组别号码来读取不同的测量值组，也可以按↓键（显示组别号减 1）或↑键（显示组别号增加 1），在各测量值组之间快速切换。如果想要显示那些没有具体单位的测量值，可输入显示组别号 00。这时，显示屏上显示出下列读数：

> Read measuring value block　　　0 →
> 176 34 70 128 128 128 128 28 64 39

> 读取测量值块　　　0 →
> 176 34 70 128 128 128 128 28 64 39

本例检测发动机控制单元，上述测量值的意义如下（在显示屏上从左到右）：

1- 冷却液温度（176）。

2- 发动机负载（34）。

3- 发动机转速（70）。

4- 氧传感器的位置（128）。

5- 怠速时氧传感器上的测量值（128）。

6- 高速和低速时氧传感器上的测量值（128）。

7- 全负载时氧传感器上的测量值（128）。

8- 怠速稳定器的控制状态（28）。

9- 开关输入信号（64）。

10- 点火正时（39）。

阅读提示

其他车型发动机 ECU 测量值的意义，可参见相应的维修手册中有关各号码的说明。

为了快速进入基本数据设定状态，可以按数字键 4 从功能 08 切换到功能 04 "基本数据设定"。

> Basic setting　　　3 →
> 850 rpm 17% 21<° 12.7°BTDC

也可以按数字键 8，回到功能 08 "读取测量值块"。

（9）功能 09——读取单个测量值

本功能与功能 08 相似，但只能读取单个测量数据。可以在维修手册中查到控制单元支持的通道号码。键入 09 并按 Q 键确认，进入功能 09，显示屏显示如下：

# 第三章
## 汽车数据流获取方法详解

| Read individual measuring value |
| --- |
| Enter Channel number ×× |
| 读取单个测量值 |
| 输入通道号码 ×× |

要显示单个测量值，输入两位数的通道号并按 Q 键确认。

| Read individual measuring value →|
| --- |
| Channel 10 measuring value 1534 |
| 读取单个测量值　　　　　　　　→ |
| 10 通道　测量值 1534 |

可以按 C 键后选择另一个通道。

（10）功能 10—匹配

此功能可以对每一辆车的控制单元中的参数进行修正（例如，对急速或燃油喷射量）。匹配过程分三步进行：

1）读出修正值。
2）测试修正值。
3）存储修正值。

本功能的另外一个功用是：

4）删除已知值。

键入 10 并按 Q 键确认，显示屏显示如下：

| Adaptation　　Enter |
| --- |
| Channel number ×× |
| 修正值 |
| 输入通道号码 ×× |

1）读出修正值。输入一个两位数的通道号码，然后按 Q 键确认。控制单元即刻把正在使用的数值以及相应的频道号码，显示在显示屏上。

| Channel 10 Adaptation 12345　　→ |
| --- |
| Enter adaptation value ×××× |
| 10 通道修正值 12345　　　　　　→ |
| 输入修正值 ×××× |

2）测试修正值。在大多数情况下，不仅要查看修正值，而且要查看其相关的测量值，这对数据流分析是非常有帮助的。如果该频道内有测量数据块，那么该数据块的各测量值就会显示在显示屏的下面一行。测量值的显示形式由控制单元的类型决定。显示屏上可能会显示出下列类型的信息：

| Channel 10 Adaptation 12001　　　Q |
| --- |
| 176 34 70 128 128 128 128 28 64 39 |
| 10 通道　修正值 12001　　　　　　Q |
| 176 34 70 128 128 128 128 28 64 39 |

| |
|---|
| Channel 10 Adaptation 12001<br>850rpm 17% 21<° 12.7°BTDC |
| 10 通道　修正值 12001<br>850r/min 17% 21<° 12.7°BTDC |

3）存储修正值。一旦看到正确的修正值，就可以按 Q 键确认。

| | |
|---|---|
| Channel 10 Adaptation 12011<br>Store changed value? | Q |
| 10 通道　修正值 12001<br>已更改过的数值是否要保存？ | Q |

再按一次 Q 键，这个修正值就会送到控制单元内被存储起来，并显示如下：

| | |
|---|---|
| Channel 10 Adaptation 12001<br>Channel value is stored | → |
| 10 通道　修正值 12001<br>更改的数值被保存 | → |

4）删除已知值。在电子控制系统的修正系统中，各种设定的数值（例如，怠速）在一定的范围之内会自动地调整，以适应发动机的工作状态。当电子控制系统某些部件进行修理或更换之后，需要删除存储在控制单元存储器内的已知值，并且把它们调回到基本数据设定状态时的数值，以使控制系统能正常工作。可以输入通道号码 00 来达到这一目的。

| |
|---|
| Adaptation Q<br>Enter channel number 00 |
| 修正值 Q<br>输入通道号码 00 |

此时，可以按 Q 键来确认。为删除已知值，必须再次按下 Q 键。

| | |
|---|---|
| Adaptation Q<br>Enter learned value? | |
| 修正值 Q<br>删除已知值？ | |
| Adaptation<br>Learned values have been erased | → |
| 修正值<br>已知值已经被删除了 | → |

### 6. 工作模式 3——仪器自检

仪器自检应在连接好诊断连线之后进行。可以在如下显示的情况下，键入数字 3 来选择工作模式 3，使仪器进入自检状态，以检测仪器自身的好坏和诊断连线的连接情况：

| |
|---|
| 1- Vehicle system test　　　HELP<br>3-Self-test　4-Dealership number |
| 1- 车辆系统测试　　　　　帮助<br>3- 自检测　4- 维修站编号 |

在进行到输入级状态检查时，K 线和 L 线后的 "H" 表示高电位，"L" 或其他信息则表示存在故障。

| |
|---|
| Status of input stages　　　　→<br>K wire H　L wire: H |
| 输入级状态　　　　　　　　　→<br>K 线 H　L 线：H |

### 7. 工作模式 4——维修站编号

仪器连接好诊断线后，显示屏显示如下：

| |
|---|
| Vehicle system test　　　　HELP<br>Enter address word ×× |
| 车辆系统测试　　　　　　帮助<br>输入地址字 ×× |

此时按 C 键，显示屏显示以下的文字：

| |
|---|
| 1- Vehicle system test　　　HELP<br>3-Self-test　4-Dealership number |
| 1- 车辆系统测试　　　　　帮助<br>3- 自检测　4- 维修站编号 |

按 4 键可进入维修站编号工作模式，显示屏显示如下：

| |
|---|
| Dealership code<br>1-Display　2-Feed in |
| 维修站代码<br>1- 显示　2- 输入 |

按 2 键，显示如下：

| |
|---|
| Dealership code<br>Feed in dealership ×××× |
| 维修站代码<br>输入维修站代码 ×××× |

此时，可用数字键输入 5 位数的维修站代码，例如 "12345"，显示屏显示如下：

| |
|---|
| Dealership code             Q |
| Feed in dealership12345 |
| 维修站代码                 Q |
| 输入维修站代码 12345 |

按 Q 键确认后，显示屏显示如下：

| |
|---|
| Dealership code |
| 1-Display    2-Feed in |
| 维修站代码 |
| 1- 显示    2- 输入 |

按 C 键，显示屏显示以下文字：

| |
|---|
| 1-Vehicle system test       HELP |
| 3-Self-test    4-Dealership number |
| 1- 车辆系统测试           帮助 |
| 3- 仪器自检    4- 维修站编号 |

此时，维修站代码输入结束。

## 第二节　用电路在线检测方式获得汽车数据流

### 一、概述

**1. 电路在线检测仪器与检测对象**

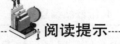 阅读提示

> 电路在线检测方式是指汽车电子控制系统处于工作状态下，用检测仪器对电子控制器（ECU）的输入与输出信号进行检测。请注意此方式与电脑通信方式的区别，电路在线检测方式获得的数据流来自 ECU 的输入与输出端子，而不是 I/O 接口处。

（1）电路在线检测仪器

电路在线检测方式获得的数据流主要有两种，一种是传感器流向 ECU 的数据流，另一种是 ECU 输送到执行器的数据流。目前，电路在线检测方式所用检测仪器主要有汽车万用表和汽车示波器。

（2）电路在线检测对象

在线检测方式检测的位置主要是汽车 ECU 插接器的输入（传感器信号与执行器反馈信号输入）端子和输出（控制执行器信号输出）端子，检测的对象是传感器及电路、执行器及电路、ECU 的输入与输出电路及 ECU 本身等。获得信号的形式主要包括电压值、电流值、脉冲频率、脉冲幅值、占空比、波形等，在断电状态下，还可以检测电阻、电容、温度、通断状态等参数。

## 2. 电路在线检测方法

在线检测 ECU 输入与输出端信号，目前常用针刺和接线盒两种方法。

（1）针刺法电路在线检测

针刺法所用检测仪表为尖型探针，从 ECU 插接器导线侧将表笔沿导线插入到与端子接触（图 3-10），即可测量该端子的电压、脉冲频率、脉冲幅值、波形、电阻（断电时）等参数。

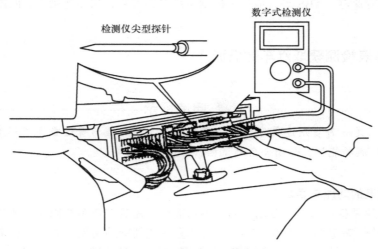

图 3-10　针刺法在线检测

（2）接线盒在线电路检测

为方便在线检测 ECU 输入与信号，一些汽车公司开发了适用于本公司车系各电子控制系统检测用的故障检测盒。例如，雪铁龙汽车公司为其轿车电子控制系统配备的故障检测盒 4109-T，如图 3-11 所示。

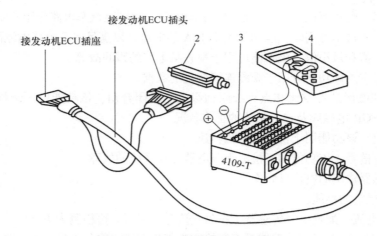

图 3-11　4109-T 检测盒在线检测

1—连接线束（4109T-B）　2—发动机 ECU 插座　3—检测插孔　4—万用表

4109-T 用于检测汽车 ECU 和连接部件端子的各种电路参数，图 3-11 所示的故障检测盒（4109-T）配用了发动机 ECU 检测连接线束。故障检测盒 4109-T 的使用方法是：断开 ECU 插接器，将故障检测盒的连接线束（4109T-B）的连接 ECU 插头与插座，分别与 ECU 插接器的插座（ECU 侧）和插头（线束侧）相连，再将连接线束另一端插头连接检测盒，就可使检测盒的各个插孔与 ECU 的各个端子相连接，通过检测盒上相应的插孔就可直接检测 ECU 和连接部件的电压、电阻等参数，无须拔开计算机插接器罩盖或断开被测件插接器，去直接测量有关的端子，使检测变得方便和快捷。

要检测自动变速器、ABS 等其他电子控制系统电路参数，只需连接与之匹配的连接线束即可。

## 二、汽车万用表检测获取汽车数据流

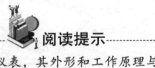

阅读提示

　　汽车万用表是一种多用途数字仪表，其外形和工作原理与普通数字万用表相似，但增加了汽车专用检测功能档，如闭合角测试档、转速测量档等。

### 1. 汽车万用表的功能与要求

汽车万用表除具备普通数字万用表的检测功能外，还具有汽车专用项目测试功能，如占空比、温度、闭合角、转速等。有的汽车万用表还有一些新颖的功能，如自动断电、自动变换量程、模拟条图显示、峰值保持、读数保持（数据锁定）、电池测试（低电压提示）等。

为实现某些功能（例如测量温度、转速），汽车万用表通常还配有相应的附件，如热电偶适配器、热电偶探头、电感式拾取器，以及 AC/DC 感应式电流夹钳等。

为满足汽车数据流检测的需要，汽车万用表应具备如下功能：

1）测量交/直流电压。汽车万用表应能测量大于 40V 的电压值，但量程也不能过大，否则会使测量精度下降。

2）测量电阻。汽车万用表应能测量 1MΩ 的电阻，以满足汽车电路电阻测量的需要。

3）测量电流。汽车万用表应能测量大于 10A 的电流，以满足汽车电路电流测量的需要。

4）记忆最大值和最小值。该功能可用于检查某电路的瞬间故障。

5）模拟条显示。该功能可用于观测连续变化的数据。

6）测量脉冲波形的占空比和点火线圈初级电流的闭合角。该功能可用于检测喷油器、怠速稳定控制阀、EGR 电磁阀及点火系统的工作状况。

7）测量转速。该功能用于检测发动机转速。

8）输出脉冲信号。该功能用于检测无分电器点火系统的故障。

9）测量传感器输出的电信号频率。

10）测量二极管的性能。

11）测量大电流。配置电流传感器（霍尔式传感器）后，可检测大电流。

12）测量温度。配置温度传感器后可以检测冷却液温度、排气温度和进气温度等。

### 2. 汽车万用表示例

现以笛威—9406A 数字式汽车专用电表为例，介绍汽车万用表的功能及使用方法。该仪表的面板如图 3-12 所示。

# 第三章
## 汽车数据流获取方法详解

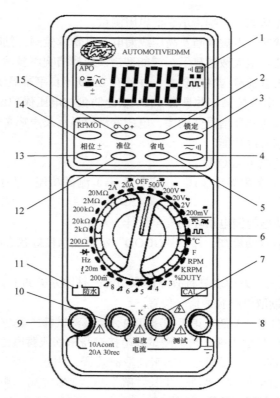

图 3-12　笛威—9406A 数字式汽车专用电表面板

1—液晶显示屏　2—读取最大值　3—锁定当前屏幕数值　4—AC/DC 转换　5—电路导通检查
6—电源 15min 后自动关断　7—正极及温度测试棒插座　8—负极测试棒插座　9—电流正极测试棒插座
10—温度测试棒负极插座　11—防水标记　12—测试电路中平均电压　13—波形斜率正负
14—四行程 / 二行程 /DIS 切换键　15—仪表内部熔断器

笛威—9406A 数字式汽车专用电表与其他的汽车万用表一样，是数字式多用途汽车专用仪表，具有结构紧凑、防振防水、携带方便等特点，满足了汽车在线检测获取数据流的需要。

（1）仪表设置的功能

该仪表设置有如下功能：

1）检测发电机最大输出电压及最大输出电流（配有感应座或 ±400A 电流夹）。

2）电器微漏电压、电流测量，并具有记忆锁定功能。

3）读取发动机、变速器、ABS、安全气囊等电控系统故障码，取代 LED 类跨接功能，并以声响计数，以及显示出信号输出端电压值。

4）电路电压降及线路阻抗测试。

5）电路中接点接触的好坏，并以微电压降的方式测试线路连接点接触是否良好。

6）温度感应检测。

7）检测四行程 / 二行程——直接点火系统发动机转速，可利用感应夹或直接测试。

8）测量控制线圈动作通电率或断电率（DUTY%）。

9）检测空气流量传感器、大气压力传感器、冷却液温度传感器、进气温度传感器、怠速电动机、车速传感器等器件的性能。

10）电路断路与短路检测、声响指示、低电阻测量。

11）点火系统跳火状况，声响判断及高压线漏电、电晕量检测，判断高压线是否劣化。

12）测试中锁定数值及最大数值显示，智能型错误选择档响声显示。

13）发电机动态二极管检测与判断功能，并具有 BAD 不良字幕显示。

14）交/直流电压、电流检测，并具有 600V 安全防尖波电压保护设计。

15）具有动态测试氧传感器信号变动率，电压变动值显示及声响警告（±0.45V 判断）。

16）具有检测干扰信号源功能。

17）自动关机省电功能（APO）。

18）具有精确的汽车专用频率（Hz）、毫秒（ms）测试功能，并具有 ± 触发相位及高位 Hi、低位 Lo 相位功能。

19）仪表内部有防止电池漏电损坏的安全设计。

20）仪表内部熔断器自动检查，并以"GOOD"字幕显示良好状态的自诊断功能设计。

（2）仪表使用方法

1）读取故障码。该汽车万用表具有故障读取功能，具体方法如下：

① 将仪表旋钮拨到读取电路脉冲信号位置。

② 将正极测试棒（红色+）插入正极插座孔内，负极测试棒（黑色-）插入负极插座孔内。

③ 正极测试表笔接信号输出端，负极测试表笔接车身搭铁或蓄电池负极。

④ 接通点火开关（ON）即可通过声响来读取故障码，用长"嘀"声表示二位数故障码的十位数，短"嘀"声表示个位数。例如，1长"嘀"声，2短"嘀"声，表示故障码为"12"，此时显示屏显示输出端的电压信号值。

2）频率检测。汽车电子控制系统中，脉冲方式的输入信号和控制信号有很多。例如：涡旋式空气流量传感器、电容式进气压力传感器、各转速传感器、车速传感器等，均输出脉冲式信号；喷油器、EGR 电磁阀、脉冲式怠速控制阀、变速器油压调节电磁阀、步进电动机式怠速控制阀等执行器，则均接受控制脉冲信号。频率信号检测方法与步骤如下：

① 仪表旋钮拨至 Hz 档位置。

② 正极测试棒接入仪表正极，负极测试棒接仪表接地。

③ 正极测试表笔连接信号端或控制端，负极测试表笔接车身接地或蓄电池负极。

④ 如果读不到数值，选择触发准位 Hi 或 Lo 即可。

⑤ 读出信号频率数值后，就可根据维修手册中相关的标准参数，判断所测信号正常与否。

3）占空比信号控制执行器检测。汽车电子控制系统中，脉冲式变速器油压控制电磁阀、脉冲式变矩器锁止控制电磁阀、转动式怠速控制电磁阀等多种执行器，由占空比信号（频率固定，脉宽可变的控制信号）进行控制。占空比信号的检测方法与步骤如下：

① 将仪表旋钮拨至 DUTY% 位置。

② 正极测试棒插入正极插座孔，负极测试棒插入负极插座孔。

③ 将负极测试表笔触车身搭铁或蓄电池负极。

④ 正极测试表笔接触需测试信号端，即可检测信号占空比（执行器动作的百分比值）。如果无数值显示，调整准位为低位 Lo 或高位 Hi。

正极测试表笔接触的端子与检测内容见表 3-6。不同车系，测得的动作百分比值会有所不同，被测信号正常与否关键是要看工况变化时，所测值有无变化。

表 3-6　正极表笔连接的端子所检测的参数

| 正极表笔连接的端子 | 检测内容 |
| --- | --- |
| 喷油器控制（负极）端子 | 喷油器动作时间比率 |
| 怠速控制控制（负极）端子 | 怠速控制阀平均动作比率 |
| 排气再循环（EGR）电磁阀控制端子 | EGR 阀动作比率 |
| 分电器霍尔式传感器信号端子 | 正常为 50% 信号比率 |

4）执行元件动作（ON/OFF）时间检测。检测喷油器的喷油时间，ECU 根据发动机的工况与状态控制喷油器的喷油时间，正常值应在 0.6～3.0ms（小负荷——大负荷）范围。检测方法与步骤如下：

① 将仪表旋钮拨至 20ms 位置。

② 正极测试棒插入正极插座孔，负极测试棒插入负极插座孔。

③ 正极测试表笔接喷油器 12V 电源端，负极测试表笔接喷油器控制（负极）端。

④ 起动发动机，并维持怠速工况至正常温度，然后使发动机转速升至 3000r/min，观察并记录该喷油器的喷油器时间。然后再测其他喷油器，通过分析比较可判断喷油器是否损坏。

⑤ 将仪器旋钮拨至"Hz"档位，显示值应为 9～15Hz（仪器旋钮拨至"Hz"档位时，应调整准位至 Hi 或 Lo）。

5）氧传感器电压信号检测。检测方法与步骤如下：

① 起动发动机，并使发动机怠速运转至达正常工作温度。

② 正极测试表笔接氧传感器信号输出端，负极测试表笔接地。

③ 将仪表旋钮拨至 2V 位置。氧传感器电压信号应在 0.1～0.9V 之间变化。

④ 在怠速时如果氧传感器信号电压的平均值未在 0.4～0.6V 之间，表示混合气有过浓或过稀现象。

⑤ 将发动机转速加速至 3000r/min 以上，然后回复到怠速状态，观察氧传感器的信号电压变化情况。最大值不应超过 1.2V，最小值不应低于 0V。

6）检测发电机二极管是否正常。方法与检测步骤如下：

① 将仪表旋钮拨至漏电率位置。

② 按下 AC/DC 切换键，使直流电转换为交流电。

③ 正极测试棒连接仪表正极插座孔，负极测试棒连接仪表负极插座孔。

④ 正极测试表笔接蓄电池正极，负极测试表笔接车身接地或蓄电池负极。。

⑤ 起动发动机，并将转速加速至 2000r/min，然后观察显示屏数值。此时数值变动不应超过 0.5V，并出现"GOOD"字样。

## 三、示波器检测获取汽车数据流

阅读提示

汽车示波器检测数据的表示方式是波形，可反映电子控制器输入与输出信号的动态变化过程。通过对示波器显示的波形分析，可获得被测对象性能参数和故障信息。

汽车示波器是根据汽车电子控制系统中的动态信号特征设计制造的，相比于普通的示波器，汽车示波器可更好地反映电子控制器输入与输出信号的动态变化过程，通过对示波器显示的波形分析，更容易获得被测对象的性能参数和故障信息。

**1. 汽车示波器的特点**

汽车示波器采样速率不高，通常不会超过20Hz，但足以满足汽车电路数据流检测的需要。汽车示波器通常设有两个或两个以上的测试通道，用于对多路电信号进行同步检测与显示，具有高速动态分析各信号间相互关系的优点。

汽车示波器通常设有测试菜单，使用时无需像普通示波器那样繁琐地设定，只需点一下要测试的传感器或执行器的菜单，就可以自动进入测量。电子存储示波器还具有连续记忆和重放功能，便于捕捉间歇性故障。同时，它也可以通过一定的软件与PC连接，将采集的数据进行存储、打印、再现。

汽车示波器也为汽车检修技术人员获取汽车数据流，快速判断汽车电子设备故障提供了有力的工具。使用普通示波器最大的困难是示波器的设定（即调整示波器的各个按钮，使显示的波形更为清楚）和波形分析。而汽车专用示波器的设定和调整是全自动的，汽车示波器使用方法非常简单，只要像点菜单一样，选择要测试的内容，无需任何设定和调整就可以直接观察波形。

**2. 汽车示波器示例**

下面以OTC VISION2型汽车示波器为例，介绍汽车专用示波器的构成、功能及使用方法。

（1）车示波器的组成

OTC VISION2型汽车示波器的组成如图3-13所示，它主要由诊断模块、测试主机、存储卡、外接电源线、热起动开关、主电源开关、串行接口、外部电源接口、测试电缆等组成，各组成部分的功能如下。

1）诊断模块。用于对被测信号的预处理，使之成为测试主机能够识读的数字信号。该型号示波器配备了两种诊断模块，一种是示波器诊断模块，在波形检测时使用；另一种是发动机测试模块，在需要对发动机进行动态测试时，需换用该模块。

2）测试主机。这是仪器的主体部分，它包括电路板、显示器、键盘。显示器除了显示检测结果（数据和波形）外，还显示人机对话界面、操作菜单等。键盘用于测试功能选择和测试过程的操控。

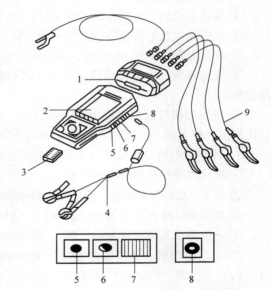

图3-13 OTC VISION2型示波器的组成

1—诊断模块 2—测试主机 3—存储卡
4—外接电源线 5—热起动开关
6—主电源开关 7—串行接口
8—外部电源接口 9—测试电缆

3）存储卡。用于存储仪器工作所需的数据和控制程序，工作时可为主机提供内存。存储卡可以升级，通过更新存储卡数据和程序的方式，可实现仪器适用范围的扩大及使用功能的提升。存储卡安装在主机底部的卡槽内，通常是在升级时才需要将其拔出。

4）外接电源线。该仪器使用12V直流电源，可通过车载蓄电池供电，也可用12V的A/C

充电器作为电源。

5）热起动开关。当仪器在工作时出现死机现象时，可以通过热起动开关重新起动仪器。

6）主电源开关。当需要使用仪器时，通过主电源开关使仪器与电源连接。

7）串行接口。该接口用于连接打印机、控制单元或废气分析仪等。

8）外部电源接口。示波器内装有充电电池，当充电电池电力不足时，可通过该接口连接充电器，对电池进行充电。

9）测试电缆。测试电缆一端连接诊断模块的数据接口，另一端是测试探头。OTC VISION2型示波器备有4根测试电缆，分别为黄、蓝、红和绿4种颜色。还有1根呈黑色的搭铁电缆，如图3-14所示。电缆有专用和通用的两种，在进行不同的测试项目时，可通过更换专用的电缆来适配。

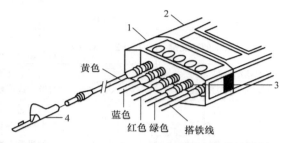

图3-14 OTC VISION2型示波器测试电缆连接
1—示波器/万用表模组 2—主机
3—示波器通道接口 4—鳄鱼夹

（2）汽车示波器的功能

汽车示波器的基本功能是被测信号的波形显示，此外，通常还设有其他功能，以使示波器成为多用途测试仪器。

1）汽车示波器的基本功能。汽车示波器的基本功能就是模拟信号和数字信号的波形测试功能，采用多通道可同时显示多个波形，便于故障分析判断。

图3-15所示是四通道波形显示一例，它同时显示了两个喷油器波形，一个点火正时波形和一个参考信号波形。

当需要对测试的波形进行分析时，可通过相关的功能键操作，对测试波形进行锁定和储存，以方便通过测试波形进行故障分析。示波器内的存储器储存了传感器、执行器的标准波形数据库，操纵功能键可调出相关的标准波形，通过测试波形与标准波形的比较，可分析与判断检测对象故障与否。

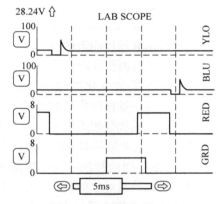

图3-15 四通道波形显示

2）汽车示波器的附加功能。附加功能包括万用表功能和发动机性能测试功能。万用表功能可以直接地测量和显示检测对象的电压或电阻等参数，这给使用示波器的检测的汽车维修人员提供了方便。示波器配备了几种附加的测试探头，将这些测试探头连接被测对象，并启用仪器测试功能后，就可以测试发动机转速、起动电流、发电机电压等参数。

（3）汽车示波器键盘功能与使用方法

OTC VISION2型示波器的键盘如图3-16所示，各键盘功能与使用方法如表3-7所示。

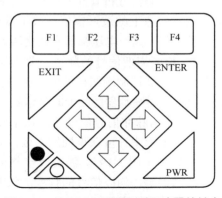

图3-16 OTC VISION2型示波器的键盘

表 3-7 OTC VISION2 型示波器各键盘功能与使用方法

| 作用 | 按键 | 举例 |
| --- | --- | --- |
| 增加屏幕显示的对比度 | ● | 按住此键不动，可以使屏幕逐渐变黑 |
| 减弱屏幕显示的对比度 | ○ | 按住此键不动，可以使屏幕逐渐变清或变淡 |
| 打开屏幕背光 | ●○ | 将两键同时按下，可以使背光显示出来，以利于在光线较弱的场合仍能看清楚屏幕显示。同时，用户可在"Managingpower"里设定背光显示的时间 |
| 做出选择 | ENTER | 按"ENTER"键可进入选择的屏幕 |
| 显示在屏幕上的功能键 | F1、F2、F3、F4 | 四个功能键主要根据屏幕上的说明来改变其属性，通常 F1 代表帮助信息——HELP |
| 向下移动屏幕<br>改变纵坐标的数值 | ⇩ | 当屏幕上出现该箭头时，移动光标到该处，然后再按"ENTER"，则坐标或屏幕向下变化 |
| 向上移动屏幕<br>改变纵坐标的数值 | ⇧ | 当屏幕上出现该箭头时，移动光标到该处，然后再按"ENTER"，则坐标或屏幕向上变化 |
| 向左移动屏幕<br>改变纵坐标的数值 | ⇦ | 如果改变数值，左为减小<br>移动图像，光标到左边 |
| 向右移动屏幕<br>改变纵坐标的数值 | ⇨ | 如果改变数值，右为减小<br>移动图像，光标到右边 |
| 退出屏幕或菜单 | OUT | 从主菜单到帮助信息，最后到 LNTERRO 游标商标 |
| 打开或关闭 OTC | PWR | 按"PWR"键使 OTC 在 ON\OFF 间切换，尽管电源已关闭，但储存的信息并没有消除 |

**3. 汽车示波器检测示例**

（1）检测周期性脉冲信号

对于呈周期性变化的脉冲信号，示波器通过显示其波形，可获得被测信号的幅值、脉宽、频率、相位、占空比、形状等相关信息。根据所测得的脉冲信号，可分析与判断被测对象的性能状态。

图 3-17 磁感应式传感器信号电压波形

1）检测周期信号的幅值。根据示波器所显示波形的幅值获取被测对象的状态信息。例如，检测磁感应式转速与曲轴传感器的电压波形（图 3-17），根据电压波形的幅值分析其性能好坏：正常情况下，在发动机起动转速下的波形幅值一般不低于 0.5 V，随发动机转速的升高，电压幅值应随之增大。

2）检测周期信号的脉宽。图 3-18 所示的是用示波器从喷油器控制端测得的电压脉冲，根据该电压波形脉宽可获得喷油器的喷油时间信息。

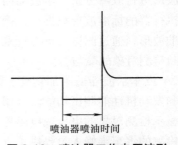

图 3-18 喷油器工作电压波形

3）检测脉冲信号的频率。从示波器显示的周期信号电压波形中，可获得周期参数，周期的倒数即为信号的频率（图 3-19）。涡旋式空气流量传感器、各转速传感器等，均以信号的频率高低来反映空气流量的大小和转速的高低。

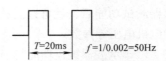

图 3-19 周期信号电压波形

$T$—周期  $f$—频率

4）检测周期信号的相位。有些检测需要从示波器显示的电压波形中获取相位信息。例如，通过检测点火线圈控制端的点火电压脉冲，并与曲轴位置传感器的信号电压脉冲进行比较，就可获取当前的点火提前角参数。

5）检测周期信号的占空比。汽车电子控制系统中，转动怠速控制电磁阀、变速器油压调节电磁阀、变矩器锁止电磁阀、脉动式怠速控制阀等，均通过占空比信号进行控制。因此，检测这些执行器及电子控制器的工作情况，可用示波器检测相应的控制信号电压波形，通过周期信号的脉宽与周期比，即可得到所需的占空比参数（图3-20）。

（2）检测非周期变化信号

非周期变化波形有两种类型，一种是呈非周期变化的脉冲信号。例如，氧传感器和爆燃传感器的信号电压，就属于非周期变化的脉冲信号；另一种是在被测对象的某个工作状态改变时产生的信号电压波形，该电压波形反映了被测参数的瞬间变化过程。例如，进气管压力传感器和节气门位置传感器在加、减速时的信号电压波形。

1）检测非周期变化的脉冲信号。检测爆燃传感器信号端子的电压波形（图3-21），可根据电压波形的幅值与频率获得发动机是否产生爆燃的信息。

2）检测瞬间变化的信号。驾驶人突然踩下加速踏板时，压敏电阻式进气压力传感器正常的信号电压波形如图3-22所示。根据所测信号电压波形与标准电压波形比较，即可准确判断传感器及电路是否有故障。

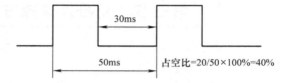

图3-20 从显示波形中获得占空比参数

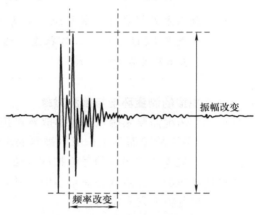

图3-21 爆燃传感器信号电压波形

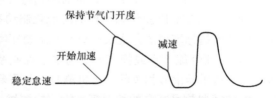

图3-22 加减速时进气压力传感器信号电压波形

例如，信号电压波形出现了断点和杂波，说明传感器内部电路或连接线路有接触不良之处；又如，在加速和减速时传感器信号波形始终为一直线，或信号电压过高或过低，则说明传感器电源、传感器本身或传感器真空管等有异常。

（3）检测稳定或变化缓慢信号

对于在一段时间内不变或变化缓慢的ECU输入或输出信号，示波器检测到的是一条水平直线。从水平直线波形的高度可获得被测信号的电压值，从直线波形有无缺损和杂波则可诊断被测对象及电路是否有故障。

图3-23所示的是发动机冷却液温度传感器电压波形，可以看到有杂波出现，说明传感器的搭铁不良或传感器线路连接点有接触不良之处。

图 3-23　发动机冷却液温度传感器电压波形

当发动机温度变化时，水平直线波的高度应该有相应的改变。否则，说明传感器性能不良。

## 第三节　元器件模拟方式获取汽车数据流

### 一、概述

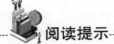 阅读提示

> 元器件模拟方式获取汽车数据流，就是用信号模拟器替代传感器来产生相关的信号，并将信号输入汽车 ECU 以模拟工作状态。通过对 ECU 的响应参数进行测量和分析比较，以获取被测对象正常与否的诊断结果。

**1. 元器件模拟的测量环境与检测对象**

通常在如下情况需要采用元器件模拟方式获取汽车数据流：

1）被控对象因故障而不工作时。被测的电子控制系统应故障不工作，但又需要获取相关动态数据流时，就需要传感器信号模拟的方法。例如，发动机因故障不能起动的情况下，要检测喷油器喷油电压波形或点火控制信号时，就需要将发动机转速与曲轴位置传感器等相关的模拟信号输入控制电脑来完成检测。

2）检测环境使电子控制系统不能工作时。在一些检测环境下，电子控制系统不能工作，但又需要检测其动态响应参数时，也需要通过传感器信号模拟方式来模拟电子控制系统的工作状态。例如，在车辆停驶状态下检测防抱死制动系统（ABS）执行器的动态响应参数时，就需要通过传感器信号模拟的方式来模拟汽车制动环境。

3）传感器性能不良或损坏时。与电子控制系统动态检测参数相关的传感器损坏，但又需要进行与该传感器信号相关的动态检测时，就需要通过元器件模拟器来输入传感器的模拟信号。例如，氧传感器信号不良的情况下，需要检测燃油喷射闭环控制是否正常时，就需要通过模拟电路，在发动机 ECU 的氧传感器的信号输入端子施加高电平（0.8 ~ 1.0V），以模拟混合气过浓状态，或输入低电平（0.0 ~ 0.3V），来模拟混合气过稀状态。

4）需要模拟发动机特定工作状态时。工作中的发动机其状态不能人为简单控制，但需要检测发动机特定工作状态下的动态响应参数时，也要用到元器件模拟方法。例如，用模拟器产生爆燃传感器信号，以检测点火控制动态响应情况。

**2. 元器件模拟方式与测量仪器**

1）元器件模拟信号方式。元器件模拟有单路信号模拟和同步信号模拟两种。单路信号模拟只输出一个传感器模拟信号，同步信号模拟则是同时输出两个或两个以上的传感器模拟信号。

2）元器件模拟器的电路形式。元器件模拟器有模拟电路和数字电路两种。模拟电路信号发生器用晶体管、集成电路、电阻、电容等电子元器件组成的振荡电路产生各种波形、不同频

率的脉冲信号；数字电路信号发生器用单片机作信号发生器的硬件，通过编程实现各种波形、不同频率的脉冲信号。

3）元器件模拟器的结构形式。有专用的信号发生器用作元器件模拟信号源，一些专用汽车故障诊断仪具有模拟测试功能，其内部设置了传感器信号模拟功能电路，可以向被测汽车 ECU 输出所需的单路或多路模拟信号。

4）元器件模拟方式数据流检测仪器。元器件模拟方式获取汽车数据流的仪器可以采用专用或通用汽车故障诊断仪，也可以采用汽车万用表或汽车示波器。

## 二、单路信号模拟器

单路信号模拟器应用于只需模拟单个传感器信号的数据流检测，在元器件模拟检测过程中信号发生器只能输出一路信号，模拟一个传感器的动态变化信号。

### 1. 单路信号模拟的形式

（1）模拟连续变化的模拟信号

单路信号模拟器可模拟节气门位置传感器、压敏电阻式进气压力传感器、各种热敏电阻式温度传感器等传感器的信号，其输出的是连续可变的电压信号（图 3-24）。为了能模拟此类传感器不同的状态，信号模拟器输出的可变信号电压范围通常为 0~15V。

（2）模拟脉冲式信号

单路信号模拟器也可模拟车速传感器、涡旋式空气流量传感器等产生脉冲信号的传感器，通常要求单路信号模拟器能输出不同的波形和频率，信号频率范围通常为 0~10Hz（图 3-25）。

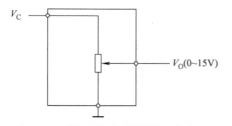

图 3-24　连续变化信号模拟电路示意图

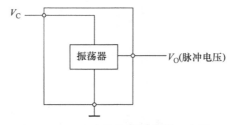

图 3-25　脉冲信号模拟电路示意图

### 2. 单路信号模拟的作用

单路信号模拟数据流分析的作用包括两个方面。

1）判断原传感器信号正常与否。通过检测与该传感器信号相关的被测对象状态数据流，可分析该传感器及其信号处理电路是否正常。

2）判断电子控制系统的故障。通过检测与该传感器信号相关的控制系统输出响应数据流，可分析控制系统的工作情况，分析与判断控制系统工作不正常的可能故障原因或故障的具体部位。

## 三、同步信号模拟器

### 1. 多路信号模拟的形式

同步信号模拟器具有两个以上的通道，可以同时模拟两个及两个以上的传感器信号。同步信号模拟器用于需要有两个或两个以上传感器信号输入的检测环境。例如，发动机转速与曲轴位置这两个脉冲信号为同步信号，控制器需要根据这两个同步信号来计算发动机的转速、判断曲轴的位置、确定点火和喷油时间。这两个信号就需要用同步信号模拟器输出的两个同步电压脉冲来模拟。发动机转速与曲轴位置传感器信号模拟的实例如图 3-26 所示。

**2. 多路信号模拟的作用**

同步信号模拟数据流分析的作用也包括两个方面。

1）判断原传感器信号正常与否。用同步信号模拟器模拟传感器信号，通过检测与传感器信号相关的被测对象状态数据流，也可用对比方式比较传感器品质的好坏。

2）判断电子控制系统的故障。检测控制系统输出响应数据流，通过分析电子控制系统的响应数据参数，可判断控制系统的工作状态，分析可能的故障原因或可能的故障部位。

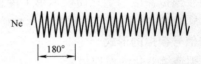

图 3-26　发动机转速与曲轴位置传感器信号模拟的实例
G—曲轴位置模拟信号　Ne—发动机转速模拟信号

# 第四章 汽车数据流的分析方法

## 第一节 汽车数据流常用分析方法

汽车数据流的表现形式不同,其分析方法也有所不同。常用的数据流分析方法有数值分析法、时间分析法、因果分析法、关联分析法及比较分析法等。

### 一、数值分析法

> **专家解读:**
> 汽车数据流数值分析法就是以数据流的数值大小为分析参数,通过对所获取的数据流数值变化规律和数值变化范围进行分析,将测得的数值与正常情况的标准值进行比较,得到被测对象正常与否的分析方法。

汽车电子控制系统在工作过程中,电子控制器(ECU)对输入传感器的信号进行分析与处理后,向各执行器发出控制指令,使被控对象工作在设定目标范围。闭环控制还将被控对象的工作状态信息,通过相关传感器反馈给ECU,ECU根据相应传感器的反馈信号对控制信号再加以修正。在这些输入与输出信号中,一些信号以数据大小反映被控对象的工况与状态。因此,用诊断仪器读取这些信号参数后,需要通过所测得的数据流的数值,来分析被控对象的状态和系统的工作情况。下面举几个实例来说明数值分析法。

#### 1. 利用系统的电压值来分析故障

正常情况下,未起动发动机时,系统的电压为蓄电池电压,发动机起动后应等于该车充电系统的电压。如果测得的系统电压数值不正常,就表示充电系统有故障。有些汽车其充电系统受发动机ECU控制,如果发动机起动后,系统电压不正常,也有可能是发动机控制系统出现了故障。

#### 2. 利用发动机转速信号的数值分析故障

起动转速正常,但发动机不能起动,通过读取发动机的转速信号(正常转速数据约为150~300r/min),如果数据很小或接近于零,则说明是转速信号过弱,引起发动机不能起动。因为,发动机转速信号是发动机控制系统进行点火控制和喷油控制必不可少的信号,如果发动机的转速参数过小,ECU就不能进行正常的点火和喷油控制,发动机也就不能起动。

### 3. 利用发动机温度参数值分析故障

有些汽车发动机的冷却风扇由发动机 ECU 控制，ECU 根据发动机冷却液温度传感器的电压信号来判断发动机冷却液温度，当温度达到极限值时，ECU 输出控制信号，通过控制风扇继电器使风扇工作。例如，一辆本田雅阁 2.3 轿车，发动机起动不久，发动机温度还未达到正常工作温度时冷却风扇就开始工作，这说明冷却风扇控制不正常。连接故障诊断仪后未能读取故障信息，读取数据流，发动机冷却液温度是 112℃，而该车发动机电动风扇的工作温度为 91～95℃（开关 A——低速档）和 103～109℃（开关 B——高速档）。分析发动机冷却液温度数据流的数值和冷却风扇转动的实际情况，可以确定 ECU 对冷却风扇的控制及控制电路正常，问题出在 ECU 得到的温度信号不正确。温度信号不正常的可能原因有：冷却液温度传感器、线束接头或 ECU 内部的输出信号处理电路等有异常。经检查发现冷却液温度传感器，传感器的电阻值不正确，更换后一切正常。

## 二、时间分析法

> **专家解读：**
>
> 汽车数据流时间分析法以数据流的时间为分析参数，是通过对所获取的数据流数值变化的时间进行分析，从中得到被测对象正常与否的分析方法。

数据流分析时，某些数据参数不仅要考虑其数值大小，而且需要看其工作时限是否超越正常的范围。时限是指在一定单位时间内应发生的次数或应达到的状态。通过工作时限判断传感器是否有故障的传感器主要有：冷却液温度传感器、发动机爆燃传感器和氧传感器等。下面举例说明数据流时间分析方法。

### 1. 冷却液温度传感器

正常情况下，发动机起动后几分钟冷却液温度就可以达到正常的工作温度。如果发动机起动 10min 后，发动机电子控制器检测到的发动机冷却液温度还未达到 60℃，ECU 就会诊断为冷却液温度传感器有故障，并存储故障码。如果没有故障码，需通过数据流分析发动机冷却液温度传感器是否性能不良。

### 2. 发动机爆燃传感器

迅速踩下加速踏板，在发动机转速 1500～4500r/min 范围内，发动机电子控制器至少应收到爆燃传感器两次大于或等于 3kHz 以上的信号。如果 ECU 未能接收到应有的信号，就会认为爆燃传感器可能有故障，并存储故障码。如果没能及时给出故障码，需运用数据流分析传感器的信号是否过弱。

### 3. 氧传感器

氧传感器的信号不仅要求有信号电压值和电压的变化，而且信号电压的变化频率在一定时间内要超过一定的次数（如某些车要求大于 6～10 次/10s）。当小于此值时，则表示氧传感器响应过慢，就会产生故障码。如果氧传感器信号电压变化次数并未超过限定值，但反应较迟缓时，并不会产生故障码。如果是这种情况，就应接上汽车故障诊断仪，通过观察氧传感器数据的变化状态来判断传感器的好坏。对于催化转化器前后均设有氧传感器的，前后氧传感器的信号变化频率是不一样的。通常后氧传感器的信号变化频率应小于前氧传感器的一半,否则可能是催化转化器效率已降低了。

## 三、因果分析法

> **专家解读:**
> 汽车数据流因果分析法是以数据流中有相互联系的数据之间的因果关系对作为分析对象,通过对数据间响应情况和响应速度等的分析,从中获得被测对象的状态和故障信息。

汽车电子控制系统在控制过程中,许多参数具有因果关系。氧传感器的混合气过浓或过稀信号输入 ECU,必然会使 ECU 输出的喷油脉冲信号有所改变。ECU 将一个输入对应一个输出,当某个控制过程出现异常时,就可以将这些有因果关系的输入与输出参数连贯起来观察,这样做,就可分析与判断控制系统的故障出现在何处。下面通过两个实例来说明汽车数据流因果分析方法。

1. **因果分析法实例一**

用于降低氮氧化物($NO_x$)排放的废气再循环(EGR)控制系统,ECU 根据发动机转速传感器、进气流量传感器(或进气压力传感器)、发动机温度传感器、节气门位置传感器等确定是否废气再循环及再循环流量,并输出相应的控制信号控制 EGR 电磁阀工作,并根据 EGR 位置传感器的反馈信号来判断 EGR 阀的工作状态。当出现 EGR 系统未工作的故障码时,可在相应工况(非禁止废气循环工况)下,检查 ECU 输出的 EGR 电磁阀控制信号和 EGR 位置传感器的反馈信号。如果 ECU 无控制信号输出,分析其原因,有可能是反映发动机工况与状态的相关传感器有故障,或是 ECU 本身有故障;如果 ECU 输出的 EGR 电磁阀控制信号正常变化,而 EGR 位置传感器反馈信号值没有变化,分析其原因,则可能是 EGR 位置传感器、传感器线路或 EGR 阀(包括废气通道)有问题。

判别 EGR 阀本身和废气通道有无问题,可在发动机怠速运转情况下,直接将一定的真空施加于 EGR 阀上,使 EGR 阀打开。如果这时发动机出现明显的抖动或熄火,从其因果关系分析,可说明 EGR 阀本身和废气循环通道无问题,可能是 EGR 位置传感器及线路,或 ECU 有故障;如果此时无明显抖动,则可能是 EGR 阀或废气循环通道有异常。

2. **因果分析法实例二**

在自动空调系统中,当按下空调开关(A/C)时,该开关并不是直接接通空调压缩机电磁离合器,而是将该开关信号作为空调制冷请求信号,发送给发动机 ECU。ECU 接收到此信号后,检查是否满足设定的条件。如果条件满足,就会向空调继电器发出控制指令,接通空调继电器线圈,继电器触点闭合,压缩机电磁离合器通电接合,使压缩机工作。因此,当空调系统不工作时,可观察在按下空调开关后,空调请求(选择)、空调允许、空调继电器等这些有因果关系的状态参数变化,据此来判断故障出自何处。

## 四、关联分析法

> **专家解读：**
> 汽车数据流关联分析法是对彼此有关联的数据流进行分析，通过相互关联数据流的分析比较，找到故障的真正原因。

电子控制系统在工作时，ECU 对几个相关传感器信号进行比较，当发现它们之间的关系出现不合理的状况时，就会做出有故障的判断，并会给出一个或几个故障码，或指出某个信号不合理。在这种情况下，不能轻易断定是某个传感器不良，而应根据它们之间的相互关系做进一步的检测和分析，以便得到正确的诊断结果。下面，通过几个实例来说明汽车数据流的关联分析方法。

### 1. 关联分析法实例一

一辆本田轿车，发动机 ECU 自诊断系统给出了节气门位置传感器信号不正确的故障码，但实际检测结果节气门位置传感器及其设定值都无问题。在这种情况下，就需要注意检查相关联的发动机转速与曲轴位置传感器。通过检测发动机转速信号，发现发动机转速信号不正确，更换曲轴上的曲轴位置传感器（CKP 传感器）后，故障排除。分析故障原因：ECU 接收到不正确的发动机转速信号后，还不能判断转速信号是否正确（因 CKP 信号并未超出规定的正常范围），而是比较此时的节气门位置传感器信号，认为目前的节气门位置信号与接收到的错误转速信号不相符，故得出了节气门位置传感器有故障的诊断结果。

### 2. 关联分析法实例二

空气流量与节气门开度关联，节气门开度增加，空气流量随之变大，反之变小。如果空气流量信号与节气门开度信号的关联系统出现矛盾，但两个信号都没有超过正常的电压范围时，通常情况下 ECU 会判定决定喷油的主信号异常，并记忆该传感器的故障码。因此，当空气流量与节气门开度两个关联信号出现矛盾时，电控单元会存储空气流量传感器的故障码。鉴于此，当有空气流量传感器故障码，但检查结果又正常时，就要注意检查节气门位置传感器的数据流，看节气门位置传感器的信号与节气门的实际开度变化是否相符。

### 3. 关联分析法实例三

一辆捷达轿车，在故障检修时，发现有"空气流量传感器信号不合理"的故障信息。如果简单地更换空气流量传感器，就可能导致错误修理，而故障并不能被排除。故障信息并非是"空气流量传感器开路或短路（与地或 B+）"，而是"空气流量传感器信号不合理"，这不仅仅是空气流量传感器有故障可能，还应有其他相关联传感器的故障可能性。因为，ECU 是根据相关联的发动机转速信号、节气门位置信号与空气流量信号的比较，在节气门开度信号与空气流量信号出现了矛盾的情况下，才给出了空气流量传感器信号（主信号）不正常的故障码。在进一步的检查中，发现节气门位置传感器的最大和最小学习值与规定值不符，且无法正确完成基本设定（始终输出错误信号），故基本确定是节气门位置传感器故障。更换节气门体总成并进行基本设定后，故障排除。

## 五、比较分析法

> **专家解读：**
> 
> 汽车数据流比较分析法是对相同车种及系统，在相同条件下的相同数据组进行分析比较，以确定被测对象是否正常的数据流分析方法。

在对一些车型进行故障维修时，由于没有相关的详细维修技术资料和详尽的标准数据，虽然通过故障诊断仪获得了想要的数据流，却无法正确地判断所测数据组数据正常与否，也就不能判定相关器件的好坏。在这种情况下，可利用同类车型上相同系统的数据替代标准数据，根据故障车和正常车的数据组相关数据分析比较，从而判别所测数据是否正常，确认故障车相关器件是否有故障。

比较分析法还可以应用于同一车不同工作状态下的相关数据流做比较。例如，车辆出现冷车无故障而热车时工作不良，或者热车时正常，冷车时工作不良时，可通过分析比较冷车或热车正常时相关数据，找出不正常数据，并确定故障的原因。

在实际的修理过程中，有时也可使用替换比较法来判断故障，即用无故障的器件替换后，看相关数据流是否不同，或故障是否消失来确认故障原因。

> **专家提醒：**
> 
> 替换比较法也是一种简单易行的方法，但在进行替换时，注意应首先做一定的基本诊断，在基本确定故障趋势后，再替换被怀疑有问题的器件，不可一上来就换这换那，其结果可能是换了所有的器件，仍未发现问题。此外，还应注意用于替换的器件一定要确认是良好的，而不一定是新的，因为有些情况下，新的未必是良好的，这是替换比较法确认故障时应该注意的。

## 第二节 数据流分析的一般步骤

利用数据流分析对电子控制系统进行故障诊断时，会有 ECU 已存储了故障码和无故障码两种情况。有故障码和无故障码的数据流分析方法与步骤有所不同。

### 一、有故障码时的数据流分析方法

汽车电子控制系统故障检修过程中，通过故障码读取和确认操作，如果有故障码存在，通过数据流分析诊断故障的一般步骤如下。

1）先查看记录故障码时的冻结数据帧，然后确认故障码发生时车辆的运行工况，并且可以使车辆在冻结数据帧提示的工况下进行运转，以完成故障验证。这样就可以利用故障码快速准确地确定故障部位。

汽车数据流分析详解与应用

2）确认有故障码时,也可以直接找出与该故障码相关的各组数据进行分析,并根据故障码所设定的条件,来分析故障码产生的原因,进而对相关数据的数值波形进行分析,最终找出故障点。

**例**:一辆东风雪铁龙爱丽舍 SX1 型轿车,装备 AL4 型自动变速器,仪表板上"S"灯和"*"灯偶尔交替闪烁,且自动变速器升档过迟。用专用故障诊断仪 PROXIA 检测自动变速器 ECU,读取故障码,发现有表 4-1 所列故障信息。

表 4-1 东风雪铁龙爱丽舍 SX1 型轿车故障码检测结果

| 故障类型 | 检测类型 | 供电电压 /V | 档位 |
| --- | --- | --- | --- |
| 节气门位置传感器信号 | 断路或短路 | 12 | 空档(N) |

按照所记录的故障码,先查看节气门位置传感器的数据流以确定故障。将点火开关置于 M 位,不起动发动机,在完全松开加速踏板情况下,用 PROXIA 测量自动变速器参数,发现节气门开度参数从 11.5°~40.8°不停变动。用手扯动节气门位置传感器导线连接器,节气门开度参数稳定在 11.5°,同时自动变速器故障指示灯停止闪烁,又扯动一下,节气门开度参数又开始不断变化,自动变速器故障指示灯又闪烁起来。通过上述动态数据检测,可以判定该车故障是节气门位置传感器导线连接器接触不良。由于自动变速器 ECU 无法得到准确的节气门位置信号,无法在正常情况下控制换档,造成换档过迟。更换节气门位置传感器后,换档过迟故障排除。

> **专家解读**:
> 当 ECU 已存有故障码时,就可充分利用故障码,通过有针对性的数据流测量和分析,准确地找到故障原因,迅速地排除故障。

## 二、无故障码时的数据流分析方法

汽车电子控制系统故障检修过程中,确认无故障码时,数据流分析的一般步骤如下。

首先从故障现象入手,根据控制系统的工作原理和结构来推断与故障相关的数据参数,然后再用数据流分析的方法,对相关数据参数进行观察和全面分析。

**例**:一辆 2005 款雅阁 CM5 轿车,自动变速器变速杆锁止在 P 位上,无法换入行车档。用 HDS 型本田故障诊断仪进行检测,没有发现故障码。

观察发动机相关数据流,节气门开度(TP)值为 10%,相对 TP 值为 9%,点火提前角为 26°,发动机转速为 1200r/min。分析上述数据流,最明显的异常是发动机已不在怠速工况运转,点火提前角锁定在 26°,相对的 TP 值在怠速工况下应为 0,而指示却是 9% 的错误值。根据上述数据流分析,发动机电控系统已启用了后备工作模式,不再根据相关传感器的信号进行控制参数的修正。排放控制系统呈开环状态,同时启用了发动机和自动变速器的保护模式,将变速杆锁止于 P 位。

从数据流上看 TP 开度值基本正常,但相对 TP 值却很高,这有可能是 TP 传感器不良。但是，用一个确认为良好的节气门体总成（TP 传感器不能单独更换）替换后，获得的数据流相对 TP 值还是显示 9% 不变。再次用 HDS 对发动机与变速器控制系统的 ECM/PCM 学习值重新设定，无法完成，变速杆依然锁止于 P 位，故障依旧。

如此看来，要找到该故障的真正原因，弄清楚相对 TP 值为什么会高是关键。相对 TP 值是 ECM/PCM 根据怠速工况下节气门开度和实际进气量相比较得出的。如果 IAC 阀（怠速空气控制阀）阀体内滑阀有积炭，引起其在运行时卡滞在开度大的位置时，怠速补偿进入的空气就会过多。在这种情况下，由于 IAC 阀指令与当前的 IAC 阀开度不符，卡滞的 IAC 阀造成了过多的怠速空气补偿，致使发动机转速由正常的怠速（750r/min）升至 1200r/min。这样，喷油时间就不是当前发动机实际要求的喷油时间，尽管节气门实际上处在关闭的位置，发动机冷却液温度也处于正常温度，但由于 IAC 阀的卡滞而产生了不正确的传感器参数，再与 ECM/PCM 内存储的设定数据进行比较，ECM/PCM 通过计算就得出了"发动机不在怠速工况下运转"的判断。实际上发动机处在怠速工况，只不过是发动机的实际转速高于正常的怠速。

ECM/PCM 根据比较的结果得出节气门开度有错误的结论，并进行学习修正，结果导致相对 TP 值为 9%。也就是说，ECM/PCM 认为此时的节气门位置是在正确的关闭位置开度（10%）的基准上，再默认打开 9% 开度的位置，但又不符合怠速工况下的 10% 的开度，因此记忆相对 9% 的开度值，从而启用了发动机及自动变速器的保护模式，将变速杆锁止。

由此分析可知，IAC 阀的工作状况对相对 TP 值的影响比较大，拆下 IAC 阀后，发现 IAC 阀内部确实有积炭。对 IAC 阀进行清洗后，发动机怠速运转平稳，变速杆锁止现象消失，故障排除。此时检测动态数据，相对 TP 值为 0。

> 🔥 **专家解读：**
>
> 当 ECU 无故障码存储时，就需要知道所修车辆控制系统的基本原理和结构、基本的控制参数，及其在不同工况条件下的正确读数值，在此基础上，经过认真细致的数据流分析，就能得出准确的判断结果。

### 三、数据流综合分析步骤

#### 1. 数据流综合测量

数据流综合测量包括汽车电子控制系统故障码的检测、汽车电子控制系统数据流测量和发动机真实数据测量。

（1）动机故障码检测

这是电子控制系统故障检修时的一项基本测量，如果发动机故障指示灯或其他电子控制系统的指示灯亮起，说明相应的电子控制系统出现了故障，并会有故障码存在。此时，必须通过故障诊断仪读取故障码，并根据所示的故障信息及故障检修方法，找到具体的故障部位（部件），修理或更换故障部件。

（2）汽车数据流测量

故障检修中未取得故障码，或故障码所示故障虽已排除，但故障还未消失时，就必须进行数据流测量。在检修故障时，虽然取得了故障码，但仅故障码提供的信息还不能确认故障时，就需要检测相关的数据流,以便通过数据流分析,准确迅速地确认故障。读取标准工况下ECU的相关数据流比较关键,特别要注意数据标准及数据的变化。常规测量工况应选择热车状态下的怠速工况和发动机转速在2000r/min时的无负荷工况。

（3）发动机真实数据测量

发动机真实数据测量需要利用相关的检测设备来进行,其测量的数据是一些车辆工作时的基本数据。发动机的基本数据有：进气歧管压力、气缸压缩压力、点火正时、发动机转速、燃油喷油压力、机油压力、发动机冷却液温度、进气阻力、废气排放值、排气阻力及曲轴箱通风压力等。

测量完成后,需要将实测值与故障诊断仪读取的数据流进行对比,差值过大的数据即为故障所在。例如,发动机ECU显示冷却液温度为60℃,而实际测量得到的数值是85℃,则说明发动机冷却液温度传感器数据存在偏差,故障出自发动机冷却液温度传感器及其连接线路,也有可能是发动机ECU内部传感器信号处理电路有故障。

### 2. 数据综合分析

（1）建立数据群模块

将某一故障现象所涉及的数据流集中起来,逐一检查、对比和分析。例如,发动机怠速转速过高,达到了1000r/min,其所涉及的数据包括冷却液温度、节气门开度、怠速控制阀步数（或开度）、点火提前角、进气歧管绝对压力、氧传感器信号、喷油脉宽、燃油系统压力、蓄电池电压、空调开关状态、转向助力开关状态、车速、档位开关状态及发动机废气排放等,需要用汽车故障诊断仪读取相关的数据组,获取这些数据流。

（2）分析数据

1）将从ECU内部读取的数据流与实际测量的数据进行对比,差值越小,说明ECU及车上传感器越精确。

2）将ECU的数据与维修手册标准对比,如果误差值超过了极限,则说明相应的数据为工作不良数据。

3）找出有疑问的数据并进行分析。例如,氧传感器信号电压变化值为0.1~0.9V,无故障码。简单看传感器无故障,数据也在维修手册规定的范围之内,但与新车0.3~0.7V的经验正常值相比有了很大的变化。据此分析,可能是氧传感器接触到的发动机废气中的氧含量变化不稳定,即燃烧的混合气的空燃比不稳定。进一步分析,导致此种故障发生的原因可能包括：发动机进气管漏气、气门积炭、气门关闭不严、曲轴箱通风阀堵塞,以及发动机活塞环密封不严等。

（3）综合分析

> 🔥 **专家提醒：**
> 一些故障单凭一个或两个数据的分析对比还不能确定故障,需要将有关联的多个数据进行综合分析,最后确认故障。

为了准确地分析故障,有时需要将几个问题数据间的关联关系逐一进行分析。例如,某缸火花塞工作不良,与其存在关联关系的有：部分燃油不能有效燃烧→发动机怠速抖动→废气中的HC值过高→氧传感器信号电压偏低→发动机油耗增加→发动机动力不足→三元催化转化器温度过高（烧坏）→发动机 ECU 记录失火故障。

通过综合分析相关联的数据流，就可准确地找到故障所在。

## 第三节　数据流分析和传统维修技术对比分析

为了能更好地理解数据流分析在汽车电子控制系统故障诊断中的实际意义，现以一个实际的电喷发动机故障检修过程为例，对比分析数据流分析检修故障与传统检修过程的不同。

案　例

> 桑塔纳 2000GSi 轿车急速不稳及加速冒黑烟，通过 V.A.G1552 故障诊断仪读取故障信息，有故障码 00561（混合气自适应超限）和 00522（发动机冷却液温度传感器断路/对正极短路；传感器断路/对地短路）。记下故障码后清码，重新读码，只有"00522"故障码。更换发动机冷却液温度传感器后，发动机故障依旧。至此，故障码所起作用已尽，需要通过其他适当的方法来排除故障。

### 一、传统汽车维修技术排除故障

传统的故障检修方法就是：根据故障现象分析可能的故障原因，然后根据"常见故障先检查""容易检查的先行检查"的原则，逐个检查可能有故障的部件（部位）。

**1. 故障原因分析**

根据故障现象分析，可能的故障原因如下。

1）燃料供给系统。例如，急速控制阀脏污、喷油器不良、汽油滤清器堵塞、油压调节器不良、燃油泵不良等。

2）点火系统。点火线圈不良、火花塞不良、高压导线不良等。

3）电子控制系统及其他。正时带出现损坏、发动机电控系统相关传感器不良、电子控制器有故障等。

**2. 故障检修步骤**

传统故障检修方法与步骤如下。

（1）修燃料供给系统

由于急速不稳，首先清洗节气门体后重做基本设置；冒黑烟，查油压，正常；清洗喷油器，换汽油滤清器；再次起动发动机，仍冒黑烟，但急速已变平稳。

（2）检修点火系统

由于还冒黑烟，更换氧传感器，但无效。检查火花塞与高压线，高压线正常，火花塞间隙较大且发黑。更换火花塞后试车，故障现象减弱，但加速时仍冒黑烟。

（3）检修电子控制系统

通过上述检修故障还未排除，有维修工怀疑是 ECU 损坏；也有的怀疑点火线圈损坏，或是气门正时不当（正时带不良）、空气流量传感器损坏等。

在检查此故障时，本着由简到繁，从不换件到换件的程序。检查配气正时，良好；更换点火线圈，故障依旧无效；换空气流量传感器后，故障消失。至此，故障排除。

## 二、数据流分析方法排除故障

### 1. 检测发动机电控系统数据流

对于排气管冒黑烟且怠速不稳的发动机，可读取 01、02 和 07 组的数据流。从 07 组数据流读到：混合气控制 -23%（正常是 -10% ~ 10%），氧传感器电压 0.6 ~ 0.8V（正常是 -0.1 ~ 1.0V）。这说明混合气确实过浓，已远远超出了正常的控制范围。从 02 组读到：发动机负荷 2.8ms（正常是 0 ~ 2.5ms）；发动机每循环喷射流量为 5.8g（正常为 2.0 ~ 4.0g）。从 01 组读到：节气门开度角为 4° ~ 5°（正常是 0° ~ 5°），4° ~ 5° 虽未超限，但也偏大。

### 2. 数据流分析

分析数据流，发动机怠速运转时，由于节气门位于关闭位置，而 ECU 又力求按怠速来调节发动机转速，所以引起控制超限。由于进气流量过大，ECU 认为是发动机负荷大而不会减少喷油量（喷射持续时间），导致怠速忽高忽低。由于怠速喷油量大，加速时喷油量就更大，导致排气管冒黑烟。清洗节气门体、更换空气流量传感器后故障清除。

> **专家解读：**
>
> 　　对比上述两种故障检修方法，数据流分析方法根据读取的数据流进行了定量分析，可清晰地解释引起故障的真正原因，迅速找到故障部位（部件），可做到有目的地检测，准确地找到和更换有故障的部件。因此，运用数据流分析方法排除故障，少换了火花塞和点火线圈，缩短了故障诊断时间，省时省力、省工省料。在现代汽车故障检修过程中，汽车维修人员应尽可能利用数据流分析的方法。尤其是较复杂的故障，数据流分析方法的优越性更加突出。

# 第五章 汽车主要参数分析

## 第一节 基本参数分析

**阅读提示**

基本参数是指会同时影响汽车及发动机几个不同的电控装置的参数,主要有发动机转速、发动机起动转速、氧传感器工作状态、发动机负荷、发动机运转时间、汽车车速等。充分地了解这些基本参数的来源、表达的含义、正常示值范围及数据分析方法等,是熟悉并掌握汽车数据流分析方法的重要基础。

### 一、发动机转速

在读取电控装置数据流时,检测仪上所显示出来的发动机转速是由发动机电子控制系统的ECU,根据发动机转速传感器(或曲轴位置传感器)的脉冲信号计算得到的,有的电控发动机通过采集点火信号来计算发动机的转速。因此,发动机转速数据流反映了发动机的实际转速,其单位一般采用r/min,其变化范围为0至发动机的最高转速。

发动机转速参数本身并无分析价值,其作用体现在对其他相关参数进行分析时,发动机转速参数值可作为参考基准。

### 二、发动机起动转速

发动机起动转速是指起动发动机时由起动机带动的发动机转速,该参数的单位也是r/min,显示的数值范围通常为0~800r/min。发动机起动转速参数是发动机ECU控制起动喷油量的重要依据之一。分析发动机起动转速可以帮助找到发动机起动困难的故障原因,也可分析发动机的起动性能。如果在发动机起动时,起动转速参数为0,则说明发动机ECU没有收到发动机转速传感器的信号,故障可能出自发动机转速传感器及其电路。

### 三、氧传感器工作状态

氧传感器工作状态参数是指安装在发动机排气管上的氧传感器所测得的混合气空燃比状态(由排气中的含氧量确定)。一些双排气管的汽车将这一参数显示为左氧传感器工作状态和右氧传感器工作状态两种参数。氧传感器是测量发动机混合气浓稀状态的主要传感器,对于氧化锆型氧传感器，必须被加热至300℃以上才能向发动机ECU提供正确的信号，且ECU必须处于闭环控制状态才能对氧传感器的信号做出反应。

> **专家提醒：**
> 
> 氧传感器工作状态参数的类型依车型不同而不同，有些车型是以状态参数的形式显示出来的，只有浓和稀两种状态；也有些车型是以数值参数的形式显示出来的。

下面通过一个实例来了解通过氧传感器工作状态数据分析诊断故障的方法。

 实 例

> 桑塔纳3000轿车在发动机热车后，氧传感器工作状态参数呈现浓稀的交替变化或输出电压在0～1.1V之间来回变化，每10s内的变化次数应大于8次（0.8Hz）。
> 
> 若该参数一直在0～0.3V之间变化，则排气中剩余氧气过多，或传感器本身与线路有故障。故障原因主要包括：各种原因引起的混合气过稀、排气管泄漏、传感器本身及线路故障。
> 
> 若该参数一直在0.70～1.10V之间变化，则排气中剩余氧气过少或传感器本身及线路有故障。故障原因主要包括：各种原因引起的混合气过浓、传感器本身及线路故障。
> 
> 变化缓慢或不变化或数值保持在0.45～0.50V之间，则说明氧传感器及线路或ECU中的反馈控制系统有故障。

## 四、发动机负荷

发动机负荷是一个数值参数，在怠速时的数值范围为1.3～4.0ms或15%～40%。用来反映发动机负荷大小的喷油时间是一个纯计算的理论值。在怠速下的发动机负荷可以理解为发动机克服自身摩擦力和驱动相关附件装置所需的喷油量。通常用观察怠速时的发动机负荷（喷油时间）是否匹配，来判断汽车相关总成和部件是否存在故障。

发动机负荷是由电子控制器根据氧传感器参数计算出来的，并由进气压力或喷油量显示。反映发动机负荷的喷射时间和基本喷油量，仅与发动机转速和负荷有关，通常不包括喷油修正量。怠速时，正常显示范围为1.00～2.50ms；海拔每升高1000m，发动机负荷降低约10%；当外界温度很高时，发动机输出功率也会降低，最大降低幅度可达10%；汽车行驶中，当发动机达到最大负荷时，在4000r/min时的显示值应达到7.5ms；在6000r/min时的显示值应达到6.5ms。

发动机负荷异常的主要原因有：进气系统漏气、真空管堵塞、配气正时错误、有额外负载等。

## 五、发动机运转时间

发动机的运转时间参数也是一个数值参数，其数值范围为00:00:00～99:99:99（h:min:s），发动机的运转时间参数表示从发动机起动后所运转的时间。当发动机熄火时，发动机的运转时间会重新设定为 00:00:00（h:min:s）。

## 六、车速

车速参数是由发动机 ECU 或自动变速器 ECU，根据车速传感器的信号计算得到的汽车行驶速度数值，其单位为 km/h 或 mile/h，具体显示什么单位可以通过检测仪的显示调整来改变。

> 🔥 专家提醒：
>
> 　　车速参数是自动变速器自动换档控制的主要参数，也是巡航控制系统进行自动车速控制的重要参数。在发动机燃油喷射控制系统中，车速参数也是参考数据之一。有些带自动变速器的汽车没有车速传感器，在检测仪上显示的车速为 0，该参数一般是作为对自动变速器的其他控制参数进行分析的参考依据。

## 第二节　控制与状态参数分析

> 阅读提示
>
> 　　控制与状态参数是指汽车 ECU 对执行器输出的控制信号，以及反映被控对象和执行器的状态信号。充分地了解这些基本参数的来源、表达的含义、正常示值范围及数据分析方法等，也是熟悉并掌握汽车数据流分析方法的重要基础。

## 一、燃油控制参数

燃油控制参数是用来表示发动机 ECU 对电控燃油喷射系统进行控制的状态，以及向喷油器等执行器送出的控制信号。相关参数主要有喷油脉冲宽度、目标空燃比、指令燃油泵、短时燃油修正、长时燃油修正、动力增强、减少燃油模式等。

**1. 喷油脉冲宽度**

喷油脉冲宽度是数值参数，它是发动机 ECU 控制喷油器持续喷油的时间，单位为 ms，该参数是喷油器工作是否正常的最主要指标。喷油脉冲宽度数值大，表示喷油器每次打开喷油的时间较长；该参数显示的数值小，表示喷油器每次打开喷油的时间较短。喷油脉冲宽度将随着发动机转速和负荷的不同而改变。不同的车型，喷油脉冲宽度的数值也会有所差异。例如，通用别克轿车 L46 发动机的数值显示为 0~10.00ms。

影响喷油脉冲宽度的主要因素有：$\lambda$ 调节、炭罐内的混合气浓度、空气温度与密度和蓄电池电压等。

> **实例**
>
> 通用别克轿车、帕萨特B5轿车均配备L46发动机,其怠速时的正常显示数值应为2.0～5.0ms。
>
> 如果怠速时喷油脉宽数值小于2ms,则说明有其他的影响因素存在,主要的影响因素有:炭罐系统进入油量过多、喷油器不配套而油量过大、喷油器有漏油故障等,这些可能的故障导致了额外的供油。
>
> 如果怠速时喷油脉宽数值大于5ms,则可能的主要原因有:空气流量传感器或其线路损坏、节气门控制单元损坏、有额外负荷,以及某缸或数缸工作不良等。

#### 2. 目标空燃比

该数值参数是指发动机ECU在闭环控制时,根据各种传感器信号计算后得出的当前发动机应提供的空燃比,并不是通过测量得到的发动机实际空燃比。发动机ECU将依照此参数的大小输出相应的控制信号,通过驱动电路控制喷油器每次持续喷射相应的时间(图5-1)。该参数的显示数值一般为14.7左右,低于此值则表示ECU要提供较浓的混合气,高于此值表示ECU要提供较稀的混合气。有些车型以状态参数的方式来显示这一参数,其显示内容为浓或稀。

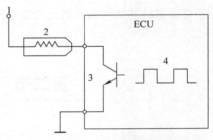

图 5-1　喷油器驱动电路与喷油控制脉冲

1—电源　2—喷油器　3—喷油器驱动电路
4—喷油控制脉冲

#### 3. 指令燃油泵

指令燃油泵是一个状态参数,其显示状态为接通或断开(ON/OFF),它表示燃油泵继电器驱动电路ECU中的指令状态。当空气流量MAF或进气压力MAP大于一定数值,或当系统电压小于10V时,燃油泵就会高速运行,以增加供油量。

ECU通过FC端子控制燃油泵继电器工作,其驱动电路的基本形式如图5-2所示。当点火开关第一次转至"ON"位置时,ECU通过驱动电路使燃油泵继电器线圈通电而吸合,接通燃油箱内燃油泵电路,使燃油泵开始工作。

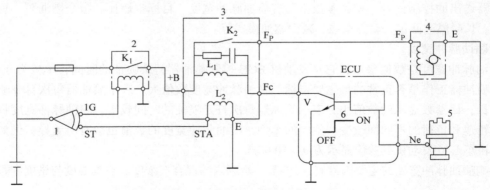

图 5-2　燃油泵驱动电路与驱动开关信号

1—点火开关　2—主继电器　3—燃油泵继电器　4—燃油泵　5—发动机转速传感器　6—燃油泵开关信号

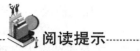

**阅读提示**

燃油泵继电器在发动机运转期间，且ECU能接收到参考信号脉冲Ne（发动机转速信号）时，则一直处于导通状态。如果没有参考信号Ne存在，燃油泵继电器线圈会在点火开关被转至"ON"位置后2s内断电，燃油泵随即停止工作。

### 4. 短时燃油修正

短时燃油修正是一个数值参数，其数值范围是 $-10\% \sim 10\%$。短期燃油微调指的是ECU响应氧传感器的信号，在其电压高于或低于450mV限度的时间内，做短期的供油校正。若氧传感器电压主要保持在限值450mV以下，表示当前混合气过稀，短期燃油微调将提高至0以上的正值范围内，同时ECU将增加供油量（增加喷油脉宽）。若氧传感器电压主要保持在限值450mV以上，表示当前混合气过浓，短期燃油微调将减小至0以下进入负值范围，同时ECU将减小供油量（减少喷油脉宽）。

**专家提醒：**

在一定条件下，比如长时间在怠速运行和环境温度较高，正常操作时，炭罐清污也会使短期燃油微调显示在负值范围内。控制燃油微调时，ECU最大允许范围在 $-10\% \sim 10\%$ 之间。在最大允许值时，燃油微调值表示系统过浓或过稀。某些V型发动机，对左右两侧气缸具有单独的燃油修正参数，因此参数也分左右。

### 5. 长时燃油修正

长时燃油修正也是一个数值参数，其数值范围为 $-23\% \sim 16\%$。长期燃油微调数值来自短期燃油微调数值，并表示长期供油校正。0表示当前供油不需要补偿就能保持ECU指令的空燃比，若是显著低于0的一个负值，表示混合气过浓，供油应减少，即减少喷油脉宽。若是明显高于0的一个正值，表示存在混合气过稀状况，要增加油量，ECU通过增加喷油器脉宽来进行补偿。

**请注意**

由于长期燃油微调力图追随短期燃油微调，导致发动机怠速运行时炭罐清污而产生负值，这不属于异常。ECU控制长期燃油微调的最大允许值在 $-23\% \sim 16\%$ 之间，最大允许燃油微调值表示系统过浓或过稀。某些V型发动机，对左右两侧气缸具有单独的燃油修正参数，因此长时燃油修正参数也分为左和右。

### 6. 动力增强

动力增强或混合气加浓是一个状态参数，其显示状态为启动或未启动。如果显示启动，则表示ECU检测的条件已适合在动力增强（混合气加浓）模式中操作。当检测到大幅度增加节气门位置和负载时，ECU将指令动力增强（混合气加浓）模式。当在动力增强模式时，ECU通过转为开环控制和增加喷油器喷油脉宽来增加供油量，以避免在加速过程中可能产生的降速。

### 7. 减少燃油模式

减少燃油模式也是一个状态参数，其显示状态为启动或未启动。如果显示为启动，则表示ECU已检测到减少燃油模式中相应的操作状况。当检测到节气门位置突然减小，同时车辆以高于40km/h（25mile/h）速度行驶时，ECU则指令减少燃油模式，在减少燃油模式中，ECU通过转为开环控制并减少喷油器喷油脉宽来减少供油量。

## 二、发动机冷却液温度参数

### 1. 发动机冷却液温度

发动机冷却液温度是数值参数，其单位为℃，其变化范围为 −40～199℃。发动机冷却液温度参数是 ECU 根据发动机冷却液温度传感器输入的信号通过计算得到的，其数值在发动机冷机起动后的热车过程中，应能随发动机温度的上升而逐渐增大。在发动机达正常工作温度时，怠速运转的情况下，冷却液温度参数的数值应该在 85～105℃ 的范围之内。当冷却液温度传感器内部或外接线路有断路故障时，冷却液温度参数显示为 −40℃。如果显示数值 >185℃，则说明冷却液温度传感器或线路有短路故障。

有些车型发动机冷却液温度参数的单位为 V，该参数直接来自冷却液温度传感器的信号电压。这个代表发动机冷却液温度的电压值与发动机冷却液温度之间的比例关系，依控制电路的方式不同而不同，通常表示发动机冷却液温度的电压值与温度呈反比关系。也就是说，当发动机冷却液温度低时，表示冷却液温度的电压值高，而当发动机冷却液温度高时，电压值低。发动机冷却液温度传感器正常工作时，发动机冷却液温度参数的数值范围为 0～5V。

> **专家提醒：**
>
> 如果发动机暖机过程中，冷却系统的节温器已完全打开，而冷却液温度参数值不是逐渐上升，而是下降好几摄氏度，这表明冷却液温度传感器已损坏。发动机冷却液温度传感器损坏可能会引发的故障现象有：发动机排气管冒黑烟、发动机难以起动、发动机加速不良、发动机怠速不稳定甚至熄火等。

### 2. 起动时冷却液温度

一些车型的发动机电子控制器，会将点火开关接通瞬间的发动机冷却液温度传感器信号记忆在存储器中，并一直保存到发动机熄火后的下一次起动。汽车数据流分析时，故障诊断仪可将这一信号以起动温度的形式显示出来，并可将该参数与发动机冷却液温度参数进行数值比较，以判断发动机冷却液温度传感器正常与否。

> **专家提醒：**
>
> 如果发动机是冷机起动，起动温度和此时的发动机冷却液温度数值是相等的。发动机热机起动时，发动机冷却液温度数值高于起动温度。随着发动机冷却液温度的上升，发动机冷却液温度数值应逐渐增大，而起动温度仍然保持不变。如果起动后两个数值始终保持相同，则说明冷却液温度传感器或其线路有故障。

## 三、节气门位置和怠速控制参数

节气门位置和怠速控制参数主要是反映节气门位置和怠速控制装置的工作状况,有些参数也表示发动机 ECU 向发动机怠速控制和节气门控制装置发出的指令。相关参数主要有节气门开度、怠速空气控制、怠速开关、目标怠速转速、怠速控制阀设定位置等。

### 1. 节气门开度

节气门开度是一个数值参数,其数值的单位有电压"V"、角度"°"和百分比"%"三种,因车型而异。以电压为单位的数值范围为 0~5.1V;以角度为单位的数值范围为 0°~90°;以百分数为单位的数值范围为 0~100%。

节气门开度参数的数值表示发动机 ECU 接收到的节气门位置传感器的信号值,或是根据节气门位置传感器信号值计算出的节气门开度的大小值,其绝对值与节气门开度为正比关系,即节气门开度参数的绝对值越大,则表示的节气门开度也大。

> **专家提醒:**
>
> 在进行数值分析时,应检查在节气门全关和全开时参数的数值大小。若以电压为单位,节气门全关时参数值应低于 0.5V,节气门全开时应为 4.5V 左右;若以角度为单位,节气门全关时的参数值应为 0°,节气门全开时应为 82° 以上;若以百分数为单位,节气门全关时的参数值应为 0°,节气门全开时应为 95% 以上。若有异常,则可能是节气门位置传感器有故障或调整不当,也有可能是线路或发动机 ECU 内部的节气门开度信号处理电路有故障。

线性节气门位置传感器输出与节气门开度成正比的电压信号(图 5-3a),发动机 ECU 根据节气门位置传感器的信号来判断节气门的开度,进行喷油量和点火时间的控制。如果节气门位置传感器出现了性能不良,输出的电压信号与节气门的开度不呈线性关系(图 5-3b),就会导致发动机工作不良。节气门位置传感器出现这种情况时,发动机 ECU 不能识别出它有异常,因而发动机故障指示灯不会亮起,也不会有故障码存储。因此,在故障检修时,需要通过把检测到的节气门开度数值,与节气门的实际开度进行对比分析,才能发现节气门位置传感器性能不良。

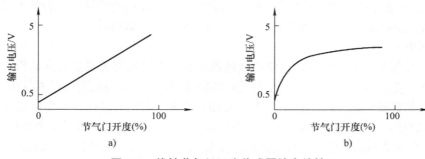

图 5-3 线性节气门开度传感器输出特性
a)正常输出特性 b)异常输出特性

节气门位置传感器损坏或性能不良所引起的故障现象有：发动机加速不良、发动机怠速不稳、发动机熄火、导致自动变速器自动进入紧急运行状态等。

### 2. 怠速空气控制

怠速空气控制参数是一个数值参数，该参数的数值表示发动机 ECU 所控制的发动机节气门体上怠速控制阀的开度。在检测时，根据不同的车型，该参数有以百分数和不采用百分数两种情况，其数值范围有 0～100%、0～15 和 0～255 三种。其数值越小，表示怠速控制阀的开度越小，经怠速控制阀进入发动机气缸的进气量也较小；其数值越大，表示怠速控制阀的开度越大，经怠速控制阀进入发动机气缸的进气量也较多。在数值分析时，通过观察该参数，可以监测到发动机 ECU 对怠速控制阀的控制情况，并可用为判断发动机怠速故障或其他故障时的参考参数。

### 3. 怠速开关

怠速开关是一个状态参数，其显示内容为 ON 或 OFF。它表示发动机 ECU 接收到的节气门位置传感器中怠速开关的信号。当节气门全关时，节气门位置传感器中的怠速开关闭合，此时该参数显示为 ON；在节气门打开后，该参数显示为 OFF。若怠速开关状态参数异常，则表示节气门位置传感器，或其连接线路或 ECU 内部有故障。

### 4. 目标怠速转速

目标怠速转速参数是一个数值参数，该参数是发动机 ECU 根据当前发动机的温度、空调压缩机的工作状态、动力转向泵及自动变速器油泵是否工作等因素，所确定的发动机转速。也就是说，目标怠速转速就是发动机 ECU 根据当前发动机的温度和负荷情况所要控制的怠速转速。

### 5. 怠速控制阀设定位置

怠速控制阀设定位置参数是发动机 ECU 内部参数，它表示 ECU 设定的 IAC 阀（怠速空气控制阀）电动机应在的位置，而数据流显示的 IAC 参数则是 IAC 阀电动机的实际位置。怠速空气控制阀设定值和实际位置的读数值应该相等或非常接近。如果 ECU 检测到发动机状态发生突然变化，如 A/C 接通或冷却风扇工作，它将给出新的设定值，而实际值也应在几秒内发生相应改变。

## 四、进气状态参数

进气状态参数包括汽车周围的大气压力、发动机进气歧管中的压力或进气量的大小等。发动机 ECU 通过测量这些参数来判断发动机当前的负荷，并计算喷油器的喷油量和点火提前角。进气状态参数主要有大气压力、进气管压力、空气流量、进气温度等。

### 1. 大气压力

大气压力参数是一个数值参数，该参数的数值表示大气压力传感器向发动机 ECU 输入信号电压的高低，或是 ECU 根据大气压力传感器的信号电压，经计算后得出的大气压力数值。该参数的单位依车型不同而不同，有 V、kPa、mmHg（毫米汞柱）三种，其变化范围分别为 0～5.12V、10～125kPa、0～100mmHg。有些车型的发动机 ECU 显示两个大气压力参数，这两个参数分别表示大气压力传感器信号电压的大小，以及 ECU 根据这一信号计算后得出的大气压力的数值。

> **专家提醒：**
> 大气压力数值和海拔有关：在海平面附近为100kPa左右，高原地区大气压力较低，在海拔4000m附近为60kPa左右。在数值分析中，如果发现该参数和环境大气压力有很大偏差，则表明大气压力传感器或ECU有故障。

### 2. 进气管压力

进气管压力也是一个数值参数，它表示由进气管压力传感器传送给发动机ECU的信号电压值的大小，或ECU根据进气管压力传感器的信号电压，经计算后得出的进气管压力数值。该参数的单位依车型不同而不同，有V、kPa、mmHg（毫米汞柱）三种，其变化范围分别为0～5.1V、0～205kPa和0～105mmHg。进气管压力传感器所测得的压力是发动机节气门后方的进气歧管内的绝对压力。

在发动机运转时，该压力的大小取决于节气门的开度和发动机的转速。在相同节气门开度下，发动机转速越高，该压力就越低；在相同转速下，节气门开度越小，进气歧管的压力就越低。

> **专家提醒：**
> 涡轮增压发动机在增压器起作用时，其进气歧管压力大于大气压力102kPa。在发动机熄火状态下，进气歧管压力应等于大气压力，该参数值应为100～102kPa。如果在数值分析时发现该参数值和发动机进气歧管内的绝对压力不符，说明传感器不正常或发动机ECU有故障。

### 3. 空气流量

空气流量参数为数值参数，该参数表示发动机ECU接收到的空气流量传感器的进气流量信号，其数值变化范围和单位取决于车型和空气流量传感器的类型。

采用翼片式空气流量传感器、热线式空气流量传感器及热膜式空气流量传感器的汽车，该参数的数值单位均为V，其变化范围为0～5V。大部分车型的电压数值大小和进气量成反比，即进气量增加时，空气流量传感器输出的电压值下降，空气流量参数值也随之下降。5V表示无进气量；0V表示最大进气量。有的车型其空气流量参数值的大小和进气量成正比，空气流量数值小时，所表示的进气量也小。

采用涡旋式空气流量传感器的汽车，该参数的数值单位为Hz或ms，其变化范围分别为0～1600Hz或0～6.25ms。在怠速时，不同排量发动机的空气流量参数值为25～50Hz。进气量越大，该参数值也越大，在2000r/min时为70～100Hz。如果在不同工况时，该参数值没有变化或与标准值有较大的误差，则说明空气流量传感器有故障。

> **专家提醒：**
> 如果空气流量传感器不良，或ECU计算得到的进气量不准确，会导致发动机混合气过浓或过稀，可能会出现的故障现象有：加速不良、发动机进气管回火、发动机排气管放炮或冒黑烟等。

### 4. 进气温度

进气温度参数也是一个数值参数，单位为℃时的变化范围为 −50 ~ 185℃。进气温度参数是发动机 ECU 按进气温度传感器的信号，经计算后得出的进气温度数值。在进行数据流的数值分析时，应检查该数值与实际进气温度是否相符。如果不相符，则说明进气温度传感器或发动机 ECU 有故障。

> **专家提醒：**
>
> 在冷车起动之前，进气温度参数值应与环境温度基本相同；在冷车起动后，随着发动机冷却液温度的上升，该参数值应逐渐增大。若该参数值为 −50℃，表明进气温度传感器或线路断路；若该参数值为 185℃，表明进气温度传感器或线路短路。

## 五、电器和点火系统参数

电气和点火系统参数表示汽车电气系统的状况，它也包括点火系统送给发动机 ECU 的输入信号与 ECU 输出至点火系统的控制信号。具体参数主要有以下几种。

### 1. 蓄电池电压

蓄电池电压是一个数值参数，该参数反映了发动机 ECU 所检测到的蓄电池电压，其数值变化范围为 0 ~ 25V。发动机控制系统中没有专门检测蓄电池电压的传感器，发动机 ECU 是根据其内部电路对输入 ECU 的电源电压进行检测后，获得这一数值的。在发动机运转时，该参数实际数值通常接近于正常的充电电压，怠速时约为 13.5 ~ 14.5V。在数值分析时，可将该参数值与蓄电池接线柱上的电压进行比较。若电压过低，说明发动机 ECU 的电源线路有故障。

> **专家解读：**
>
> 蓄电池电压过低时，发动机 ECU 的某些功能会发生变化。例如：当发动机 ECU 检测到蓄电池电压降至低限值以下时，就会发出指令，使发动机以高怠速运转，以提高发电机的转速，增加充电量。这时，就会对发动机的怠速控制、燃油喷射控制和点火时间控制等参数产生影响。而当 ECU 检测到蓄电池电压过高时，大部分车型的 ECU 会切断由其控制的电磁阀的电流，以防止 ECU 因工作电流过大而烧坏。

当发动机 ECU 检测到的蓄电池电压值过低时，会引起发动机怠速不稳、发动机熄火、加速不良、发动机起动困难等故障。

### 2. ECU 内的 5V 基准电压

5V 基准电压为数值参数，它表示 ECU 向某些传感器输出的基准工作电压的数值，其变化范围为 0 ~ 5.1V。大部分汽车 ECU 的基准电压为 5.0V 左右。该电压是衡量汽车 ECU 工作是否正常的一个基本标志，若该电压异常，而同时 ECU 的电源电压正常，则表示 ECU 内部有故障。

### 3. 点火提前角

点火提前角是一个数值参数，该参数表示由发动机 ECU 控制的总点火提前角（含基本点火提前角），变化范围为 –90°~90°。在发动机运转过程中，该参数值取决于反映发动机的工况与状态的相关传感器的信号，通常在 10°~60° 之间变化。

在进行数值分析时，应检查点火提前角参数能否随发动机工况与状态的改变而变化。发动机怠速运转时该参数值大约为 15°；发动机转速升高时，该参数值应随之增大。如果点火提前角参数值在发动机不同工况下保持不变，则表示发动机 ECU 有故障。

> **专家提醒：**
> 可以用正时灯检测发动机的点火提前角的实际值，并与发动机 ECU 点火提前角参数值进行比较。如果用正时灯检测的实际点火提前角，与发动机 ECU 的点火提前角参数值不相符，则说明曲轴位置传感器不良或其安装位置不正确，应按规定进行检查和调整。

#### 4. 起动信号

起动信号参数是一个状态参数，其显示内容为 YES 和 NO。该状态参数反映发动机 ECU 所检测到的点火开关位置，或起动机回路起动时的通断情况。在点火开关转至起动位置、起动机通电运转时，起动信号参数应显示为 YES，在其他情况下，起动信号参数显示为 NO。

发动机 ECU 根据起动信号来判断发动机是否处于起动状态，并由此来控制发动机起动时的燃油喷射、怠速控制电磁阀的开度，以及点火正时。在进行数值分析时，应在发动机起动时检查该起动信号参数是否显示为 YES。如果在起动时起动信号参数仍显示为 NO，说明起动系统至 ECU 的信号电路有故障，这将导致发动机起动困难等故障。

#### 5. 点火控制

点火控制参数也是一个状态参数，该参数的显示内容为 YES 和 NO。点火控制参数表示发动机 ECU 是否在控制点火提前角。在发动机起动过程中，通常发动机 ECU 不进行点火提前角控制，此时点火正时由点火控制模块控制，点火控制参数显示为 NO。发动机起动后，由发动机 ECU 控制点火提前角，此时，点火控制参数应显示为 YES。如果在发动机运转中点火控制参数仍显示为 NO，说明在发动机电子控制系统中的某些传感器有故障，使发动机 ECU 无法控制点火提前角。

#### 6. 爆燃

爆燃参数是一个状态参数，该参数的显示方式也是 YES 和 NO。爆燃参数表示发动机 ECU 是否收接到爆燃传感器送来的爆燃信号。当爆燃参数显示为 YES 时，说明发动机 ECU 已经接到爆燃信号；爆燃参数显示为 NO 时，则表示没有接到爆燃信号。在进行数值分析时，可在发动机怠速运转时急加速，此时爆燃参数应显示为 YES，然后又显示为 NO。如果在发动机急加速时爆燃参数没有显示为 YES，或在发动机转速稳定时仍显示为 YES，说明爆燃传感器或其线路有故障。

#### 7. 爆燃计数

爆燃计数参数是一个数值参数，其变化范围为 0~255。它表示发动机 ECU 根据爆燃传感器信号所计算出的爆燃的次数和相关的持续时间。爆燃计数参数值并非爆燃的实际次数和持续时间，只是一个与爆燃次数和持续时间成正比的相对数值。任何大于 0 的数值都表示已发生爆燃。数值低，表示爆燃次数少或持续时间短，数值高，表示爆燃次数多或持续时间长。

### 8. 爆燃推迟

爆燃推迟参数是一个数值参数，该参数的变化范围为 0°～99°，它表示发动机 ECU 在接收到爆燃传感器送来的爆燃信号后，做出将点火提前角推迟的具体数值，其单位为度。爆燃推迟参数值不代表点火提前角的实际数值，而是表示点火提前角相对于当前工况下最佳点火提前角向后推迟的角度。

### 9. 电气负荷开关

电气负荷开关参数是一个状态参数，该参数显示的内容为 ON 或 OFF。电气负荷开关参数表示汽车电气系统的负荷状态。当使用前照灯、制动灯、空调等耗电量较大的用电设备时，电气负荷开关参数显示为 ON；当所有附属用电设备关闭时，该参数显示为 OFF。当发动机处于怠速工况时，发动机 ECU 会根据电气负荷开关参数对充电系统做出补偿控制：当该参数为 ON 时，发动机又处于怠速工况，发动机 ECU 就会对怠速控制电磁阀输出控制信号，通过提高发动机怠速来增加交流发电机的发电量，以避免发动机在怠速工况下，因电气负荷大而造成蓄电池亏电。

## 六、排放控制参数

排放控制参数表示汽车排放控制系统的状况，包括炭罐清除控制信号、EGR 电磁阀控制信号、氧传感器工作状态信号、EGR 阀位置信号等，其参数主要有以下几种。

### 1. 炭罐清除电磁阀和炭罐清除指令

燃油蒸气排放控制系统又称燃油蒸发净化控制系统（EVAP），其作用是通过炭罐中的活性炭吸附汽油蒸气，并在发动机工作时，通过流经的空气将汽油蒸气送入进气管，并随进气管的新鲜空气一起进入燃烧室参与燃烧，以免汽油箱中的汽油蒸气直接排放到大气中而造成空气污染。EVAP 的组成如图 5-4 所示。

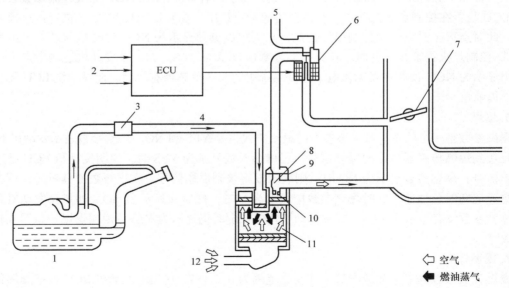

图 5-4 燃油蒸气排放控制系统

1—燃油箱 2—传感器信号 3—单向阀 4—通气管路 5—接进气缓冲器 6—炭罐清除电磁阀 7—节气门
8—主通气口 9—炭罐通气阀 10—定量通气小孔 11—炭罐 12—新鲜空气

炭罐清除电磁阀也称炭罐通气控制电磁阀，由 ECU 输出的控制信号控制其动作，用以打开或关闭连接于炭罐与进气管之间的空气通道。打开时，它利用进气管的真空吸力，使空气流经炭罐而将吸附的汽油蒸气清除，以使炭罐能持续起吸附燃油箱中汽油蒸气的作用。

炭罐清除指令是一个状态参数，显示内容为 ON 或 OFF。该状态参数表示发动机 ECU 输出了炭罐清除电磁阀打开或关闭指令。在发动机冷机状态或怠速时，该参数应为 OFF；当发动机冷却液温度 ≥ 75℃时，该参数应为 ON。

### 2. 炭罐清除占空比

炭罐清除占空比为数值参数，该参数表示发动机 ECU 向炭罐清除电磁阀发出的指令，其变化范围为 0 ~ 99%。炭罐清除占空比参数值为 0 时，表示 ECU 发出的是炭罐清除电磁阀关闭指令，炭罐清除占空比参数值为 99% 时，表示炭罐清除电磁阀全开。

> **专家提醒：**
>
> 炭罐清除占空比数值大，表示炭罐清除电磁阀打开的比率高，炭罐的通气量就大。当发动机处于冷机状态或怠速工况时，如果炭罐清除占空比参数值不为 0 或数值较大，则说明发动机冷却液温度传感器、节气门位置传感器等相关传感器或 ECU 有故障。

### 3. 废气再循环指令

废气再循环（EGR）指令是一个状态参数，其显示内容为 ON 或 OFF。EGR 指令参数表示发动机 ECU 是否输出控制信号，让废气再循环控制电磁阀打开。该参数显示为 ON 时，表示 ECU 输出控制信号，废气再循环控制电磁阀线圈通电，打开真空通路，让真空进入废气再循环控制电磁阀，使废气再循环装置开始工作。该参数若显示为 OFF，则表示电磁阀不通电，切断了废气再循环控制电磁阀的真空，EGR 阀阻断废气再循环。

> **专家提醒：**
>
> 废气再循环（EGR）指令在汽车停车或发动机处于怠速、开环控制状态时显示为 OFF，在汽车行驶状态下通常显示为 ON。该参数仅仅反映发动机 ECU 有无输出控制信号，并不代表 EGR 控制电磁阀是否接到该信号及是否已打开。

废气再循环（EGR）控制系统的组成如图 5-5 所示。EGR 控制系统的控制模式见表 5-1。

由于 EGR 阀的热负荷大，工作环境差，所以其常见故障是脏堵、卡死（导致 EGR 阀常开或常闭）或膜片破裂：若 EGR 阀常开则发动机在怠速和高速下工作时都进行废气再循环，将导致发动机怠速不稳和加速无力；若 EGR 阀常闭则发动机在中等负荷下工作时废气不能再循环，将导致 $NO_x$ 的生成量增多，排放污染物增加。

EGR 阀的膜由弹簧钢片制成，一旦破裂、漏气，EGR 阀就会失控，必须经常予以更换。如果 EGR 阀高度传感器有故障，它就会将错误的电压信号输送给发动机 ECU，导致 EGR 阀工作的时间失常，使 EGR 阀控制失准，从而使发动机的动力性和经济性下降，排放污染物增加。EGR 控制电磁阀的常见故障是电磁阀线圈电路不良，阀口脏堵或阀芯卡死。

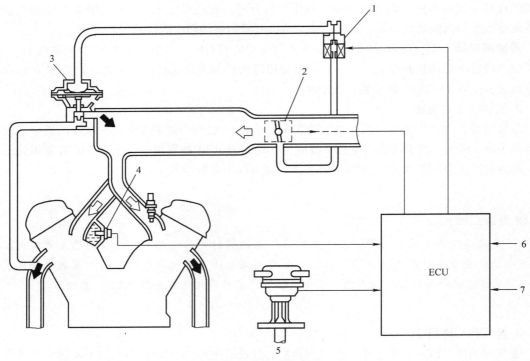

图 5-5 废气再循环控制系统

1—EGR 电磁阀　2—节气门位置传感器　3—EGR 阀　4—冷却液温度传感器
5—发动机转速与曲轴位置传感器　6—起动信号　7—发动机负荷信号

表 5-1　EGR 控制系统的控制模式

| 发动机的工作状态 | EGR 系统的控制模式 |
| --- | --- |
| 在发动机低速运转、冷却液温度低于 60℃时 | EGR 阀关闭,废气不再进行循环,以防止发动机怠速不稳。如果节气门开度调节不当,EGR 阀过早被开启,发动机怠速会不稳 |
| 在发动机中速运转（转速 2000r/min）、中等负荷下工作（节气门开度在 25%）时 | ECU 控制 EGR 阀的开启,使部分废气（6%～15%）进行再循环,以降低 $NO_x$ 的生成量,减少排放污染 |
| 当发动机在大负荷工作时 | EGR 阀关闭,废气不进行循环,以保证发动机有足够的功率输出。从另一方面来说,此时的空燃比（A/F）较小,$NO_x$ 的生成量也小,没有必要让废气再循环 |

**专家提醒：**

对 EGR 控制电磁阀做通电、断电检查时,如果能听到阀芯的"咔嚓"动作声,则说明其线圈的电阻值正常。EGR 电磁阀常见的故障是关不严,膜片破裂或通大气口的滤网堵塞,它们都会导致真空管中的真空度发生变化,使 EGR 阀失准,发动机转速不稳。

### 4. EGR 占空比

脉宽调制式电磁阀使用两种方式控制 EGR 阀上的真空度。一种是当电磁阀通电时，EGR 阀与真空源接通；另一种是当电磁阀通电时切断或泄放 EGR 阀的真空。因此，在检查时应先判断电磁阀的工作类型。

EGR 占空比为数值参数，反映的电磁阀动作和状态如下：ECU 循环控制电磁阀 ON/OFF，以调节供给 EGR 阀的真空电磁阀的占空比读值（指开的时间占一个周期总时间的百分比），与 EGR 流量呈一定的比例。EGR 占空比值为 0 或小于 10%，表示 EGR 阀关闭，无废气再循环；EGR 占空比数值为 50%，表示 EGR 为 50% 的流量，90% 的读值表示 EGR 已达到最大流量。

### 5. 废气再循环温度

废气再循环温度参数是一个数值参数，其变化范围为 0~5.12V 或 -50~320℃。它表示安装在废气再循环通路上的废气再循环（EGR）温度传感器（图 5-6），送给发动机 ECU 的反馈信号。这一信号以温度变化的形式，间接地反映废气再循环的流量。

当废气再循环流量变大时，废气再循环通路上的废气温度升高，该参数值增大；当废气再循环流量变小或停止时，该参数值减小。

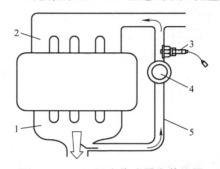

图 5-6 EGR 温度传感器安装位置
1—排气歧管 2—进气歧管
3—EGR 温度传感器 4—EGR 阀 5—EGR 管路

> **专家提醒：**
> 在数值分析时，可以将该参数的变化和废气再循环指令对照。当废气再循环指令参数为 ON 时，废气再循环温度数值应上升，否则说明废气再循环装置不工作，或废气再循环（EGR）温度传感器有故障。

### 6. EGR 阀位置反馈

EGR 阀位置反馈参数为数值参数，其数值范围为 0~5.1V。EGR 阀位置反馈电压是反映废气再循环（EGR）阀工作状态的反馈信号，它是由装在 EGR 阀上的电位计式升程传感器输送给发动机 ECU 的，用于表示当前 EGR 阀的位置（开度）。若 EGR 阀全关，该参数值为 0V（无 EGR）；若 EGR 阀全开，该参数值则为 5V（最大 EGR）。

EGR 升程传感器又称 EGR 高度传感器或 EGR 位置传感器，该传感器位于 EGR 阀处（图 5-7）。当 EGR 指令读值为 ON 时，EGR 反馈电压信号应大于 0V。实际读值会随车型和发动机状态的变化而不同。当 EGR 指令读值为

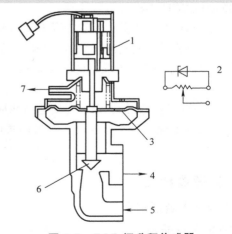

图 5-7 EGR 阀升程传感器
1—EGR 阀升程传感器 2—EGR 阀升程传感器电路
3—膜片 4—废气出口
5—废气入口 6—阀体 7—接 EGR 电磁阀

OFF 时，EGR 反馈参数读值应为 0V 或接近 0V。EGR 反馈参数应与占空比读值成比例。例如，当占空比读值为 50% 时，反馈电压信号约为 2.5V；当占空比读值 25% 时，反馈电压信号约为 1.25V。

### 7. 二次空气喷射指令

二次空气喷射指令为状态参数，其显示内容为 NORM 或 DIY，该参数表示发动机 ECU 向二次空气喷射系统送出的指令。二次空气喷射指令参数显示为 NORM 时，表示 ECU 向电磁阀输出控制信号控制电磁阀动作，带动空气喷射阀的阀门，使空气喷向排气门或排气歧管；二次空气喷射指令参数显示为 DIY 时，表示 ECU 输出的控制信号使电磁阀动作，移动空气喷射阀门的结果是使空气喷向大气或三元催化转化器。

### 8. 反馈状态

反馈状态开环或闭环是一种状态参数，它表示发动机 ECU 的控制方式是开环还是闭环。发动机还处在冷车运转状态（温度未达正常工作温度）时，反馈状态参数应显示为开环状态；当发动机达到正常工作温度后，发动机 ECU 可以对氧传感器的信号做出反应，此时应显示为闭环状态。

> **专家提醒：**
>
> 有些故障（通常会显示出故障码）会使发动机 ECU 回到开环控制状态。此外，有些车型在怠速运转一段时间后也会回到开环状态，这通常是因为氧传感器在怠速时温度太低所致。遇到这种情况，可踩下加速踏板，使发动机以高怠速运转来加热氧传感器。如果反馈状态参数一直显示为开环状态，高怠速运转后仍不能回到闭环状态，说明氧传感器或发动机燃油供给系统有故障。

在发动机处于如下工况和状态时，混合气偏离理论空燃比（偏浓或偏稀）属正常情况，因此，发动机 ECU 不进行闭环控制。

1）发动机起动工况。起动工况下，需要适当加浓混合气，以使发动机容易起动。

2）发动机冷机起动后。此时发动机处于低温状态（<80℃），需要提供偏浓的混合气。

3）发动机大负荷工况。此时发动机的负荷大，需要适当加浓混合气，以使发动机能输出最大功率。

4）加速工况。在加速时，需要适当地加浓混合气，以使发动机能输出最大转矩。

5）减速工况。汽车减速时，节气门关闭，燃油喷射系统停止喷油，以节约燃油消耗和降低排气污染。

## 七、变速器参数

### 1. 锁止离合器指令

锁止离合器指令是一个状态参数，显示内容为 ON 或 OFF。它表示自动变速器锁止离合器（TCC）电磁阀的工作状态。与锁止离合器（TCC）相关的参数还有：TCC 负荷周期（0~100%）、TCC 释放压力（是或否）、TCC 滑动速度（-4048~4048r/min）、TCC 延时（0~25.5s）、TCC 强制脱开（YES 或 NO）等。

自动变速器 ECU 对 TCC 的控制分五种工作状态，即不锁止、部分锁止、半锁止、全锁止和减速锁止。各锁止状态下相关电磁阀的工作情况见表 5-2。

表 5-2　各锁止状态下相关电磁阀的工作情况

| 锁止状态 | 锁止控制电磁阀工作状态 | A/T 离合器压力控制阀 | |
| --- | --- | --- | --- |
| | | A | B |
| 不锁止 | 断开 | 低压 | 低压 |
| 部分锁止 | 接通 | 低压 | 低压 |
| 半锁止 | 接通 | 中压 | 中压 |
| 全锁止 | 接通 | 高压 | 高压 |
| 减速锁止 | 接通 | 中压 | 中压 |

（1）不锁止

当车速较低或进入非锁止控制状态时，自动变速器 ECU 使锁止控制电磁阀断电，此时锁止换档阀左边有压力作用于锁止控制电磁阀，右边也有压力作用于油压调制器上，两力的共同作用使换档阀右移，并打开液力变矩器左侧的出口，液力变矩器的压力油在出口转变压力后进入液力变矩器的左侧（即液力变矩器壳内壁与锁止活塞之间），于是锁止活塞分离，处于不锁止状态。

（2）部分锁止

当车速较高但未达到变矩器完全锁止的条件时，锁止控制电磁阀被自动变速器 ECU 打开，锁止换档阀左侧的 LC（LA）压力被释放。锁止换档阀被移向左侧，以打开通向液力变矩器的出口，使液力变矩器压力油流向液力变矩器的左侧和右侧。液力变矩器压力油流到液力变矩器右侧使锁止离合器接合。ECU 还控制 A/T 离合器压力控制电磁阀 A 和 B，使 LSA 或 LSB 压力输送到锁止控制阀和锁止正时阀。锁止控制阀的位置由液力变矩器压力以及 LSA 或 LSB 压力决定。当 LSA 或 LSB 压力低时，液力变矩器的压力油从调节阀经过锁止控制阀，流到液力变矩器左侧，以分离锁止离合器。在这种情况下，液力变矩器同时受到从右侧来的压力（使锁止离合器接合），以及左侧来的压力（使锁止离合器分离），因此锁止离合器处于部分锁止状态。

（3）半锁止

当车速接近锁止条件时，自动变速器 ECU 控制 A/T 离合器压力控制电磁阀 A 和 B，较高的 LSA 或 LSB 压力作用到锁止控制阀上，使液力变矩器反馈压力（F2）释放，液力变矩器反馈压力（F2）变低，于是较高的压力（F1）作用到锁止离合器上并使之接合，而反馈压力（F2）仍然存在，阻止锁止离合器完全接合。

（4）全锁止

当车辆在锁止控制档位范围内行驶且车速足够高时，自动变速器 ECU 将控制 A/T 离合器压力控制电磁阀 A 和 B，使两者的压力均升高。升高后的压力将输送到锁止控制阀和锁止正时阀并使两阀左移。于是锁止活塞工作腔的油压升高，而锁止活塞与液力变矩器壳体内壁的油压释放，从而使锁止活塞与液力变矩器壳体完全锁止。

（5）减速锁止

在减速时，自动变速器 ECU 控制锁止控制电磁阀和 A/T 离合器压力控制电磁阀 A 或 B，控制方式与在半锁止状态下相同，中压的 LSA 或 LSR 压力被作用到锁止控制阀上，以释放液力变矩器反馈压力（F2）。液力变矩器反馈压力（F2）变低，使得较高的压力（F1）作用到锁止离合器上并使之接合，而反馈压力（F2）仍然存在，阻止离合器完全接合。

### 2. 制动开关

此参数是一个状态参数，其显示内容为 ON 或 OFF。该参数表示常开式制动开关的位置状态。当制动踏板松开时，该参数显示为 OFF；当制动踏板踩下时，该参数显示为 ON，并被送至 ECU 中。当踩下制动踏板时，自动变速器 ECU 将脱开液力变矩器的锁止离合器。制动开关有液压式、气压式和机械式三种，其电路原理如图 5-8 所示。

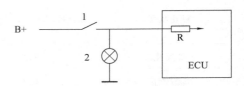

图 5-8　制动开关电路
1—制动开关　2—制动灯

### 3. 稳定状态

自动变速器的稳定状态为数值参数，其数值范围为 0～621kPa。为了防止液压控制式自动变速器在某一档位时离合器或制动器打滑，压力控制（PC）电磁阀对主油路压力进行适配控制，以保持该档位下压力适配量。

稳定状态参数有如下几种状态。

（1）稳定状态的 TAP 1GR

控制施加到 PC 电磁阀上的电压，以保持第一档齿轮传动比的压力适配量（消除离合器或制动器滑动）。较大的数字表示自动变速器 ECU 已检测到有元件滑动，并且正在用适配压力进行补偿。

（2）稳定状态的 TAP 2GR

控制施加到 PC 电磁阀上的电压，以保持第二档齿轮传动比的压力适配量（消除离合器或制动器滑动）。较大的数字表示自动变速器 ECU 已检测到有元件滑动，并且正在用适配压力进行补偿。

（3）稳定状态的 TAP 2GR/TCC

采用 TCC 时，控制施加到 PC 电磁阀上的电压，以保持第二档齿轮传动比的压力适配量（消除离合器或制动器滑动）。较大的数字表示自动变速器 ECU 已检测到有元件滑动，并且正在用适配压力进行补偿。

（4）稳定状态的 TAP 3GR

控制施加到 PC 电磁阀上的电压，以保持第三档齿轮传动比的压力适配量（消除离合器或制动器滑动）。较大的数字表示自动变速器 ECU 已检测到有元件滑动，并且正在用适配压力进行补偿。

（5）稳定状态的 TAP 3GR/TCC

采用 TCC 时，控制施加到 PC 电磁阀上的电压，以保持第三档齿轮传动比的压力适配量（消除离合器或制动器滑动）。较大的数字表示自动变速器 ECU 已检测到有元件滑动，并且正在用适配压力进行补偿。

（6）稳定状态的 TAP 4GR

控制施加到 PC 电磁阀上的电压，以保持第四档齿轮传动比的压力适配量（消除离合器或制动器滑动）。较大的数字表示自动变速器 ECU 已检测到有元件滑动，并且正在用适配压力进行补偿。

（7）稳定状态的 TAP 4GR/TCC

采用 TCC 时，控制施加到 PC 电磁阀上的电压，以保持第四档齿轮传动比的压力适配量（消除离合器或制动器滑动）。较大的数字表示自动变速器 ECU 已检测到有元件滑动，并且正在用适配压力进行补偿。

（8）稳定状态的 TAP 倒档 TAP

控制施加到 PC 电磁阀上的电压，以保持倒档齿轮传动比的压力适配量（消除离合器或制动器滑动）。较大的数字表示自动变速器 ECU 已检测到有元件滑动，并且正在用适配压力进行补偿。

4. 换档控制

换档控制参数为数值参数，四档自动变速器的数值范围是 0、1、2、3、4，它表示自动变速器当前的档位。自动变速器当前的档位是根据换档电磁阀的状态来确定的，对于只有 2 个换档电磁阀的自动变速器，四个档位的电磁阀状态见表 5-3。

表 5-3  2 个换档电磁阀在各个档位时电磁阀的状态

| 档位 | 电磁阀 A | 电磁阀 B | 档位 | 电磁阀 A | 电磁阀 B |
| --- | --- | --- | --- | --- | --- |
| 1 档 | ON | ON | 3 档 | OFF | OFF |
| 2 档 | OFF | ON | 4 档 | ON | OFF |

本田雅阁等一些轿车的自动变速器，采用 3 个换档电磁阀，四个档位的电磁阀状态见表 5-4。

表 5-4  3 个换档电磁阀在各个档位时电磁阀的状态

| 档位 | 电磁阀 A | 电磁阀 B | 电磁阀 C | 档位 | 电磁阀 A | 电磁阀 B | 电磁阀 C |
| --- | --- | --- | --- | --- | --- | --- | --- |
| 1 档 | OFF | ON | ON | 3 档 | ON | OFF | ON |
| 2 档 | ON | ON | OFF | 4 档 | OFF | OFF | OFF |

5. 变速器档位

变速器档位参数也是一个数值参数，通常其数值范围为 P、R、N、D、3、2、1。变速器档位参数反映了自动变速器变速杆目前所处的位置。档位开关有滑动开关式和多功能组合开关式两种形式。

滑动开关式档位开关是根据滑动触点在不同位置而接通相对应的档位电路，此类档位开关应用较广，轿车大都采用此类档位开关。典型的滑动开关式档位开关如图 5-9 所示，该档位开关各档位下各端子的工作情况见表 5-5。

多功能组合开关式档位开关是由若干个常闭或常开开关组成的，根据各开关的组合方式来确定变速器档位。帕萨特轿车采用此种开关（图 5-10），这种多功能组合开关是由 6 个压力开关（3 个常闭和 3 个常开开关）组成的，利用手动阀的油液压力，将一个或多个开关搭铁，自动变速器 ECU 即可检测到所选择的档位。

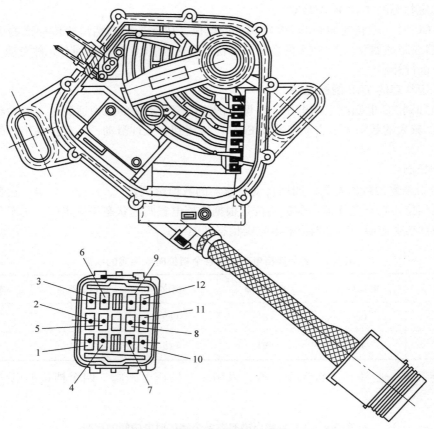

图 5-9 AL4 型自动变速器档位开关的结构

1~12—端子号

表 5-5 档位开关的工作情况

| 触点/端子<br>档位 | S1<br>9—7 | S2<br>10—7 | S3<br>11—7 | S4<br>12—7 | R<br>5—8 | P/N<br>5—4 |
|---|---|---|---|---|---|---|
| P |  | ○ |  |  |  | ○ |
| N |  |  | ○ |  |  | ○ |
| R |  | ○ | ○ | ○ | ○ |  |
| D |  |  |  | ○ |  |  |
| 3 | ○ |  | ○ | ○ |  |  |
| 2 | ○ | ○ |  ○ |  |  |  |

○：表示通路

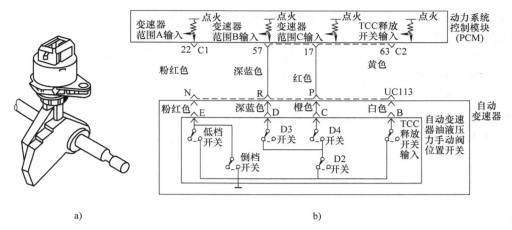

图 5-10　帕萨特轿车多功能组合开关式档位开关

a）多功能开关外形　b）多功能开关电路

### 6. 自动变速器油温度

自动变速器油（ATF）温度为数值参数。单位为℃时的变化范围为 −40 ~ 199℃。它表示自动变速器 ECU 根据 ATF 温度传感器送来的信号计算后得出的油温数值。该参数的数值在汽车行驶过程中应逐渐升高，正常时油温应在 60 ~ 80℃之间。ATF 温度参数用于检测自动变速器油的温度，以作为 ECU 进行换档控制、油压控制和锁止离合器控制的依据。若 ATF 温度在 35 ~ 45℃恒定不变，就可能是 ATF 温度传感器损坏或其线路不良。

> **专家提醒：**
>
> 有些车型其自动变速器油温度参数的单位为 V，此时的数值则直接来自于 ATF 温度传感器信号电压。该电压与 ATF 温度之间的比例关系依据电路方式的不同而不同，多为反比例关系，即 ATF 温度低时其传感器的信号电压高，ATF 温度高时信号电压低。也有 ATF 温度与传感器信号电压呈正比关系的 ATF 温度传感器。在 ATF 温度传感器正常工作时，参数的数值范围是 0 ~ 5.0V。

自动变速器 ATF 温度传感器的安装位置如图 5-11 所示。

### 7. 压力控制电磁阀（PCS）实际电流

压力控制电磁阀（PCS）实际电流为数值参数，其变化范围为 0 ~ 1.1A。它反映流过 PCS 电路的实际电流，大的电流表示低的管道压力，小的电流则表示高的管道压力。PCS 的功用是根据档位、运动型 / 经济性模式选择、负荷和车速，通过调整电磁阀的电流来调节主油路油压。

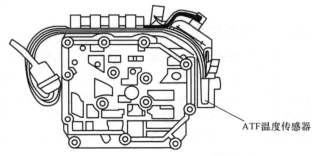

图 5-11　ATF 温度传感器的安装位置

PCS由自动变速器ECU通过占空比信号控制，其电阻为3～5Ω。与PCS实际电流相关的参数还有如下几种。

1）PCS额定电流、参考电流或设定电流，数值参数，其变化范围为0～1.1A。
2）PCS载荷周期，数值参数，变化范围为0～100%。
3）压力控制电磁阀（PCS），数值参数，变化范围为0～255lbf/in$^2$（1lbf/in$^2$ = 6.89kPa）。
4）PCS实际电流与额定电流差值，数值参数，变化范围为0～4.98A。
5）PCS低电压，状态参数，用YES或NO表示。
6）PCS占空比，数值参数，变化范围为0～100%。
7）压力控制，数值参数，变化范围为0～100%。
8）指令压力，数值参数，变化范围为396～1530kPa。

### 8. 速比

速比指的是自动变速器的输入转速与输出转速之比，也为数值参数。该参数反映变速器实际输入与输出转速的差值，变速器ECU通过比较指令值与内部计算值，来判断是否存在故障。正常范围见表5-6。

表5-6 自动变速器输入与输出速比

| 变速器工作档位 | 1档 | 2档 | 3档 | 倒档 |
| --- | --- | --- | --- | --- |
| 输入与输出速比 | 2.38～2.63 | 1.43～1.58 | 0.95～1.05 | 1.97～2.17 |

装备电控自动变速器的汽车上由发动机转速传感器、变速器输入轴转速传感器、变速器输出轴转速传感器，向自动变速器ECU提供发动机转速、变速器的输入轴转速和输出轴转速信号，自动变速器ECU用这些信号计算超速速比。变速器输入轴转速用于确定实际的涡轮转速以控制管路压力；变速器输出轴转速用于控制TCC管路压力、换档时间和转矩。

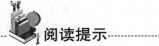
阅读提示

> 当变速器处于1档、2档和3档时，涡轮转速直接取自变速器输入轴转速传感器。但当变速器处于4档时，由于前进离合器处于超速转动状态，若直接从输入轴传感器信号读取涡轮转速，就会得到不正确的涡轮转速。因此，变速器ECU将会根据此标定值增加的输入轴转速，计算4档时的涡轮转速。

## 八、ABS参数

### 1. 左前轮速、右前轮速、左后轮速、右后轮速

各车轮转速为数值参数，这些参数反映了每个车轮转速传感器输入ECU的车轮转速信号，数值范围为0至最大车速。当车辆直线行驶且未制动时，四个车轮的轮速（轮缘速度）应与车速相等。当汽车转弯及制动而防抱死制动系统未起作用时，轮速就会发生变化；当防抱死系统起作用时，四个车轮的轮速应保持接近或相等。

### 2. ABS电压

ABS电压为数值参数，显示的是ABS在打开点火开关和未打开点火开关时的电压。电压范围为0～13.5V。

### 3. 制动开关

在 ABS 电子控制系统中,ABS ECU 根据制动开关信号来确定制动工况,用以启动 ABS 电控系统进入工作状态。制动开关参数反映制动开关的状态,其状态为 ON/OFF。当系统功能正常时,ON 表示制动开关触点已闭合,制动灯点亮。

为使 ABS 工作,制动开关参数必须是 ON,或触点闭合。在某些车型上,该参数反映制动开关当前的位置和电路在下述三种状态:

1)当踩下制动踏板时,制动开关参数应为 ON,该制动开关电路应闭合。

2)当制动踏板未踩下时,该参数应为 OFF,制动开关电路应开路。

3)如果在任何时候,该参数读值为开路(OFF),则表示 ABS 控制模块已检测到制动开关电路有故障,此时 ABS 的功能已全部或部分中断。

### 4. ABS 指示灯

ABS 指示灯为状态参数,该参数是反映仪表板上 ANTI-LOCK 灯的状态。ABS 指示灯状态参数有下述三种状态:

1)当 ABS 指示灯参数读值为 OFF 时,ANTI-LOCK 灯应熄灭,此时系统处于全功能工作状态。

2)当 ABS 指示灯参数读值为闪动,则 ANTI-LOCK 灯也应闪动,它表示故障码已被检测出,但它并不影响当前 ABS 的工作,然而为避免出现更多的问题,系统将被锁定。

3)当 ABS 指示灯参数读值为 ON 时,ANTI-LOCK 灯将始终点亮,它表示故障码已被检测出,并且已影响 ABS 的工作。如果故障影响前轮 ABS,则后轮 ABS 功能仍存在,而前轮已无 ABS 功能。如果故障影响后轮 ABS 和系统其他关键部件工作,则 ABS 功能将全部中断。该车四轮制动将转为普通制动过程,即无 ABS 功能。

### 5. 制动液液位开关

制动液液位开关为状态参数,该参数反映制动液液位状态。当制动主缸中的制动液液位低时,制动液液位指示开关将回路搭铁,点亮仪表板上的指示灯。

## 九、汽车空调参数

### 1. 汽车空调(A/C)压力

A/C 压力参数为数值参数,单位为 kPa,也有用 $lbf/in^2$($1lbf/in^2 = 6.89kPa$)的。A/C 压力的变化范围为 170~3170kPa),其数值是由 ECU 根据高压侧压力传感器的信号计算得出的,表示的是空调制冷剂在高压侧的压力。

在某些车型中,与空调压力相关的参数还有如下几种:

1)A/C 压力(状态参数)。参数显示方式有正常或偏离,该 A/C 压力状态参数是由 A/C 系统高压侧的压力开关提供,该参数反映制冷系统中压力正常或偏高。当参数值偏高时,空调 ECU 将会停止 A/C 系统的工作。

2)A/C 压力(电压表示)。为数值参数,变化范围为 0~5.12V,在 A/C 系统的高压侧,有一个检测压力的传感器,用于将高压侧的压力转换为电压信号,并输送给空调 ECU。电压值高,表示的压力也高。本参数是传感器信号在检测仪上的显示。

3)A/C 压力低。为状态参数,显示方式有 YES 或 NO。一些汽车的空调系统中,装有一个低压开关,当制冷管路中的压力降至低于最小限定值时,该开关就断开。在制冷系统压力正常时，A/C 压力低参数值为 NO，如果该参数值为 YES，表示制冷系统内压力已低于最低限定值，空调 ECU 会断开压缩机电磁离合器，使空调压缩机停止工作。

4）A/C 压力高。为状态参数，显示方式有 YES 或 NO，表示 A/C 压力开关是闭合（正常位置）还是断开。当 A/C 压力过高时，A/C 压力开关断开，并将此信号输送至空调 ECU。ECU 接收到 A/C 压力开关断开信号后，就会断开 A/C 继电器，使 A/C 压缩机停止工作。

5）A/C 高压侧。该参数为数值参数，变化范围为 15～420lbf/in$^2$。A/C 高压侧参数显示的是制冷剂的压力，反映了 A/C 压缩机给发动机增加的负荷量。此压力参数通过传感器转换为电压值后输送给空调 ECU，用于调整发动机怠速和控制冷却风扇。

6）A/C 高压侧（电压表示）。该参数为数值参数，变化范围为 0～5V。A/C 高压侧参数显示的是制冷剂的压力，反映了 A/C 压缩机给发动机增加的负荷量。空调 ECU 根据此信号调整发动机怠速和控制冷却风扇。

### 2. 汽车空调（A/C）请求

A/C 请求为状态参数，其显示方式为 YES 或 NO。A/C 请求状态参数表示空调 ECU 控制 A/C 请求输入电路的状态。该参数显示为 YES 时，表示 A/C 开关已接通，或车身控制模块（BCM）已指令 A/C 系统工作。在某些情况下，即使 A/C 开关接通，也有可能压缩机电磁离合器并没有通电工作，这是因为电路中还有其他开关或传感器信号，阻止空调 ECU 接通压缩机电磁离合器。

A/C 请求参数仅表示 A/C 开关已经接通，或当所有必要条件均满足时，空调 ECU 已指令 A/C 系统工作。

### 3. 汽车空调离合器

A/C 离合器是空调压缩机工作状态的反馈参数，发动机 ECU 根据 A/C 离合器的反馈信号来显示空调压缩机的工作状态。A/C 离合器参数显示和空调压缩机的工作状态如表 5-7 所示。

表 5-7 A/C 离合器参数显示与空调压缩机工作状态

| 空调压缩机工作状态 | 显示状态 | 空调压缩机工作状态 | 显示状态 |
| --- | --- | --- | --- |
| A/C 离合器接通 | Compr ON（压缩机开） | A/C 离合器断开 | Compr OFF（压缩机关） |

A/C 离合器通电接合时，空调压缩机工作，此时发动机负荷增大。发动机 ECU 会根据 A/C 离合器的信号，对喷油时间和点火时间进行修正。通常是喷油时间（脉宽）增大，点火时间提前（提前角加大）。

> **专家提醒：**
> 有些车型会同时提供 A/C 请求和 A/C 离合器两参数读数值，两参数一起变化（同时为 ON 或 OFF），除非是 ECU 使仪表板的控制无效。有些车型则仅提供 A/C 请求参数，没有 A/C 离合器反馈信号。

### 4. 汽车空调风扇请求

A/C 空调风扇请求也是一个状态参数，该参数的显示内容为 YES 或 NO。A/C 空调风扇请求参数反映 ECU 是否指令发动机冷却风扇工作。冷却风扇电动机的位置如图 5-12 所示。

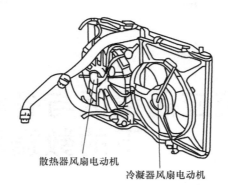

图 5-12 散热器与冷凝器冷却风扇电动机

当制冷系统高压侧的压力开关触点闭合时,就会将信号输入发动机 ECU。此时,冷凝器冷却风扇控制参数为 ON,其他状态下此参数为 OFF。

有些车型的汽车空调系统,与空调风扇关的参数还有表 5-8 中所列的几种。

表 5-8 与空调风扇相关的参数

| 参数名称 | 变化范围 | 参数含义 |
| --- | --- | --- |
| 冷却风扇 1 | ON/OFF | 一些车型有两个冷却风扇,ECU 通过两个继电器间接控制这两个风扇电动机工作,因此,仪器将显示出冷却风扇 1 和冷却风扇 2 两个参数 |
| 冷却风扇 2 | | 当冷却风扇 1 读数为 ON 时,ECU 接通低速继电器,该继电器同时控制两个风扇电动机低速运转。当冷却风扇 2 参数为 ON 时,ECU 接通高速继电器,两风扇电动机高速运转 |
| 风扇 1 请求 | YES/NO | 一些车型有两个单独的风扇请求和风扇允许参数,有的车型则只有一组 |
| 风扇 1 允许 | | |
| 风扇 2 请求 | YES/NO | 一些车型有两个单独的风扇请求和风扇允许参数,有的车型则只有一组 |
| 风扇 2 允许 | | |
| 风扇占空比 | 0~100% | 该参数表示风扇接通的时间占一个工作循环的百分比,反映了风扇的转速。低百分比读数值时风扇的转速低,高百分比读数值时风扇的转速高。如果读数值为 0,则表示风扇不转 |
| 风扇继电器 | ON/OFF | 该参数反映风扇继电器是否被 ECU 指令 ON 或 OFF |
| 风扇继电器 1 | | 在装有三个继电器的车型上,当 ECU 指令继电器 1 接通(ON)时,两冷却风扇低速运转 |
| 风扇继电器 2 | | |
| 风扇继电器 3 | | |

# 第六章 汽车数据流应用误区与各种数值状态下的数据流应用分析

## 第一节 汽车数据流应用误区分析

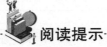 阅读提示

> 由于在汽车数据流分析应用实践中还存在一些误区,影响了人们对数据流分析作用的认识,使得汽车数据流分析没能被维修人员重视,因而汽车数据流分析也没能被有效地运用。因此,认清汽车数据流分析过程中容易产生的这些误区是十分必要的。

在进行汽车数据流分析的故障检修实践过程中,容易产生五大误区,使人们对汽车数据流分析的实用性产生错误认识。本节将分析汽车数据流应用过程中容易产生的五大误区,以便于更好地认识数据流分析的作用,提高汽车故障诊断的水平。

### 一、简单地照搬维修手册上提供的数值分析结果

在汽车检修过程中,需要运用汽车数据流诊断故障时,离不开包含相关车型数据流的维修手册。在这些汽车维修手册中,提供了数据流各数据的含义及标准数值范围,通常还指明了数据流异常的主要原因和故障排除方法等。也就是说,这种包含车型数据流的汽车维修手册,为运用数据流诊断故障提供了依据且指明了方向。但是,在有些情况下,简单地照搬维修手册中的数值分析结果,也会使故障诊断进入误区,导致故障检修多走弯路。

> 🔥 专家提醒:
> 照搬维修手册可能导致汽车故障检修多走弯路,其原因包括:
> ① 维修手册中提供的结果,可能只是数据异常故障原因的某一主要方面;
> ② 维修手册中没有提供多组数据出问题时,怎样进行综合分析的思路与方法。

# 第六章
## 汽车数据流应用误区与各种数值状态下的数据流应用分析

### 1. 实例分析

**（1）故障现象**

一辆上海桑塔纳 2000GSi 时代超人轿车加速不良。在最高档将加速踏板踩到底时，只能达到约 90km/h 车速；怠速不稳，匀加速时提速缓慢，但能达到 5000r/min 以上。

**（2）故障分析**

导致上述故障现象的可能故障原因有：发动机缺缸、空气流量传感器和节气门位置传感器及其线路有故障等。

**（3）故障检修过程**

用故障诊断仪检测，没有检测到故障码。检查高压分线、点火模块、火花塞均正常。用故障诊断仪进行数据流读取，怠速时的空气流量传感器动态数据为 4.2g/s，显然超出了怠速时 2～4g/s 的正常范围。查阅维修手册得到怠速时空气流量数值分析见表 6-1 所示。

表 6-1 怠速时空气流量数值分析

| 显示数值 | 数值分析 |
| --- | --- |
| 2.0～4.0g/s | 怠速时正常显示数值<br>在节气门控制部件故障引起的紧急运行状态下，发动机以高怠速运转，此时进气量显示 4.5～5.0g/s，如果发动机 ECU 识别出怠速空气流量异常，或空气流量传感器有故障，则将节气门电位计的替代值显示出来 |
| 小于 2.0g/s | 在进气歧管和空气流量传感器之间存在大量未计量空气量 |
| 大于 4.0g/s | 驾驶档位选择<br>发动机由于辅助设备而增加负荷 |

实测的进气量 4.2g/s，已大于 4.0g/s，如果只是简单地照搬维修资料的数据分析结果，其故障原因应该是：

1）自动变速器档位的选择。

2）发动机由于辅助设备而增加负荷。

照此数值分析结果，具体的故障应该是：

1）由于有辅助设备打开，导致发动机提速，从而使得进气量增加。

2）辅助设备并没有打开，由于辅助设备电路故障，使 ECU 收到错误的信号而误判为辅助设备已打开，输出相关控制信号而使发动机提速，造成进气量增加。

3）自动变速器变速杆挂在行车档位（R、D、S、L），或档位开关及其线路有故障。

经检查无辅助设备打开，辅助设备线路也正常，并且此车属于手动档汽车，不用考虑档位开关的故障。也就是说，按维修资料提供的故障原因查找故障，结果是故障不存在。

> 🔥 **专家解读：**
>
> 如果能够结合故障现象作合理的分析，就不会做上述多余的故障检查，因为这些检查方法属于生搬硬套维修资料。实际上，结合故障现象仔细分析就能发现，若是因辅助设备打开而增加了发动机负荷，引起了"怠速时进气量过大"，就不会有如下现象：
>
> ① 用最高档，加速踏板踩到底，只能达到约 90km/h。
>
> ② 怠速不稳，匀加速时提速缓慢，但能达到 5000r/min 以上。

当有辅助设备打开后，增加的发动机负荷绝对不至于引起最高车速只能达到90km/h，并且缓慢加速能达到5000r/min的"故障现象"。因此，仔细分析就可发现，出现表6-1所示数值分析结果中的故障的可能性极小。

继续读取其他数据流，发现怠速时的点火提前角在6°左右变化，加速时点火提前角也能增大。怠速时正常的点火提前角应为12°±4.5°，最低也在7.5°以上。显然怠速时的点火提前角已经超出正常范围。对照维修资料中点火提前角数值分析结果，见表6-2。

表6-2　点火提前角数值分析

| 显示数值 | 数值分析 |
| --- | --- |
| 12°±4.5° | 怠速时正常显示数值<br>在节气门控制部件故障引起的紧急运行状态下，发动机以高怠速运转，此时进气量显示4.5~5.0g/s，如果发动机控制单元识别出怠速空气流量异常，或空气流量传感器有故障，则将节气门电位计的替代值显示出来 |
| 小于上止点前8°或大于上止点前16° | 用电器用电<br>转向盘在终点位置<br>进气系统漏气 |

从维修手册查得，"小于上止点前8°或大于上止点前16°"的情况，其故障主要原因是：用电器用电、转向盘在终点位置、进气系统漏气。

根据维修手册数值分析结果查找故障，还是未能找到故障点。可见，盲目照搬维修手册，会使诊断故障走弯路，并使维修人员对数据流的有效性持怀疑态度。

> **专家解读：**
> 实际上，如果能综合两次测量得到的两项不正常数据进行仔细分析，就可能会使故障诊断变得顺利，避免走弯路。怠速时进气量偏大，且点火提前角偏小，仅凭这两项数据并不能判断故障是由进气系统，还是由点火提前角所引起。虽然维修手册没能提供踩加速踏板（节气门开度增加）时，进气量和点火提前角变化情况（节气门各种开度下的进气量和点火提前角标准值），但可以通过比较法，或结合平时数据变化经验检查。

继续获取相关数据流进行故障诊断操作。较平稳地踩下加速踏板，获取点火提前角和空气流量等相关数据，再根据和正常工作的车辆对应的数据做比较，或与经验正常值（凭以往经验）进行对比，空气流量信号偏低，但变化较平稳，而点火提前角则偏差很大。根据这些检查情况，很像是进气系统和点火系统的综合故障。分析点火原理，点火提前角偏差大，除了表6-2所述，还有正时不对正，转速信号有偏差，凸轮轴信号有偏差等。分析进气系统，主要有进气管路有泄漏、空气流量传感器有偏差、配气正时有异常等原因。

综合点火和进气两方面的可能故障原因，点火与配气正时是共同的故障原因。因此，首先检查点火正时，发现正时带已老化过松，很有可能是凸轮轴跳齿引起，对正时记号发现，凸轮轴上的标记大约相差了4个齿。

（4）故障排除

更换正时带，重新调整点火正时后，发动机工作恢复正常，故障排除。

# 第六章
## 汽车数据流应用误区与各种数值状态下的数据流应用分析

### 2. 数据流应用误区分析

分析本例故障检修过程,给我们的提示是:不能盲目地依赖维修手册的数值分析结果,而是应该在这些数值分析的基础上再做合理的分析,取其精华,千万不要简单地照搬。

> **专家解读:**
>
> 维修资料上提供的一些数值分析结果,它仅仅是引起这组数据变化的主要原因,而不是引起数据变化的全部原因。因此,千万不要误认为维修资料所提供的数据流分析结果已包含了所有原因,对照其结果逐个检查,就一定能找到答案。因此,在应用数据流分析进行故障检修过程中,可将维修手册中的数值分析用为重要的参考,但不可盲目地照搬。也就是说,虽然在大多数情况下,维修手册所提供的数据资料给我们排除故障带来了很大方便,但是它不可能适合千变万化的所有故障。因此,当发现数据流超出范围时,还是要根据工作原理和故障现象做综合分析,而不是简单地将维修手册上的分析结果当成标准答案,生搬硬套地去检查。

上述案例在实际的汽车维修工作中会经常碰到,在运用数据流分析的过程中应充分发挥维修手册等维修资料的作用,但不要盲目地依赖它。只有通过数据流、故障现象、工作原理三者的分析对比才能找出真正故障,生搬硬套维修手册所提供数据分析,就有可能将故障检修引入死胡同。

## 二、数据流参数值在标准范围内时数据流就无作用

在维修手册中,数据流分析表给每个数据流参数提供了正常显示值或范围,很多是数值范围,这给利用数据流分析排除故障带来了极大的方便。很多时候,对照相关的数据值或数据变化范围,能很快地分析出故障的可能原因。但是,当数值未超出正常范围时,并不能说明就一定没有故障。如果不能有效地运用数据流,将数据值还在标准范围内的数据流弃之不理,就有可能使故障诊断进入误区。

> **专家提醒:**
>
> 维修手册中的一些数值范围相对来说是偏大的一个范围,而某些测量数据虽未超出维修手册所示的正常范围,但已经处于故障状态。例如,帕萨特 B5 GSi 轿车,进气量正常显示数值范围为 2~4g/s,但是,此车正常工作时进气量一般是在 2.8g/s 左右一个很小范围内变化。如果接近 4g/s,很多时候已经是有较严重的进气系统故障了。

### 1. 实例分析

(1)故障现象

一辆帕萨特 B5 GSi 轿车,缓慢加速时发动机工作还可以,但在急加速时发动机抖动严重,并有进气管回火和排气管放炮现象。

(2)故障诊断与分析

先用故障诊断仪读取故障码,无故障码显示。读取数据流,发现喷油时间偏长,约 4.6ms。其他均在正常值范围内。

> **专家解读：**
> 
> 喷油时间偏长的数据流检测结果为排除故障指明了方向，但从喷油时间来分析，影响因素很多，如发动负荷、空气流量、进气温度、冷却液温度及氧传感器反馈信号等。重新又读了一遍影响喷油时间的各种因素的数据流，均未超出标准范围。但汽车故障确实存在，如果至此就不顾其他数据流，按经验法查找，对发动负荷、空气流量、进气温度、冷却液温度及氧传感器反馈信号等相关的元器件逐个检查，数据流的强大功能就得不到很好利用，故障检修过程也会变得繁琐和困难。

如果经常运用数据流，且对数据流分析理解较为透彻，在进行数据流分析时就不会被维修手册的数值范围迷惑。

再一次读取"发动负荷、空气流量、进气温度、冷却液温度及氧传感器反馈信号"等数据后发现，上述信号显示的数值确实均未超出正常范围。但仔细观察发现，进气量3.8g/s，虽未超出维修手册中正常显示数值范围（2～4g/s），但已经超出了经验正常值（平常检测时获得的正常情况下的测量值）。同型号发动机在正常工作时，进气量应在2.8g/s附近的很小一个范围内变化，而此车测得的3.8g/s已经偏大，进气系统有故障的可能性极大。检查进气系统内漏（空气流量传感器不能检测到的漏气，如节气门磨损、变形等引起的进气量过大），无内漏；检查真空度正常；能排除排气管堵塞或配气正时失准等故障。于是，剩下的可能故障就是空气流量传感器失效，其产生的信号有偏差了。

（3）故障处理

更换了空气流量传感器后，发动机的故障现象消失，故障排除。

**2. 数据流应用误区分析**

本故障实例是一个典型的空气流量传感器在检测过程中信号失准的故障。空气流量传感器测得的数据与实际的进气量有较大的偏差，尤其是在加速时信号失真较大，从而引发喷油持续时间不正常，使得发动机"在急加速时发动机抖动严重，并有进气管回火和排气管放炮现象"。如果在读取"发动负荷、空气流量、进气温度、冷却液温度及氧传感器反馈信号"等数据流后，因发现信号数值均未超正常范围而忽略对相关部件的检查，必然使故障诊断无从下手或多走弯路。

> **专家解读：**
> 
> 在运用数据流分析诊断汽车故障的过程中，需要依靠标准数值范围（至少可以把它们当成参考数值），但不能完全地依赖它，因为在维修手册中的很多数值分析，其数值范围都偏大。如大众汽车发动机怠速时进气量，标准范围2～4g/s，但很少有正常工作的大众汽车怠速时进气量大于3.5g/s。还有，如桑塔纳时代超人轿车节气门开度为0°～5°，有时候显示数据5°，未超范围，但实际上节气门系统已有较严重的故障了。

可见，检测到的数据流明显超出正常范围时，维修手册中的数值分析能给维修人员诊断故障指明方向，但在实际数据流分析时，不能忽视数值没有超范围的数据流。这些数值可能已经超出了经验正常值，因而与该数据相关的系统或部件同样可能有故障。很多人没能有效运用数据流，就是因为发现数据值都在标准范围内，就把它弃之不理，这往往会将故障诊断引入误区，

# 第六章
## 汽车数据流应用误区与各种数值状态下的数据流应用分析

导致故障检修过程多走弯路。

### 三、无参考数据时数据流就无法分析运用

在运用数据流进行故障诊断过程中,会遇到所检测到的数据因无标准进行对比,而无法确认其是否正常的情况。这种情况在一些综合性汽车修理厂更为多见,因为这些汽车维修企业通常没有汽车制造厂提供的维修资料,没有标准值参考。

有些汽车维修企业,尤其是各种品牌汽车的4S店,在其涉及的品牌各种车型,通常具有很全的维修资料。但是,维修手册中提供的数据流标准值或范围,有些是怠速时的标准数据,维修资料中不可能提供所有工况的标准数据。例如,在汽车维修手册中,一般只提供怠速时的进气量标准范围,而在节气门部分开度(如20°或30°等)时进气量正常范围是多少,维修手册中一般没有这样的标准参数。

> **专家提醒:**
> 
> 虽然有些数据在维修手册中无标准参数进行对比,但并不表示测得的数据对故障诊断就没有作用,这些数据对分析汽车故障原因还是很有利用价值的。如果能结合以往的故障诊断经验和传感器工作原理,并运用比较法,对所测得的数据流进行分析,仍然能够准确地诊断出故障所在。

例如,节气门开度数据流在有的维修手册中提供了几个参考标准:怠速时0°~5°、加速踏板踩到底时8°~90°,怠速至全负荷的变化范围为0°~90°。如果在部分负荷时节气门位置传感器信号有偏移(节气门位置传感器内部接触不良),就会有怠速正常,全负荷也正常,但在部分负荷时发动机工作异常的故障现象。检测数据流,在怠速和全负荷时均正常,而部分负荷也在0°~90°的范围之内,但没有具体的标准值进行比较。要是生搬硬套地按照参考标准进行比较,就不容易判断出故障所在。

对于这种情况,可结合节气门开度传感器工作原理,分析节气门开度和传感器信号之间的关系。大众车系节气门位置传感器的结构与电路原理如图6-1所示,节气门的位置与输出电压信号的关系如图6-2所示。

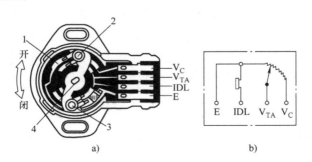

图6-1 节气门位置传感器的结构与电路原理
a)结构 b)内部电路
1—滑片电阻 2—测节气门位置滑片 3—测节气门全关滑片 4—传感器轴 $V_C$—电源
$V_{TA}$—节气门位置输出信号 IDL—怠速触点 E—接地

从节气门位置传感器的输出特性可知，随着节气门开度逐渐增大，节气门开度信号也应随之增大（两者呈线性关系）。因此，在节气门缓慢增大开度时，检测节气门开度数据流，如果测得的节气门开度数据出现波动（忽大忽小），或节气门开度数据不呈线性变化（变化缓慢甚至变小），即使数值都是在标准范围之内，但都可以确诊：节气门位置传感器信号已经不正常，最大的可能是节气门位置传感器内部某处接触不良。

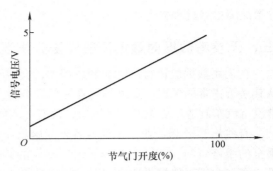

图6-2　节气门位置与输出电压信号的关系

**1. 实例分析之一**

（1）故障现象

一辆帕萨特B5 GSi轿车，怠速正常，发动机加速至转速为3800r/min时，转速不能继续上升。该车已经行驶2万多km。

（2）故障诊断过程

用故障诊断仪读取故障码，无故障码存在。读取数据流，显示空气流量传感器、节气门位置传感器、冷却液温度传感器、氧传感器等的数据均正常。

因怠速时显示数据流正常，按经验判断，可能是燃油压力、喷油器、点火系统或气缸压力等方面有问题。经检查燃油压力，喷油器、点火系统和气缸压力等，均为正常。是否是数据流没能显示出来，或是检查有疏漏？用数据流分析诊断故障似乎遇到了困难。

> 🔥 **专家分析：**
>
> 从故障现象也可以看出来怠速时无明显故障，而在加速时汽车才出现故障。既然不正常工作情况只是出现在加速工况，读取怠速时的数据流当然很难判断出故障原因（怠速工作正常，显示的数据也应正常）。因此，应读取加速时的数据流，只是一般很难找到不同工况下各数据流的标准范围。

继续进行相关数据流分析，加速工况时其他数据没明显异常，发动机急加速至转速为3800r/min时，进气量为18g/s。加速时的标准数据维修资料中找不到，但凭感觉应该是偏小。找来一辆同型号的工作正常的车采用比较法分析数据，经检测发现，急加速时进气量能达到40g/s，从数据流显示两辆车进气量相差很远，通过分析比较，可以诊断为空气流量传感器或进气系统其他方面有故障。

（3）故障排除

本实例为空气流量传感器有异常，更换空气流量传感器后故障排除。

**2. 实例分析之二**

（1）故障现象

一辆1999款桑塔纳2000轿车怠速工作基本正常，加速不良。查询故障记忆系统，无故障码存储。

## 第六章 汽车数据流应用误区与各种数值状态下的数据流应用分析

(2)故障检修过程

在这种情况下有两种可能,一是电控系统无故障,另外就是电控系统检测不到故障。怠速时读取发动机相关数据流,对照标准值无超范围数据。

首先,检测供油管内油压,符合标准。接着检查空气流量传感器,因为空气流量传感器信号失准,喷油量计算不准确,会造成加速不良。

缓慢均匀地踩下加速踏板,观察发动机转速、进气量、喷油脉宽的变化情况,结果是:进气量和喷油脉宽的数值随节气门开大而均匀增加,发动机达到最高转速,一切正常。在快速踩下加速踏板时,发现发动机转速的提高有些滞后,转速不能迅速响应节气门开度变化,即加速不良。

迅速踩下加速踏板,进气量数值增加迅速,观察节气门开度的变化。在节气门从关闭位置到开启 50° 范围内,数值提高迅速,在 55°～75° 范围内数值提高缓慢,即数值变化滞后于节气门实际的角度变化,由此可以判断节气门位置传感器工作特性发生了变化,灵敏度下降,对节气门快速开启反应迟钝,输出信号失真。

> **专家解读:**
> 根据上述数据流分析,故障应该是节气门位置传感器及其连接线路。但由于其输出数值在规定的范围内,自诊断系统无法判断出输出信号失真,故而无故障码储存。

(3)故障排除

检查节气门位置传感器线路,未发现异常,于是更换了节气门位置传感器,故障排除。

### 3. 实例分析之三

(1)故障现象

一辆北京现代途胜 SUV,配置 2.7L 发动机,行驶里程 12 万 km。据车主反映,车辆行驶中偶尔会出现加速不良的故障,有时发动机还会突然熄火。

(2)检查分析

询问车主后得知,发动机熄火故障的出现有一定规律,正常行驶中松开加速踏板或每次等红灯时,出现故障的次数较多。发动机熄火后如果立即起动则很难起动,只能多次起动或轻踩一下加速踏板才可以起动。该车为此已经更换过怠速控制阀,并清洗过节气门,每次维修后当时症状会消失,但不久后又会出现同样的问题,故障一直没有彻底排除。

针对此故障现象,首先使用故障诊断仪读取发动机控制系统故障信息,发现有 3 个故障码:P0170—燃油修正(混合比)不良;P0150—氧传感器信号停滞在混合气浓的状态(1 排 / 传感器 1);P0123—节气门 / 加速踏板位置传感器电路信号电压高。

由于该车已经维修过多次,没有彻底排除故障,所以不能再贸然更换配件,需要通过在路试中观察发动机的实时数据流,看是否可以准确地找到故障点。清除故障码后,查看发动机数据流,锁定了几个关键数据进行实时观察,分别是怠速控制阀占空比、节气门开度、节气门位置传感器电压、发动机目标转速及实际转速、炭罐电磁阀占空比、氧传感器电压,以及进气量等。

路试中,除了加速无力之外,发动机并没有熄火,几个关键数据也没有异常。再次使用故障诊断仪检测，显示系统正常，且没有故障码了，这很像是偶发性故障。既然用户反映发动机熄火的故障在等红灯或松开加速踏板时出现的概率高一些，那么应该重点模拟这两种工况，在故障重现时观察数据流。表6-3给出相关传感器数据流。

表6-3 相关传感器数据流

| 被检测的器件 | 数据流 |
| --- | --- |
| ISC 占空比 | 6.5% |
| 净化控制阀 | 8.0% |
| 节气门位置传感器 | 23.9 |
| 节气门位置传感器（电压） | 1.3V |
| TPS 学习值 | 8.1 |
| 空气量 | 10.8kg/h |
| 空气流量传感器 | 0.6V |
| 转速 | 900r/min |
| 发动机目标转速 | 650r/min |

通过反复试车，在发动机熄火的故障重现时，通过锁定的几个发动机关键数据发现了异常情况。在一次急加速后，驾驶人的脚已经离开了加速踏板，车辆处于滑行阶段，但数据流中节气门开度一直显示为34°，节气门位置传感器电压为1.7V，氧传感器电压在0.6~0.8V之间缓慢变化。车辆几乎停稳不动时，从测得的发动机系统数据流中可以看到异常：节气门本来已经关闭，空气是通过怠速控制阀旁通气道进入进气歧管的，车辆实际是在怠速下工作，但数据流显示节气门开度为23.9°，供给发动机ECU的信号电压为1.3V，几乎达到了全开的1/3。在这种情况下，ECU给执行器的控制信号也就不会是怠速工况下的控制信号，此时喷油脉宽为15ms，而正常怠速下喷油脉宽为2.5~6ms，进气不够且喷油过多，导致混合气过浓，发动机熄火。果然没过一会儿，发动机就自动熄火。在不踩加速踏板的情况下多次起动都无法起动发动机，轻踩加速踏板，发动机可以顺利发动。

> **专家解读：**
> 从以上检修过程中可以看出，明显是节气门位置传感器信号异常引起的故障，它在发动机怠速工况下给ECU提供中等负荷的错误信号，使混合气过浓，导致发动机熄火。此时如果轻踩加速踏板，节气门打开后，过浓的混合气被稀释，所以就容易起动了。

（3）故障排除

更换节气门位置传感器，再进行路试，测得数据流均正常，熄火现象消失且加速有力，故障彻底排除。

**4. 数据流应用误区分析**

上述检修案例中，维修手册只提供了怠速和全负荷时节气门开度的标准数据，加减速或其他工况的数据找不到。针对这种情况，可以用经验或比较法来弥补数据流资料的不足。多了解一些数据的变化规律及特点，就能更大限度地运用数据流。比如：大众汽车在120km/h时空气流量能达到60g/s，如果实测值明显低于60g/s，就会造成加速无力；又如空气流量传感器和节气门位置传感器信号都随节气门迅速打开，应能迅速变化，变化缓慢说明信号不灵敏。实际的

# 第六章
汽车数据流应用误区与各种数值状态下的数据流应用分析

数据流分析过程中,也可以用两辆相同车型做比较的方法运用数据流诊断。

从上述几个检修实例给予的提示是,只有多分析、多比较,平时多注意积累变化工况下的数据流变化规律和经验标准值,这样才能把数据流的功能发挥到更大。

可见,检测得到的数据流没有相应的标准值作比较,不能判断数据正常与否,但这并不意味着这些数据流就没有作用。如果不能运用经验或比较法来找到有异常的数据流,故障诊断就容易陷入困境。

## 四、仅按数据流数据字面含义分析数据

在运用数据流分析诊断故障的过程中,未能真正理解一些数据流的含义,比如氧传感器电压数据不正常就认为一定是氧传感器有故障;空气流量数据超范围就认为空气流量传感器有故障等。这种仅仅从数据流字面含义就武断地判断故障所在,往往会造成不能迅速而又准确地找到真正的故障原因。

### 1. 实例分析

(1) 故障现象

一辆一汽佳宝微型货车,加速无力且进气管回火,急加速时有时还会熄火。

(2) 故障诊断过程

用故障诊断仪读取故障码,显示无故障码。读取发动机的相关数据流,观察氧传感器的数据,显示在0.3~0.4V左右徘徊,而正常范围是在0.1~0.9V之间来回变化,并且变化频率为10s8次以上。数据显示氧传感器电压异常,因而更换了氧传感器,故障依旧。

> **专家解读:**
>
> 上述故障检修过程中,维修人员不理解氧传感器的数据的含义,误认为氧传感器的数据显示在0.3~0.4V,就是氧传感器故障。
>
> 其实氧传感器的数据反映的是混合气状况,信号不正常有两方面的可能,一是当前的混合气不正常(过浓或过稀),二是氧传感器失效而导致信号错误。
>
> 氧传感器显示0.3~0.4V,可能是混合气过稀,也有可能是氧传感器及线路有故障,应该再进行相关的检测和分析,才能准确地找到真正的故障原因。

踩几下加速踏板,氧传感器数据立即越过0.45V上升到0.9V,然后其数据又回到0.3~0.4V左右徘徊。这一数据流的变化情况说明了氧传感器是好的,因为在加速(人为对混合气加浓)时,氧传感器的信号反应及时且变化正常,同时也证明混合气确实是过稀。

混合气过稀的原因主要有:进气压力传感器、燃油压力、喷油器泄漏、炭罐净化电磁阀常开等。

首先,检查了进气压力传感器,进入"读测数据流",读取进气压力传感器的数据,显示为静态数据1010mbar,为大气压力,属于正常;急速时为380mbar,也正常;急加速时数据可迅速升至950mbar以上。检测到的进气压力传感器数据及其变化都表明,进气压力传感器基本正常。

接下来开始检测油压,发现油压过低,可能的原因有燃油泵不良、燃油压力调节器不良、

燃油滤清器有堵塞等。

（3）故障排除

更换燃油泵后试车，故障现象消失，故障排除。

**2. 数据流应用误区分析**

上述案例是由于燃油泵有故障，其泵油效率降低，使供油压力过低，从而导致了混合气过稀。氧传感器数据流显示 0.3～0.4V，实际上是氧传感器监测混合气浓度的正确示值。如果维修人员能正确全面地理解氧传感器数据含义，就不会盲目更换氧传感器。

本实例给我们的提示是，在进行数据流分析时，不能忽视了数据背后的一些关联因素。当检测某数据异常时，不仅要想到该数据的直接影响因素，还必须考虑与之关联的其他影响因素。如果只是按数据流字面去判断故障原因，就有可能会使数据流分析故障走入误区。

## 五、故障分析不能有效地与工作原理相结合

某个或某数据组的数据流与之关联的因素有多个，因此，某数据流出现异常时，其反映的故障可能原因通常是一个范围。如果确定了故障范围之后，急于按照故障范围逐个查找故障真正的原因，有时会多做很多无用功。在通过数据流分析确定故障的大致范围之后，再结合工作原理或故障现象做故障排除法，可将一些原先包含在可能的故障范围中的"不可能原因"排除掉，这样就可将故障查寻的范围缩小，使故障检修变得准确、快捷。

**1. 实例分析**

（1）故障现象

一辆丰田威驰轿车进厂维修。仪表板上的发动机故障警告灯常亮，且油耗过高。以前当车速达到 20km/h 以上时，4 个车门会自动上锁，但是现在仪表显示的车速超过 20km/h 时，4 个车门不会自动上锁。

（2）故障检修过程

首先，读取发动机故障码，有故障码 P0500，其含意为车速传感器电路故障。清除故障码后进行路试，通过故障诊断仪读取发动机动态数据流，重点观察车速数值，发现数据流中的车速数值始终为 0km/h。于是维修人员断定，是车速传感器或其信号线有故障。更换了车速传感器后，故障现象依旧。

如果了解威驰轿车的车速传感器工作原理，会发现更换车速传感器是多余的操作。威驰轿车车速传感器的电路原理如图 6-3 所示。

车速传感器安装在变速器处，变速器输出轴通过从动齿轮带动车速传感器的转子轴转动，转子轴转动时会产生脉冲信号，脉冲信号进入组合仪表后被换算成实际车速显示在仪表上。与此同时，组合仪表内的波形整形电路，可以

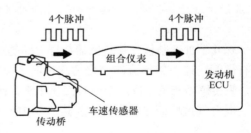

图 6-3　车速传感器的电路原理

将车速传感器输入的脉冲信号变成更为精确的方波。然后，将方波输出给发动机 ECU。发动机 ECU 据此方波信号计算车速，并进行喷油时间修正。组合仪表的方波信号还输送给防盗系统 ECU，防盗系统 ECU 根据此信号在车速超过 20km/h 时将 4 个车门上锁。车速信号连接线示意图如图 6-4 所示。

## 第六章 汽车数据流应用误区与各种数值状态下的数据流应用分析

根据上面所述的车速传感器的工作过程，结合故障码 P0500 和数据流中的车速数值为 0km/h，可以确定故障点可能在车速传感器、组合仪表、发动机 ECU 以及相关线束。观察仪表上的车速显示，仪表显示的车速与实际车速相符。试车过程中，发动机故障警告灯点亮，当仪表显示的车速超过 20km/h 时，4 个车门不能自动上锁。仪表能正常显示实际车速，说明车速传感器、仪表和车速传感器间的线束均正常。所以，上述案例中维修人员武断地更换了车速传感器，是因为没有把车速数据流和相关的工作原理紧密结合起来，仅根据数据流故障分析的字面含意（故障范围）来诊断故障。

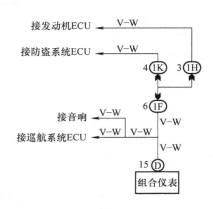

图 6-4　威驰轿车各电子控制器（ECU）与车速信号线的连接示意图

> **专家解读：**
> 综合故障现象和电路原理，油耗高可能是仪表的车速信号无法输送到发动机 ECU，使得发动机 ECU 无法根据实际车速调整发动机的工况，导致油耗升高。四个车门不能自动上锁，可能由于防盗 ECU 得不到仪表发出的车速信号，导致该车高速行驶时车门不能自动上锁。

根据测得的数据流和电路原理分析，可能的故障原因为：

1）组合仪表至发动机 ECU，以及组合仪表至防盗报警 ECU 间的两路信号线都损坏或元件都损坏（参见图 6-4）。

2）组合仪表至发动机 ECU 和组合仪表至防盗报警 ECU 间的公共线束损坏。

参考相关电路图（图 6-5），拔下仪表线束连接插头 C8 和发动机控制单元线束连接插头 E4，测量插头 C8 的第 15 脚和插头 E4 的第 9 脚之间的电阻，低于 1Ω。这表明插头 C8 的第 15 脚与插头 E4 的第 9 脚之间的 2 根紫/白色线路与仪表板接线盒之间的连接完好，故障点应该在插头 C8 或插头 E4 与相应插座的连接上。联想到防盗系统 ECU 的车速信号线也连接在仪表线束连接插头 C8 上，而且车速超过 20km/h 时 4 个车门不会自动上锁，因此仪表板线束连接插头 C8 与仪表板插座的连接上疑点最大。

（3）故障排除

将 C8 插头插实，装复后进行试车，观察发动机动态数据流，车速数据项显示的数值与仪表显示的车速数值相同，而且当车速超过 20km/h 时，4 个车门会自动上锁。至此，故障完全排除。

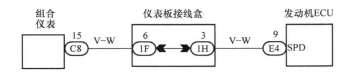

图 6-5　威驰轿车车速信号线连接示意图

## 2. 数据流应用误区分析

回顾故障检修的过程，由于仪表上的线束插头 C8 与仪表插座之间接触不良，造成仪表的车速信号无法输出到发动机 ECU，使得发动机 ECU 无法根据实际车速调整发动机的工况，导致油耗升高。同时，由于防盗 ECU 得不到仪表发出的车速信号，导致该车高速行驶时车门不能自动上锁。

从上述案例中得到的启发是：在用数据流分析诊断过程中，将数据流和相关系统或电路的工作原理相结合，往往可使故障范围大大缩小。如果不是这样，只是简单地按照维修手册中数值分析结果所示的故障范围，逐一检修各故障点，就可能会导致故障检修多走弯路。

## 第二节　不同数据值情况下的数据流应用

本节将讲解没有数据值超范围、多项数据值超范围和个别数据超范围这三种情况下，如何应用数据流分析进行故障诊断。

### 一、没有数据值超范围时的数据流应用

通过故障诊断仪获取了所需的数据流后，对照维修手册发现，所获得的数据流均没有超出标准范围。这些数据流并不是对分析故障没有意义。实际上，在很多情况下，只要正确地运用这些数据流，照样能发挥其应有的作用。

数据值未超出正常范围的数据流可以分成两种情况：一种是有数值接近标准范围的极限值，另一种是没有数值接近极限值。

#### 1. 有数值接近极限值

当所获取的数据流中有数值接近标准范围极限时，虽然该数据还没超出其标准范围，但由于很多数据标准范围偏大，因此，很有可能此数据所反映的系统已经有问题。如桑塔纳 2000GSi 轿车进气量信号怠速时标准范围 2～4g/s（一般在 2.3g/s 附近很小一个范围内变化），显示进气量 3.8g/s，很多时候空气流量传感器或进气系统其他方面已经有故障了，所以不要因为数据值还没超标准而让故障漏网。

#### 2. 无数值接近极限值

当所获取的数据流中没有数据达到极限值时，虽然数据跟其标准值相比并无异常，但不能因此就武断地确定 ECU 所监控的系统无故障。数据流数值看不出异常而实际存在故障，有两种情况：

一种是发生异常的参数本身不在 ECU 监测范围之内，或者是极短时间的信号不良或变化迟钝等，ECU 监测不到瞬间的异常，或没有记忆这稍纵即逝的异常信号。这种情况很多时候需要结合示波器等设备的检测来确认故障。

另一种是由于没有在特定工作状况下读数据，没能让异常数据显现，或在有些工况下读取的数据流没有标准数值可以比照。

以前面提到过的桑塔纳 2000GSi 轿车进气量数据流为例，怠速时标准范围 2～4g/s，随着节气门开度变化，无论测得的进气量数据怎么变，由于维修手册上提供不了标准值，因此所测得的数据流也就看不出已接近了极限值。

再如，节气门位置传感器滑片电阻中间某处不良，当节气门开度改变而使传感器滑片滑过

## 第六章 汽车数据流应用误区与各种数值状态下的数据流应用分析

该不良之处时,就会有节气门位置信号瞬间异常的情况发生,这一瞬间的信号丢失没有被 ECU 自诊断系统识别和记忆(信号未持续丢失和超界),而读取节气门特定开度时的数据流,也很难看出数据有异常。

> **专家解读:**
>
> 实际上,有时候数据完全正常只是表面上的正常。要学会挖掘异常,比如通过急加速、急减速、大负荷工作等工况,以及工况连续平缓变化或急速变化等,让信号异常表现出来,使不正常数据显现出来。对于汽车维修手册上没有标准数据可比照的数据流,可以采用比较法(正常的车和异常的车数据进行比较),或平常积累的数据变化规律来分析数据流,以便从中找出异常,并最终确认故障。

### 二、多项数据值超范围时的数据流应用

如果所获得的数据流中有很多数据都超范围,此种情况下,如果只是孤立地将一项一项数据进行分析,不但会使故障诊断的工作量很大,而且还不一定能诊断出故障。在多项数据流不正常的情况下,要学会采用数据间的关联性进行综合分析。

#### 1. 根据各数据的关联性做综合分析

> **专家提醒:**
>
> 汽车数据流中有很多数据具有关联性,应将它们综合分析,而不是孤立地一项项分析。综合分析数据流可缩小故障可能的范围,将可能的故障目标直接指向实际的故障点。因此,根据数据间的关联关系进行综合分析,可使应用数据流故障诊断事半功倍。例如,在发动机达到正常工作温度后,用故障诊断仪读取有关联关系的数据流包括:进气量、节气门开度、喷油脉宽和氧传感器输出的电压值,可以通过这些相关联的数据流彼此间是否匹配来诊断和分析故障。

下面以电喷发动机燃油喷射系统故障为例,利用有关联关系数据之间的匹配性来分析故障。

(1)怠速时节气门开度和进气量不匹配

发动机暖机后,进气量应与节气门开度相符,如果二者不相符,可按如下两方面检查:

1)节气门开度正常而进气量与之不匹配。在发动机怠速工况时,节气门开度数值符合标准,但空气流量值过大或过小。这种情况应重点查找空气流量传感器(或进气歧管压力传感器)及其电路有无故障、真空软管是否漏气、发动机进气歧管密封性是否有问题等。

导致节气门开度与进气量不匹配的主要原因有如下几方面:

① 对于使用进气压力传感器的汽车,进气系统或传感器的真空软管发生泄漏,传感器就会产生比实际进气量大的错误信号;真空管堵塞时,进气压力传感器也会发出比实际进气量大的错误信号;传感器信号失真,其输出信号过高或过低。

② 对于使用热线式和热膜式空气流量传感器的汽车,热丝或热膜被污染后,就会发出比实际进气量小的错误信号;空气流量传感器信号线与正极线路发生短路,会发出空气流量过小的

错误信号；传感器信号失真，其输出信号过高或过低。

③ 进气系统有堵塞或漏气时，均有可能使进气量和节气门开度不匹配。漏气包括内漏和外漏，内漏是指漏入进气通道的空气能被空气流量传感器检测到的气体，通常是在节气门之前的进气管路漏入的空气；外漏是指空气流量传感器检测不到的漏气，通常是在节气门后方漏进来的空气。

④ 发动机由于辅助设备起动而增加负荷，也可能使进气量和节气门开度不符合。

### 案例一

故障现象：一辆上海桑塔纳2000GSi轿车，发动机怠速不稳，排气管冒黑烟，油耗超标。

诊断与分析：用故障诊断仪读取故障码，显示为无故障码。根据故障现象初步判定为混合气太浓。造成混合气太浓的故障原因主要有：冷却液温度传感器工作失常、空气流量传感器工作失常、节气门位置传感器工作失常、燃油压力过高、喷油器漏油等。

由于可能的故障原因较多，在没有故障码的情况下，如果只是按照经验法逐个查找或更换，很可能会使故障检修走弯路。运用数据流分析方法，可使故障诊断变得简捷准确。

根据故障原因分析，首先对冷却液温度传感器、空气流量传感器、节气门位置传感器和氧传感器进行动态数据流检测与分析。

从故障诊断仪显示的数据流可知，冷却液温度传感器数据正常，但氧传感器信号在0.6~0.9V之间连续变化，拔下一根真空管，数据能够下降且数据跳动迅速，说明氧传感器本身没问题。节气门开度数据正常，读取空气流量传感器数据时，怠速时显示流量为4.6g/s，明显高于正常值。

由上述数据流分析可以看出是"节气门开度正常而进气量与之不匹配"。根据这一分析结果可以推断出可能的故障原因主要有：空气流量传感器信号失真，进气系统有内漏，发动机由于辅助设备起动而增加了负荷（怠速工况）。而结合故障现象分析，"气体内漏""发动机由于辅助设备而增加负荷"这两种可能性很快就可排除。因为"气体内漏""发动机由于辅助设备而增加负荷"一般不至于引起冒黑烟。

至此，可以确定故障应该出自空气流量传感器及其连接线路。更换空气流量传感器后，故障现象消失，故障排除。

### 案例二

故障现象：一辆沈阳金杯货车，发动机起动后，在暖机阶段工作正常，正常行驶一段时间，待温度升高之后，发动机排气管会出现间断性的冒黑烟现象，加速时排气管还会发出突突声，发动机的动力下降，严重时变速器无法换档。

诊断与分析：用故障诊断仪读取故障码，无故障码显示。故障主要表现为动力不足、冒黑烟。如果仅凭经验法来诊断故障，点火系统、燃油系统和进气系统等都有可能是故障原因。查起来费时费力，势必会多走很多弯路，因而要充分利用数据流诊断故障。

# 第六章
## 汽车数据流应用误区与各种数值状态下的数据流应用分析

在冷车时汽车基本正常,利用故障诊断仪获取怠速工况下的相关数据流:

发动机转速　　760~860r/min
喷油脉冲　　　0.6ms
点火提前角　　7°~14°
进气压力　　　30.8kPa
冷却液温度　　80℃
节气门开度　　<5.5°

怠速工况下得到的上述数据流均在标准范围之内,于是再进行路试。行驶了几十千米后,发动机就出现了故障。此时再观察怠速工况的数据流,其主要数据如下:

发动机转速　　560~920r/min
喷油脉冲　　　4.6ms
点火提前角　　7°~20°
进气压力　　　100kPa
冷却液温度　　90℃
节气门开度　　<5.5°

将热车时和冷车时的数据进行对比,其主要的区别是进气压力和喷油脉宽两项。此实例很明显也属于"节气门开度正常而进气量与之不匹配"的故障。数据流显示进气压力数据为100kPa,而实际的大气压力也只为约101kPa。也就是说,进气压力传感器测得怠速时节气门后方的进气压力约为大气压力,这显然是异常数据。分析原因主要有:进气系统或传感器的真空软管发生泄漏、真空管堵塞、传感器失效而使其产生的信号失真。

结合故障现象分析,由于在冷车时发动机工作正常,数据流数值也均正常,而且漏气也不可能使进气压力达到100kPa(接近大气压101kPa),所以漏气的可能性也很小。很有可能是真空管堵塞或进气压力传感器失效而使信号严重失真。

拆下进气压力传感器,用手指堵住真空孔,感觉真空吸力很小。经检查真空源部位,节气门体与进气歧管座之间装有密封的石棉衬垫,在高温侵蚀下,石棉衬垫未被压住的部分泡胀起层,阻塞真空通道,进气压力传感器检测不到实际进气压力,导致空燃比失控。剪掉多余垫片后,故障排除。

🔥 **专家解读:**

本案例之所以表现为冷车正常而热车时显现故障,是因为冷车时石棉衬垫泡胀起层有所减缓,进气压力传感器工作基本正常。在热车时,石棉衬垫泡胀起层阻塞了进气压力传感器导入进气管压力的真空通道,使之产生错误的进气压力信号。控制器根据进气压力传感器的错误信号而输出过大的喷油量(喷油时间)控制信号,使得喷油时间与节气门的开度不匹配,并导致了混合气过浓,出现发动机冒黑烟等故障现象。

2)怠速时进气量正常,而节气门开度数据显示过大。观察故障诊断仪所显示的数据流,怠速时的进气量正常,但显示的节气门开度值过大,两参数明显不匹配。节气门开度参数过大通常是由于废气反流等原因而使节气门体脏污和积炭，使得节气门卡滞，从而造成节气门的开度过大。

3）怠速时节气门开度和进气量都比正常值偏大。观察故障诊断仪所显示的数据流，怠速时的节气门开度数据和进气量数据都比正常值偏大，这种情况可能性最大的原因是节气门拉线卡滞或节气门卡滞，或节气门位置调整不当。

（2）怠速时节气门开度和进气量匹配，但和喷油脉宽不匹配

怠速时节气门开度和进气量均符合规定，但喷油脉宽和节气门开度及进气量不匹配，导致混合气浓度不正常。可能的故障原因包括：

1）使用空气流量传感器的汽车，其发动机进气系统密封性不良。有未经空气流量传感器计量的空气进入发动机，节气门开度和进气量值一般变化不大，但最终会导致混合气过稀，经氧传感器反馈会增大喷油脉宽，使喷油脉宽和节气门开度及进气量不匹配。

2）各种原因引起的燃油压力过高或过低。燃油压力过高时，使实际喷油量增加，导致混合气过浓，通过氧传感器的反馈喷油时间修正控制，使喷油脉宽增加了；燃油压力过低时，使实际喷油量减少，导致混合气过稀，通过氧传感器的反馈喷油时间修正控制，使喷油脉宽减小了。

3）燃油流量不足。燃油流量不足会使喷油量减少，导致混合气过稀，经氧传感器的反馈，喷油修正控制后，增加了喷油脉宽。

4）个别气缸工作不正常。引起氧传感器输出电压信号偏高，最终影响喷油脉宽。

5）氧传感器前边的排气管发生泄漏，氧传感器信号不正常，最终影响喷油脉宽。

> **专家解读：**
> 从上述喷油脉宽不匹配的原因可以看出，很多情况下，节气门开度和进气量匹配，但和喷油脉宽不匹配，都是氧传感器修正后造成的结果。所以，遇到这类故障可以结合氧传感器数据进行分析，可使故障诊断更加快捷和准确。

（3）怠速时综合分析喷油脉宽信号和氧传感器信号

从前面的很多案例中可以看出，用数据流分析诊断故障，不能将数据一个个孤立出来分析，而是应该将相关联数据进行综合分析，只有这样才能使故障诊断快捷而又准确。喷油脉宽和氧传感器数据也是一组相关联数据。喷油脉宽和氧传感器这组数据中，在发动机正常怠速时喷油脉宽变化很小，氧传感器电压在 0.1～1.0V 上下波动。如果有故障而引起喷油脉宽增大，就会导致喷油量加大，混合气变浓，氧传感器信号电压也会随之增加。

喷油脉宽与氧传感器信号电压均偏大是较为常见的故障，还有一种情况是喷油脉宽信号和氧传感器信号的偏差不一致，相互矛盾。这两种情况的故障分析如下：

1）喷油脉宽信号和氧传感器信号两个值都偏大。怠速时喷油脉宽范围偏大，同时氧传感器信号偏高，这种情况较为常见。能引起喷油脉宽增加，导致混合气过浓的因素均可造成这种情况的发生。有很多传感器故障都有可能导致喷油脉宽偏大的同时，氧传感器的信号电压偏高。例如：冷却液温度传感器的温度信号偏低、空气流量传感器的进气流量信号偏高、进气压力传感器的进气压力信号偏高、节气门位置传感器的节气门开度信号偏高、进气温度传感器的进气温度信号偏低等，都有可能使发动机 ECU 加大喷油脉宽，引起混合气偏浓，从而使得氧传感器

# 第六章
## 汽车数据流应用误区与各种数值状态下的数据流应用分析

信号偏高。

> 🔥 **专家提醒：**
> 当数据流中出现喷油脉宽信号和氧传感器信号都偏高时，应该先检查引起喷油脉宽增加、混合气变浓的相关传感器，以及会引起喷油脉宽增加的其他相关系统。

2）喷油脉宽信号和氧传感器信号两个值矛盾。如喷油脉宽偏大，而氧传感器信号则偏低。表面上看喷油脉宽偏大会引起混合气变浓，而氧传感器恰恰显示混合气偏稀，两个信号显示相反结果。下面通过一个实际的案例，来了解喷油脉宽信号和氧传感器信号两个值矛盾时的数据流故障分析情况。

**案例**

故障现象：一辆捷达前卫轿车，出现加速不良故障。

故障分析：观察怠速时发动机运转情况，发现有轻微抖动，原地空踩加速踏板，各工况正常，无熄车现象。缓慢加速尚可，急加速时则有熄车现象。根据以往的维修经验判断，故障应该是在发动机的油路。检测供油压力，结果为油压正常。进行故障码读取操纵，无故障码显示。读取数据流，数据显示如下：

怠速转速：850/min

冷却液温度：88℃

节气门开度：6°

进气绝对压力：32lkPa

喷油脉宽：5.6ms

氧传感器电压：0.3V 左右

从上述数据看出节气门开度偏高（正常0°～5°），可能是节气门体脏，节气门卡滞，节气门位置传感器信号不正常稍有偏差，或为怠速调整所致。结合故障现象，怠速时喷油脉宽为 5.6ms，而节气门开度偏大（节气门开度信号偏大了1°），不至于使喷油脉宽相差这么多（怠速喷油脉宽的经验正常值在 2.8g/s 左右一个很小范围内变化）。所以，节气门开度稍偏大，可能是怠速调节引起，它至少不应该是喷油脉宽偏大的主要故障原因。

上述数据流中数据明显偏大的有喷油脉宽（即喷油时间偏长），但氧传感器电压偏低，即显示混合气过稀。喷油脉宽偏大，而混合气却过稀，显然数据是矛盾的。这容易使一些维修人员一筹莫展，甚至会怀疑数据流的应用价值。针对这种情况，关键是确定混合气是否真的过稀，如果确定了这点，故障诊断的方向就会很清晰。因此，下面分两种情况讨论：

一种情况是混合气实际上不稀，这很明显就是氧传感器"谎报军情"了。由于氧传感器的故障，在混合气并不过稀的情况下，氧传感器产生的电压信号过低，即向ECU提供了"混合气过稀"的错误信号，ECU由此错误地加大喷油脉宽。

另一种情况是混合气确实过稀，氧传感器显示正常。发动机工作时的混合气确实出现了过稀的状态，并且通过增大喷油脉宽还是不能使混合气达到正常值。也就是说，由于混合太稀了，已经超过了氧传感器信号反馈的空燃比修正范围，即使ECU已经根据氧传感器的信号，做出了加浓混合气的修正控制，但修正量（增加的喷油时间）不足以改变混合气仍处于过稀的状态。因此，引起混合气极稀的因素可能就是导致喷油脉宽信号和氧传感器信号两个值相互矛盾的故障原因。

确定混合气是否过稀的方法：可通过人为增加混合气浓度，看氧传感器有无反应来确定。如果在加浓混合气时氧传感器的信号能迅速升高，说明氧传感器正常，而混合气则处于过稀状态。

本案例拔下真空管后，向进气管内喷入化油器清洗剂（相当于加浓混合气），氧传感器信号能迅速升高到0.9V左右，这表明氧传感器对混合气浓度的变化能正确响应。由此可见，本例故障是由于混合气确实过稀造成的，原因主要有：进气系统漏气，供油油压太低，喷油器堵塞等。这些可能的原因引起混合气极稀，使发动机ECU根据氧传感器反馈信号做出的空燃比修正，无法改变混合气过稀的状况。用真空表检查进气歧管真空度，以及检查油压均正常，拆下喷油器检查，果然有两个喷油器堵塞严重，清洗后汽车加速正常，故障排除。

**专家解读：**

在上述案例中，正是通过综合分析喷油脉宽信号和氧传感器信号，才明确了故障查寻的方向，使故障得以迅速排除。如果仅按经验法或仅对单个数据做单独分析，就很可能会对多个实际上是无关的部位（部件）进行检修或更换，使故障检修多走弯路。本故障检修实例又一次说明了，对多个数据流根据其关联因素做综合分析的重要性。

### 2. 结合氧传感器数据诊断故障

**阅读提示**

氧传感器通过监测发动机排气中的氧含量，来反映当前混合气的浓度，因而也是监测发动机工作是否正常的重要元件。发动机很多系统工作不正常，都能从氧传感器所产生的信号电压反映出来。因此，数据流多组数据异常时，结合氧传感器的信号作综合分析，可以更加准确而又迅速地找到故障。

当发动机出现故障时，很多情况下都伴随着混合气过浓或过稀，而混合气过浓和过稀可以由氧传感器数据显示出来（急速时的λ自适应值、氧传感器电压等），因而充分利用氧传感器的数据能为数据流分析诊断故障提供很大帮助。

要充分利用氧传感器的数据为数据流分析故障提供帮助，首先就得会判断氧传感器本身及线路有无故障。

氧传感器电压正常显示数值应在0.1~1.0V范围跳动，且跳动频率应大于1次/s。如电压值在约1.0V、约0.1V，或者在0.45~0.50V附近的某个数值保持不动，这很可能说明氧传感器

# 第六章
## 汽车数据流应用误区与各种数值状态下的数据流应用分析

有故障。

> **专家提示：**
>
> 判断氧传感器是否损坏的简易方法：用手堵住空气滤清器进气口（会使进气量减少），或者在进气口喷清洗剂，均使可燃混合气变浓，如果氧传感器的输出电压变为 0.6～0.9V，就说明氧传感器工作正常。配备进气压力传感器的发动机，检测氧传感器时，可从节气门后方拔下真空软管，使可燃混合气变稀，如果氧传感器的输出电压变为 0.1～0.3V 左右，就说明氧传感器工作正常，否则说明氧传感器或其线路有故障。

在氧传感器及其线路完好的情况下，由空气系统、燃油系统或者机械部分引起混合气过稀或过浓的主要原因如下。

氧传感器信号电压过高，一直显示在 0.6V 以上，其主要原因包括：喷油器泄漏、燃油压力过高、炭罐电磁阀常开、空气流量传感器（或进气压力传感器）有故障，均可引起可燃混合气过浓。

氧传感器信号电压过低，一直显示在 0.3V 以下，其主要原因有：喷油器堵塞、燃油压力过低、进气歧管漏气、排气歧管漏气、空气流量传感器（或进气压力传感器）有故障，引起可燃混合气过稀。

怠速时 $\lambda$ 自适应值是反映发动机 ECU 根据氧传感器的信号对空燃比做出的调整量，正常显示数值范围应为 $-10\% \sim 10\%$。

数值高，表示发动机混合气在太稀的情况下，$\lambda$ 调节将使混合气变浓。怠速时 $\lambda$ 自适应值过高的主要原因有：喷油器堵塞、燃油压力过低、进气歧管漏气、排气歧管漏气、空气流量传感器（或进气压力传感器）有故障等，引起混合气过稀。

数值低，表示发动机混合气在太浓的情况下，$\lambda$ 调节将使混合气变稀。怠速时 $\lambda$ 自适应值过低的主要原因有：喷油器泄漏、燃油压力过高、炭罐电磁阀常开、空气流量传感器（或进气压力传感器）有故障等，引起混合气过浓。

由此可见，利用数据流分析时，特别是混合气过浓或过稀故障，通过氧传感器数据流结合其他相关数据流，能较快地分析和判断出故障出自何处。

下面通过一个具体的案例来说明结合氧传感器数据诊断故障的过程。

**案例**

故障现象：一辆桑塔纳 2000GSi 轿车，怠速不稳，加速时排气管冒黑烟。

诊断与分析：读取故障码，无故障码存储。按经验法进行了如下检查：

① 因为怠速不稳，首先清洗了节气门体，并进行了基本设置，但故障依旧。

② 因为有冒黑烟现象，故又检查了燃油压力，但油压正常。

③ 又清洗了喷油器，换了汽油滤清器，再次起动发动机，仍冒黑烟，但怠速已变平稳。

④ 由于还冒黑烟，于是又更换了氧传感器，但无效。

⑤ 检查火花塞与高压线，高压线正常，火花塞间隙较大且发黑。更换火花塞后试车，故障现象减弱，但加速时仍冒黑烟。

通过上述检查，有维修工怀疑是 ECU 损坏；也有的怀疑点火线圈损坏；或是气门正时不当、空气流量传感器损坏等。

上述按经验法诊断故障比较盲目，根本没有对氧传感器做数据检测就换氧传感器。虽然氧传感器损坏确实有可能导致冒黑烟，但不能武断地下结论。

利用读取数据流的方法排除故障，对于排气管冒黑烟且怠速不稳的发动机，可读取 01、02 和 07 和 08 组的数据流。

怠速时 λ 自适应值正常显示数值 −23%（正常是 10%~10%），传感器电压 0.6~0.8V（正常是 0.1~1.0V）。数据说明氧传感器损坏或混合气确实过浓，已远远超过了控制的能力。

拔下一根真空管，氧传感器信号电压能下降达 0.5V 以下，加速时氧传感器信号电压能迅速提高，并能在 0.1~1.0V 的范围内以较高的频率变化。这些均说明氧传感器至少没有太大的问题，怠速不稳且冒黑烟的故障应该是由于混合气太浓所引起的。

读取可能会引起混合气过浓的执行元件和传感器数据流，从 02 数据组读取的相关数据流：发动机负荷 2.8ms（正常是 0~2.5ms）；吸入空气量为 5.8g/s（正常是 2.0~4.0g/s）。再从 01 数据组读相关数据流：节气门开度角为 4°~5°（正常是 0°~5°），4°虽未超限，但也偏大。

节气门开度不大，但空气流量增加很多，主要有两个原因：一种可能是进气系统有内漏（如节气门磨损、变形等漏气），被空气流量传感器检测到。二是空气流量传感器信号不正常，导致信号偏大。

内漏一般不至于冒黑烟，所以应该后者可能性更大。更换了空气流量传感器后故障排除。

**专家解读：**

上述实例说明了利用氧传感器数据结合故障现象和相关数据使故障排除，能够比先前的经验法更快捷、准确。在现代汽车的故障诊断中，对较复杂的故障，汽车维修人员应尽量利用分析数据流的方法进行故障判断。

## 三、个别数据值超范围时的数据流应用

当只有个别项（一两项）的数据超范围时，一般情况下，分析过程比没有数据超范围或多项数据超范围要简单。可采用第三章中数据流主要参数分析的方法诊断汽车故障，但不能仅仅分析数据，也是要结合故障现象和工作原理做综合分析，不然也会被引入歧途。

# 第七章
# 大众/奥迪车系的数据流分析

本章以奥迪轿车为例,介绍大众车系汽车的数据流读取方法与数据流分析方法。大众车系的专用故障诊断仪为 V.A.G1551 或 V.A.G1552。

## 第一节 大众/奥迪车系发动机数据流分析

### 一、奥迪车系发动机数据流的读取

> **专家提醒:**
> 用故障诊断仪 V.A.G1552 读取发动机数据流时,蓄电池的电压应不低于 11.5V,且熔断器正常、发动机搭铁良好。

V.A.G1552 读取发动机数据流步骤如下:

1)打开诊断插口盖板,用 V.A.G1553 连接线将 V.A.G1552 与位于变速杆前的车辆诊断插座连接起来(图 7-1)。

图 7-1 V.A.G1552 与诊断插座的连接

2)打开点火开关(ON),或使发动机怠速运转,然后打开 V.A.G1552 的电源开关。这时,V.A.G1552 显示屏显示如下文字:

| Test of Vehicle systems　　HELP | 车辆系统测试　　帮助 |
|---|---|
| Enter address word　××  | 输入地址码　×× |

3）输入"发动机电子系统"的地址码01，并按Q键确认后，显示屏将显示如下内容：

```
330 907 404 1.8L R4/2V MOTR HS D01 →
Coding 08001   WSC × × × × ×
```

其中：

330 907 404——发动机ECU零件编号；

1.8L——发动机排量为1.8L；

R4/2V——表示直列式发动机、4缸、每缸2气门；

MOTR——即Motronic

HS——表示手动变速器；

D01——表示发动机ECU软件版本；

Coding 08001——发动机ECU编码；

WSC ×××××——为维修站代码。

4）按下"→"键，显示屏将显示如下内容：

| Test of Vehicle systems　　HELP | 车辆系统测试　　帮助 |
|---|---|
| Select function　×× | 选择功能　×× |

根据需要，选择V.A.G1552的功能，见表7-1。

表7-1　V.A.G1552的功能

| 功能代码 | 功能 | 对应的英文 | 检测条件 |
|---|---|---|---|
| 01 | 询问控制单元版本 | Interrogate control unit version | 点火开关ON |
| 02 | 查询故障储存内容 | Interrogate fault memory | 发动机怠速运转 |
| 03 | 终端执行元件诊断 | Final control diagnosis | 点火开关ON |
| 04 | 基本设置 | Introduction Basic setting | 点火开关ON |
| 05 | 清除故障储存内容 | Erase fault memory | 发动机怠速运转 |
| 06 | 结束输出 | End output | 发动机怠速运转 |
| 07 | 控制单元编码 | Code control unit | 点火开关ON |
| 08 | 读取测量值块 | individual measuring value | 发动机怠速运转 |
| 09 | 读取单个测量值 | Read individual measuring value | — |
| 10 | 匹配 | Adaptation | — |
| 11 | 登录 | Login procedure | — |

5）输入08功能代码（读取测量值块），并按Q键确认，显示屏将显示如下文字：

| Read measuring value block　HELP | 读取测量数值块　帮助 |
|---|---|
| Enter display group number　×× | 输入显示组别号　×× |

输入组别号，即可读取所需的发动机数据流。各组别号的含义如表7-2所示。

# 第七章 大众/奥迪车系的数据流分析

表 7-2 测量数据块各组别号的含义

| 组别号 | 含义 | 组别号 | 含义 |
|---|---|---|---|
| 00 | 基本功能 | 25 | 进气歧管切换和凸轮轴调整 |
| 01 | 基本功能 | 26 | 凸轮轴调整 |
| 02 | 基本功能 | 27 | 氧传感器的加热 |
| 03 | 基本功能 | 30 | 急速时氧状态 |
| 04 | 急速稳定 | 32 | 急速时氧自适应值 |
| 05 | 急速稳定 | 33 | 急速时三元催化转化器前氧调节 |
| 06 | 急速稳定 | 34 | 急速时三元催化转化器前氧调节 |
| 07 | 氧控制和活性炭罐电磁阀（ACF）系统 | 36 | 急速时三元催化转化器后氧调节 |
| 08 | 氧调节值 | 37 | 急速时三元催化转化器后氧调节 |
| 09 | 氧调节值 | 41 | 急速时左侧氧传感器的加热器 |
| 10 | 氧调节值 | 42 | 急速时右侧氧传感器的加热器 |
| 11 | 燃油消耗 | 50 | 传往发动机控制单元的信号 |
| 12 | 燃油消耗 | 54 | 节气门位置传感器 |
| 13 | 爆燃控制 | 56 | 达到工作温度后的急速稳定值 |
| 14 | 爆燃控制 | 60 | 点火开关 ON 时节气门控制单元自适应 |
| 15 | 爆燃控制 | 62 | 点火开关 ON 时节气门控制单元自适应 |
| 16 | 爆燃控制 | 63 | 强制低速开关（强制降档开关） |
| 17 | 催化转化器加热 | 66 | 点火开关 ON 时传向发动机 ECU 的信号 |
| 18 | 海拔适配 | 93 | 急速时左右霍尔式传感器相位 |
| 19 | 自动变速器输入转矩减少 | 95 | 汽车行驶时，进气歧管切换 |
| 20 | 运行状态 | 98 | 节气门控制部件的匹配 |
| 21 | 氧控制工作状态 | 99 | 氧调节（基本设定） |
| 22 | 氧控制工作状态 | 125 | 点火开关 ON 时 CAN 数据总线信号 |
| 23 | 节气门控制部件 | 126 | 点火开关 ON 时 CAN 数据总线信号 |
| 24 | 爆燃控制 | | |

## 二、奥迪车系发动机数据流分析

大众/奥迪车系发动机控制单元（ECU）数据流分析如表 7-3～表 7-14 所示。

表 7-3 发动机 ECU 数据流标准值

| 显示界面 | 显示内容 | 标准值（正常示值范围） |
|---|---|---|
| 00 显示组号的显示界面<br><br>Read measuring value block  0  →<br>190 41 79 193 9 126 128 135 128 126<br> 1  2  3  4  5  6  7  8  9  10 | 1.冷却液温度 | 170～204，对应值见表 7-4 |
| | 2.发动机负荷 | 20～50，对应值见表 7-5 |
| | 3.发动机转速 | 70～90，对应值见表 7-6 |
| | 4.蓄电池电压 | 146～212，对应值见表 7-7 |
| | 5.节气门开度 | 0～15，对应值见表 7-8 |
| | 6.急速稳定控制值 | 118～138，对应值见表 7-9 |
| | 7.急速稳定自适应值 | 112～144，对应值见表 7-10 |
| | 8.氧过量调节值 | 78～178，对应值见表 7-11 |
| | 9.混合气的学习值 | 115～141，对应值见表 7-12 |
| | 10.氧传感器控制形成自适应值 | 118～138，对应值见表 7-13 |

表 7-4 发动机冷却液温度对应表

| 显示值 | 170 | 177 | 184 | 191 | 197 | 204 |
|---|---|---|---|---|---|---|
| 相当于冷却液温度 /℃ | 80 | 85 | 90 | 95 | 100 | 105 |

表 7-5 发动机负荷（曲轴每转持续喷油时间）对应表

| 显示值 | 10 | 20 | 30 | 40 | 50 | 60 | 70 |
|---|---|---|---|---|---|---|---|
| 相当于发动机负荷 /ms | 0.5 | 1.0 | 1.5 | 2.0 | 2.5 | 3.0 | 3.5 |

表 7-6 发动机转速对应表

| 显示值 | 60 | 65 | 70 | 75 | 80 | 85 | 90 | 95 | 100 |
|---|---|---|---|---|---|---|---|---|---|
| 相当于发动机转速 /（r/min） | 600 | 650 | 700 | 750 | 800 | 850 | 900 | 950 | 1000 |

表 7-7 蓄电池电压对应表

| 显示值 | 146 | 153 | 160 | 168 | 175 | 182 | 190 | 197 | 204 | 212 |
|---|---|---|---|---|---|---|---|---|---|---|
| 相当于蓄电池电压 /V | 10.0 | 10.5 | 11.0 | 11.5 | 12.0 | 12.5 | 13.0 | 13.5 | 14.0 | 14.5 |

表 7-8 节气门开度对应表

| 显示值 | 0 | 2 | 5 | 7 | 10 | 12 | 15 |
|---|---|---|---|---|---|---|---|
| 相当于节气门开度 /（°） | 0 | 1 | 2 | 3 | 4 | 5 | 6 |

表 7-9 发动机怠速稳定控制值对应表

| 显示值 | 118 | 122 | 126 | 130 | 134 | 138 |
|---|---|---|---|---|---|---|
| 相当于怠速稳定控制值 | -2.5 | -1.5 | -0.5 | 0.5 | 1.5 | 2.5 |

表 7-10 发动机怠速稳定自适应值对应表

| 显示值 | 112 | 116 | 120 | 124 | 128 | 132 | 136 | 140 | 144 |
|---|---|---|---|---|---|---|---|---|---|
| 相当于怠速稳定控制值 | -4.0 | -3.0 | -2.0 | -1.0 | 0 | 1.0 | 2.0 | 3.0 | 4.0 |

表 7-11 氧过量调节值对应表

| 显示值 | 78 | 88 | 98 | 108 | 118 | 128 | 138 | 148 | 158 | 168 | 178 |
|---|---|---|---|---|---|---|---|---|---|---|---|
| 相当于氧过量调节值（%） | -10 | -8 | -6 | -4 | -2 | 0 | 2 | 4 | 6 | 8 | 10 |

表 7-12 混合气的学习值对应表

| 显示值 | 115 | 118 | 121 | 124 | 128 | 131 | 134 | 137 | 141 |
|---|---|---|---|---|---|---|---|---|---|
| 相当于混合气的学习值 /ms | -0.64 | -0.48 | -0.32 | -0.16 | 0 | 0.16 | 0.32 | 0.48 | 0.64 |

表 7-13 氧传感器控制形成自适应对应表

| 显示值 | 115 | 118 | 121 | 124 | 128 | 131 | 134 | 137 | 141 |
|---|---|---|---|---|---|---|---|---|---|
| 相当于氧传感器控制形成自适应值 /ms | -8 | -6 | -4 | -2 | 0 | 2 | 4 | 6 | 8 |

## 第七章 大众/奥迪车系的数据流分析

表 7-14 发动机 ECU 数据流分析

| 显示界面 | 显示内容 | 显示数值 | 数据分析 |
|---|---|---|---|
| 01 显示组号的显示界面<br><br>Read measuring value block  1  →<br>800r/min  2.20ms  3  12° bef.TDC<br>　1　　　2　　 3　　 4 | 1. 发动机转速/(r/min) | 0~6800 | 正常显示范围 |
| | | 800±30<br>(770~830) | 急速时的正常值 |
| | | 小于 770 | ·发动机有额外负荷<br>·节气门控制单元卡死或损坏 |
| | | 大于 830 | ·急速开关没有关上或损坏<br>·有较大漏气(可能是没有急速稳定平衡)<br>·节气门控制单元卡死或损坏<br>·空调装置没有关闭 |
| | 2. 发动机负荷(曲轴每转喷射持续时间)/ms | 1.00~2.50 | 发动机负荷的喷射时间是一个纯计算的理论值。在急速下的发动机负荷可以理解为发动机驱动附件和克服自身摩擦力所需的负荷<br>　发动机负荷的喷射时间是基本喷油量,仅与发动机曲轴转速和负荷有关,不包括发动机各种状态下的喷油量修正 |
| | | 小于 1.00 | 较小的值仅在超速切断工况时出现 |
| | | 大于 2.50 | ·空气流量传感器损坏<br>·节气门控制单元损坏<br>·转向盘位于终点<br>·有用电设备用电 |
| | 3. 节气门开度/(°) | 0~5 | 急速时 |
| | | 35(固定不变) | 节气门位置传感器出现故障时 |
| | | 80~90 | 加速踏板踩到底时 |
| | | 小于 0<br>(急速运转) | 不可能 |
| | | 大于 5<br>(急速运转) | ·没有节气门控制单元的基本调整<br>·节气门控制单元的节气门电位计损坏或调节失常<br>·调整节气门拉索<br>·节气门阀体脏污 |
| | 4. 点火提前角/(°) | 12±4.5 | 急速时点火提前角的正常值<br>实际点火提前角包括:初始点火提前角、基本点火提前角、修正点火提前角 |
| | | 小于 8<br>(急速时) | 用电设备用电 |
| | | 大于 16<br>(急速时) | 转向盘在终点位置;漏气 |

（续）

| 显示界面 | 显示内容 | 显示数值 | 数据分析 |
|---|---|---|---|
| 02 显示组号的显示界面<br><br>Read measuring value block 2 →<br>800r/min  2.2ms  3.84ms  2.9g/s<br>  1         2        3        4 | 1. 发动机转速/（r/min） | 0~6800 | 正常显示范围 |
| | | 800±30（770~830） | 急速时的正常值 |
| | | 小于770 | ·发动机有额外负荷<br>·节气门控制单元卡死或损坏 |
| | | 大于830（急速时） | ·急速开关没有关上或损坏<br>·有较大漏气（可能是没有急速稳定平衡）<br>·节气门控制单元卡死或损坏<br>·空调装置没有关闭 |
| | 2. 发动机负荷（曲轴每转喷射持续时间）/ms | 1.00~2.50 | 发动机负荷的喷射时间是一个纯计算的理论值。在急速下的发动机负荷可以理解为发动机驱动附件和克服自身摩擦力所需的负荷<br>发动机负荷的喷射时间是基本喷油量，仅与发动机曲轴转速和负荷有关，不包括发动机各种状态下的喷油量修正 |
| | | 小于1.00 | 较小的值仅在超速切断工况时出现 |
| | | 大于2.50 | ·空气流量传感器损坏<br>·节气门控制单元损坏<br>·转向盘位于终点<br>·用电设备用电 |
| | 3. 喷油脉宽（发动机每个工作循环持续喷油时间/ms | 2.00~5.00 | 急速时正常显示范围<br>喷油脉宽是指发动机完成一个工作循环（曲轴转2圈）得出的喷油时间<br>显示区域3喷油脉宽的值不是显示区域2发动机负荷的2倍，而是一个经修正过的实际喷油时间，其影响因素有：氧调节、活性炭罐的混合气浓度、空气温度与密度、蓄电池电压（影响喷油器打开的速度）<br>如果发动机吸入未被计量的空气，则在显示区域2发动机负荷中的计算值会有变化，每个工作循环的实际喷油时间将通过调节保持在允许值上 |
| | | 小于2.00（急速时） | ·来自炭罐系统高的燃油量<br>·带较大流量的喷油器故障 |
| | | 大于5.00（急速时） | ·电气设备打开<br>·空调设备启用<br>·自动变速器在行车档位<br>·转向器在极限位置<br>·引起发动机的负荷加大 |

# 第七章
## 大众／奥迪车系的数据流分析

（续）

| 显示界面 | 显示内容 | 显示数值 | 数据分析 |
|---|---|---|---|
| 02 显示组号的显示界面<br><br>Read measuring value block　2　→<br>800r/min　2.2ms　3.84ms　2.9g/s<br>　1　　　　2　　　3　　　4 | 4. 吸入空气流量／(g/s) | 2.0~4.0 | 急速时正常显示范围<br>　在节气门控制部件故障引起的紧急运行状态下，发动机以高急速运转，此时进气量显示为 4.5～5.5g/s<br>　如果发动机 ECU 识别出空气质量计量有故障，则将节气门电位计的替代值显示出来 |
| | | 小于 2.0<br>（急速时） | 在进气歧管和空气流量传感器之间的大量未计量空气 |
| | | 大于 4.0<br>（急速时） | ·自动变速器在行车档位<br>·发动机因要驱动辅助设备而增加了负荷 |
| 03 显示组号的显示界面<br><br>Read measuring value block　3　→<br>800r/min　14.00V　93.6℃　39.1℃<br>　1　　　　2　　　　3　　　　4 | 1. 发动机转速／(r/min) | 0～6800 | 正常显示范围 |
| | | 800±30<br>(770～830) | 急速时的正常值 |
| | | 小于 770 | ·发动机有额外负荷<br>·节气门控制单元卡死或损坏 |
| | | 大于 830<br>（急速时） | ·急速开关没有关上或损坏<br>·有较大漏气（可能是没有急速稳定平衡）<br>·节气门控制单元卡死或损坏<br>·空调装置没有关闭 |
| | 2. 蓄电池电压／V | 10.00～14.00 | 正常显示范围<br>　ECU 根据其电源电压计算出蓄电池电压<br>　蓄电池电压是 ECU 自检的重要内容，如果蓄电池电压过低或过高，ECU 都将改变运行模式或变更一些功能，从而影响急速控制、燃油喷射控制及点火控制等参数 |
| | | 小于 10.0 | ·发电机故障或蓄电池耗电太多<br>·大电流用电设备开启太多<br>·发动机 ECU 电源与搭铁线接触不良<br>·点火开关关闭时电路中有漏电 |
| | | 大于 14.0 | ·发电机电压调节器有故障<br>·有突然起动和断开的用电设备（有感）而产生了过电压 |
| | 3. 冷却液温度／℃ | 80～105 | 正常显示的范围 |
| | | 小于 80 | ·发动机温度未达到正常工作温度<br>·冷却液温度传感器与 ECU 的连接导线接触不良 |
| | | 大于 105 | ·散热器表面受污染<br>·冷却风扇不转<br>·节温器故障<br>·冷却液温度传感器与 ECU 的连接导线接触不良 |

（续）

| 显示界面 | 显示内容 | 显示数值 | 数据分析 |
|---|---|---|---|
| 03 显示组号的显示界面<br>Read measuring value block 3 →<br>800r/min  14.00V  93.6℃  39.1℃<br>　1　　　2　　　3　　　4 | 4. 进气温度/℃ | 环境温度~90 | 正常显示范围 |
| | | 恒定 19.5 | ·识别出进气温度传感器故障<br>·进气温度传感器信号处理电路有故障 |
| 04 显示组号的显示界面<br>Read measuring value block 4 →<br>3　　 −23g/s  0.00g/s  Ieer/auf<br>1　　　2　　　3　　　4 | 1. 节气门开度（°） | 0~5 | 急速时 |
| | | 80~90 | 加速踏板踩到底时 |
| | | 35（固定不变） | 节气门位置传感器出现故障时 |
| | | 小于0（急速时） | 不可能 |
| | | 大于5（急速时） | ·没有节气门控制单元基本调整<br>·节气门控制单元的节气门电位计损坏或调节失常<br>·调整节气门拉索<br>·节气门阀体脏污 |
| | 2. 急速时空气质量学习值（自适应，不换挡时）/(g/s) | −1.70~1.70 | 急速空气质量学习值正常显示范围<br>急速空气质量学习值是表示变速器在不挂挡时，急速稳定系统与预先设定的中间值偏离"学习值"有多大<br>在一台新发动机上，由于摩擦阻力较大，其值位于正区域，在磨合后的发动机上则在负区域 |
| | | 低于 −1.70 | ·通向节气门某处有漏气 |
| | | 高于 1.70 | ·有额外负荷<br>·进气区域有堵塞或异物 |
| | 3. 急速时空气质量学习值（自动变速器换挡时）/(g/s) | −1.70~1.70 | 正常显示范围<br>此参数显示自动变速器挂挡时，急速稳定系统与预先设定的中间值偏离"学习值"有多大<br>在一台新发动机上，由于摩擦阻力较大，其值位于正区域，在磨合后的发动机上则在负区域 |
| | | 低于 −1.70 | 通向节气门某处有漏气 |
| | | 高于 1.70 | 有额外负荷<br>进气区域有堵塞或异物 |
| | 4. 工作状态 | Idling | 急速工况 |
| | | Part throttle | 部分负荷工况 |
| | | All throttle | 满负荷工况 |
| | | Schab | 加浓工况 |
| | | Anreicherung | 超速断油工况 |

# 第七章 大众/奥迪车系的数据流分析

（续）

| 显示界面 | 显示内容 | 显示数值 | 数据分析 |
|---|---|---|---|
| 05 显示组号的显示界面<br><br>Read measuring value block　5　→<br>810r/min　800r/min　-1.7%　2.9g/s<br>　1　　　　2　　　　3　　　4 | 1. 发动机转速（实际值）/（r/min） | 0～6800 | 正常显示范围<br>发动机转速是从发动机转速传感器的信号中获得，是实际测量值，每10步刷新一次。10步中最大转速限定为2550r/min |
| | | 800±30<br>（770～830） | 急速时正常值 |
| | | 小于770<br>（急速时） | ·发动机有额外负荷<br>·节气门控制单元卡死或损坏 |
| | | 大于830<br>（急速时） | ·急速开关没有关上或损坏<br>·有较大漏气<br>·节气门控制单元卡死或损坏<br>·空调装置没有关闭 |
| | 2. 发动机转速（设定值）/（r/min） | 800<br>并保持不变 | 急速时正常显示数值<br>此参数是ECU根据发动机不同工况下所设定的目标转速，非测量转速，是由ECU计算所得，也是每10步刷新一次 |
| | 3. 急速稳定控制值（%） | -10～10 | 正常显示范围<br>在急速负荷发生变化时，为维持急速稳定，通过控制急速调节阀改变进气量，用%表示。只要急速稳定的自适应能力平衡空气流量变化，平均值即被存储。偏离平均值的程度取决于急速负荷的变化量。自适应过程以很小的步节随急速开关每次闭合而进行。偏差越大所需步节越多。自适应偏离值显示在04显示组第2显示区，若显示区2中的自适应值达到极限点，则急速调节阀的值将在允许公差之外 |
| | 4. 急速空气流量/（g/s） | 2.0～4.0 | 急速工况正常显示范围<br>在节气门控制部件故障引起的紧急运行状态下，发动机以高急速运转，此时进气量显示4.5～5.5g/s<br>如果发动机ECU识别出空气流量传感器有故障，则将节气门电位计替代值（%）显示出来 |
| | | 小于2.0<br>（急速时） | ·在进气歧管和空气流量传感器之间有漏气 |
| | | 大于4.0<br>（急速时） | ·自动变速器位于行车档位<br>发动机驱动辅助设备增加了负荷 |

(续)

| 显示界面 | 显示内容 | 显示数值 | 数据分析 |
|---|---|---|---|
| 06 显示组号的显示界面<br><br>Read measuring value block　6　→<br>810r/min　−1.7%　−2.3%　13.5°　V.OT<br>｜　　　｜　　　｜　　　｜<br>1　　　2　　　3　　　4 | 1. 发动机转速 /（r/min） | 0 ~ 6800 | 正常显示范围<br>　发动机转速是从发动机转速传感器的信号中获得，是实际测量值，每 10 步刷新一次。10 步中最大转速限定为 2550r/min |
| | | 800 ± 30<br>（770 ~ 830） | ·急速时正常值 |
| | | 小于 770<br>（急速时） | ·发动机有额外负荷<br>·节气门控制单元卡死或损坏 |
| | | 大于 830<br>（急速时） | ·急速开关没有关上或损坏<br>·有较大漏气<br>·节气门控制单元卡死或损坏<br>·空调装置没有关闭 |
| | 2. 急速控制（%） | −10 ~ 10 | 正常显示范围<br>　在急速负荷发生变化时，为维持急速稳定，通过控制急速调节阀改变进气量，用 % 表示。只要急速稳定的自适应能力平衡空气流量变化，平均值即被存储。偏离平均值的程度取决于急速负荷的变化量。自适应偏离值显示在 04 显示组第 2 显示区，若显示区 2 中的自适应值达到极限点，则急速调节阀的值将在允许公差之外 |
| | 3. 混合气 λ 控制（%） | −10 ~ 10 | 正常显示范围，且在 0 左右波动<br>　ECU 根据氧传感器信号控制喷油量的增加或减少 |
| | | 超出允许范围 | ·负值，发动机混合气太浓，影响：λ 调节变稀<br>·正值，发动机混合气太稀，影响：λ 调节变浓<br>·漏气<br>·喷油器损坏<br>·λ 自适应值达到极限值 |
| | 4. 点火提前角（°） | 12 ± 4.5 | 急速工况正常显示范围<br>实际点火提前角 = 初始点火提前角 + 基本点火提前角 + 修正点火提前角 |
| | | 小于 8<br>（急速时） | 有用电设备在用电 |
| | | 大于 16<br>（急速时） | 转向盘在终点位置；漏气 |

（续）

| 显示界面 | 显示内容 | 显示数值 | 数据分析 |
|---|---|---|---|
| 07 显示组号的显示界面<br><br>Read measuring value block 7 →<br>−2.3%　0.115V　0%　1.00<br>　1　　　2　　　3　　　4 | 1. 混合气氧质量分数控制（%） | −10 ~ 10 | 正常显示范围，且在 0 左右波动<br>ECU 根据氧传感器反馈过量空气系数 λ 的大小，即空气的浓或稀信号，控制喷油量的增加或减少 |
| | | 超出允许范围 | ·负值，发动机混合气太浓，影响：λ 调节变稀<br>·正值，发动机混合气太稀，影响：λ 调节变浓<br>·漏气<br>·喷油器损坏<br>·λ 自适应值达到极限 |
| | 2. 氧传感器电压 /V | 0.1 ~ 1.0 | 正常显示范围，且跳动频率大于 1 次 /s<br>由于电压变化急剧，使 λ 控制不能保持在 1.0 的理论空燃比，控制不断在"稍许稀"和"稍许浓"的状态之间摆动。显示值为不低于 0.3V 和不高于 0.6V |
| | | 过低 | 喷油器泄漏、燃油压力太高、炭罐电磁阀常开、空气流量传感器故障、氧传感器加热器故障或氧传感器脏污 |
| | | 过高 | 喷油器堵塞、空气流量传感器故障、燃油压力太低、空气流量传感器与节气门体之间有漏气、排气歧管处有漏气、氧传感器加热器故障或氧传感器脏污 |
| | 3. 炭罐清除电磁阀占空比（%） | 0 ~ 99 | 正常显示范围<br>当占空比为 0 时表示电磁阀完全关闭，占空比为 99% 时表示电磁阀完全打开<br>注意：急速时接受炭罐通气量有限，故发动机急速时电磁阀的开度受限，而在部分负荷和满负荷时，占空比可增至 99%。通过对在"基本设置"（电磁阀闭合）和"读取测试值块"（电磁阀开 220 ~ 900s/ 闭约 70s）时的显示值进行比较，可以评判炭罐系统的作用与影响 |

（续）

| 显示界面 | 显示内容 | 显示数值 | 数据分析 |
|---|---|---|---|
| 07 显示组号的显示界面<br><br>Read measuring value block　7　→<br>−2.3%　0.115V　0%　1.00<br>　1　　　2　　　3　　4 | 4. 炭罐清除时的 λ 修正系数 | 0.3～1.2 | 正常显示范围<br>　当炭罐清除控制系统工作时，其燃油蒸气进入进气管，会使混合气的浓度改变。因此，ECU 根据燃油蒸气的吸入量计算 λ，以确定喷油量的修正<br>　若来自炭罐的混合气很浓，则 λ 调节将其调稀，其值可达 0.6，在这种情况下，λ 调节会将喷油量减少 40%<br>　在显示值为 1.0（λ 调节位于中性区域，即无修正因素）时，来自炭罐的是理想混合气或电磁阀关闭<br>　在显示值为 1.01～1.20 时，则来自炭罐的混合气太稀，λ 调节系统须进行加浓调节 |
|  |  | λ<1 | 表示炭罐系统的混合气过浓，λ 调节须减少喷油量 |
|  |  | λ=1 | 表示炭罐系统的混合气为理想浓度的混合气，或电磁阀未工作 |
|  |  | λ>1 | 表示炭罐系统的混合气过稀，λ 调节须加大喷油量 |
| 08 显示组号的显示界面<br><br>Read measuring value block　8　→<br>3.4ms　−3.9%　−0.7%　λ Adaptation<br>　1　　　2　　　3　　　4 | 1. 喷油脉宽（发动机每工作循环持续喷油时间）/ms | 2.00～5.00 | 急速时的正常显示范围<br>　喷油脉宽是指一个工作循环得出的喷油时间<br>　在显示区域 3 喷油脉宽的值不是显示显示区域 2 发动机负荷的 2 倍，而是一个修正过的实际喷油时间，其影响因素有：<br>　λ 调节、炭罐混合气浓度、空气温度、蓄电池电压<br>　若有未被计量的空气进入，则在显示区域 2 发动机负荷中的计算值会变化。每个工作循环实际喷油时间通过调节保持在允许值 |
|  |  | 小于 2.00<br>（急速时） | ·来自炭罐系统高的燃油量<br>·带较大流量的喷油器故障 |
|  |  | 大于 5.00<br>（急速时） | 电气设备打开、空调设备启用、自动变速器在行车档位、转向器在极限位置等，引起发动机的负荷加大 |

# 第七章 大众／奥迪车系的数据流分析

（续）

| 显示界面 | 显示内容 | 显示数值 | 数据分析 |
|---|---|---|---|
| 08 显示组号的显示界面<br><br>Read measuring value block　8　→<br>3.4ms　−3.9%　−0.7%　λ Adaptation<br>　1　　　2　　　3　　　4 | 2. 怠速时λ自适应值（%） | −10～10 | 怠速时λ自适应正常显示范围<br>怠速工况时，ECU 采用自适应方式将氧传感器输出电压与预先设定的λ进行比较，以确定氧传感器是否老化或老化的程度，并通过选择适当的修正系数对氧传感器输出参数值进行核准，从而提高空燃比控制精度<br>低值表示混合气太浓时，λ调节使混合气稀，高值表示混合气稀时，λ调节使混合气浓<br>注意：如果 ECU 断电（例如拆下蓄电池、拔下了 EFI 主继电器熔断器等），则λ自适应修正系数将被删除，恢复未修正前的值 |
| | | 过低 | 喷油器泄漏、燃油压力过高、炭罐电磁阀常开、空气流量传感器故障、氧传感器加热器故障或氧传感器脏污等 |
| | | 过高 | 喷油器堵塞、空气流量传感器故障、喷油压力太低、有未经计量的空气进入、排气歧管密封圈处有漏气、氧传感器加热器故障或氧传感器脏污等 |
| | 3. 部分负荷时λ自适应值（%） | −8～8 | 部分负荷时的正常显示范围<br>低值表示混合气太浓时，λ调节使混合气稀，高值表示混合气稀时，λ调节使混合气浓<br>部分工况时，ECU 通过比较氧传感器输出电压和预先设定值，以确定氧传感器是否老化或老化的程度，并通过选择适当的修正系数对氧传感器输出参数值进行核准 |
| | | λ自适应值低 | 喷油器损坏、燃油电压过高、炭罐电磁阀始终打开、空气流量传感器故障、氧传感器加热器故障或氧传感器脏污等 |
| | | λ自适应值高 | 进气管有泄漏、喷油器堵塞、空气流量传感器故障、喷油压力太低、有未经计量的空气进入、排气歧管密封圈处有漏气、氧传感器加热器故障或氧传感器脏污等 |
| | 4. 油箱通风系统的运行状态 | TE Active | 表示炭罐电磁阀（N80）以 6～16s 的周期开闭 |
| | | TE not Active | 表示炭罐电磁阀处于关闭状态 |
| | | λ Adaptation | 表示混合气自适应过程正在进行 |

（续）

| 显示界面 | 显示内容 | 显示数值 | 数据分析 |
|---|---|---|---|
| 09 显示组号的显示界面<br><br>Read measuring value block　9　→<br>800r/min　0.7%　0.695V　-3.9%<br>　1　　　2　　　3　　　4 | 1. 发动机转速 /（r/min） | 0~6800 | 正常显示范围<br>　发动机转速是从发动机转速传感器的信号中获得，是实际测量值，每10步刷新一次。10步中最大转速限定为2550r/min |
| | | 800±30<br>（770~830） | 急速时正常值 |
| | | 小于770<br>（急速时） | ・发动机有额外负荷<br>・节气门控制单元卡死或损坏 |
| | | 大于830<br>（急速时） | ・急速开关没有关上或损坏<br>・有较大漏气<br>・节气门控制单元卡死或损坏<br>・空调装置没有关闭 |
| | 2. 混合气λ控制（%） | -10~10 | 正常显示范围，且在0左右波动<br>　ECU 根据氧传感器信号控制喷油量的增加或减少 |
| | | 超出允许范围 | ・负值，发动机混合气太浓，影响：λ调节变稀<br>・正值，发动机混合气太稀，影响：λ调节变浓<br>・漏气；喷油器损坏；λ自适应值达到极限值 |
| | 3. 氧传感器电压 /V | 0.1~1.0 | 正常显示范围，跳动频率>1次/s<br>　由于电压变化急剧，使λ控制不能保持在1.0 的理论空燃比，控制不断在"稍许稀"和"稍许浓"的状态之间摆动。显示值为不低于0.3V 和不高于0.6V |
| | | 过低 | 喷油器泄漏、燃油压力太高、炭罐电磁阀常开、空气流量传感器故障、氧传感器加热器故障或氧传感器脏污 |
| | | 过高 | 喷油器堵塞、空气流量传感器故障、燃油压力太低、空气流量传感器与节气门体之间有漏气、排气歧管处有漏气、氧传感器加热器故障或氧传感器脏污 |

# 第七章
## 大众 / 奥迪车系的数据流分析

（续）

| 显示界面 | 显示内容 | 显示数值 | 数据分析 |
|---|---|---|---|
| 09 显示组号的显示界面<br><br>Read measuring value block　9　→<br>800r/min　0.7%　0.695V　-3.9%<br>　1　　　2　　　3　　　4 | 4. 急速时λ自适应值（%） | -10 ~ 10 | 急速时λ自适应正常显示范围<br>　急速工况时，ECU采用自适应方式将氧传感器输出电压与预先设定的λ进行比较，以确定氧传感器是否老化或老化的程度，并通过选择适当的修正系数对氧传感器输出参数值进行核准，从而提高空燃比控制精度<br>　低值表示混合气太浓时，λ调节使混合气稀，高值表示混合气稀时，λ调节使混合气浓<br>　注意：如果ECU断电（例如拆下蓄电池、拔下了EFI主继电器熔断器等），则λ自适应修正系数将被删除，恢复未修正前的值 |
| | | 过低 | 喷油器泄漏、燃油压力过高、炭罐电磁阀常开、空气流量传感器故障、氧传感器加热器故障或氧传感器脏污等 |
| | | 过高 | 喷油器堵塞、空气流量传感器故障、喷油压力太低、有未经计量的空气进入、排气歧管密封圈处有漏气、氧传感器加热器故障或氧传感器脏污等 |
| 10 显示组号的显示界面<br><br>Read measuring value block　10　→<br>0%　1.00　0　0.00<br>　1　　　2　　　3　　　4 | 1. 炭罐清除电磁阀占空比（%） | 0 ~ 99 | 正常显示范围<br>　占空比为0表示电磁阀关闭；占空比为99%时表示电磁阀完全打开<br>　电磁阀由ECU控制，ECU通过输出占空比信号进行控制<br>　使用λ调节使炭罐电磁阀以220 ~ 900s的间隔脉冲进行燃油箱通风，并关闭70s。在70s期间λ调节学习运行条件<br>　注意：急速时接受炭罐通气量有限，故发动机急速时电磁阀的开度受限，而在部分负荷和满负荷时，占空比可增至99%。通过对在"基本设置"（电磁阀闭合）和在"读取测试值块"（电磁阀开220 ~ 900s/闭约70s）时的显示值进行比较，可以评判炭罐系统的作用与影响 |

（续）

| 显示界面 | 显示内容 | 显示数值 | 数据分析 |
|---|---|---|---|
| 10 显示组号的显示界面<br>Read measuring value block　10　→<br>0%　　1.00　　0　　0.00<br>↓　　↓　　↓　　↓<br>1　　2　　3　　4 | 2. 炭罐清除时 $\lambda$ 修正系数 | 0.3～1.2 | 正常显示范围<br>　当炭罐清除控制系统工作时，其燃油蒸气进入进气管，会使混合气的浓度改变。因此，ECU 根据燃油蒸气的吸入量计算 $\lambda$，以确定喷油量的修正<br>　若来自炭罐的混合气很浓，则 $\lambda$ 调节将其调稀，其值可达 0.6，$\lambda$ 调节会将喷油量减少 40%<br>　在显示值为 1.0 时，来自炭罐的是理想混合气或电磁阀关闭<br>　在显示值为 1.01～1.20 时，来自炭罐的混合气太稀，$\lambda$ 调节系统须进行加浓调节 |
|  |  | $\lambda<1$ | 表示活性炭罐系统的混合气过浓，$\lambda$ 调节须减少喷油量 |
|  |  | $\lambda=1$ | 表示活性炭罐系统混合气为理想浓度混合气，或电磁阀未工作 |
|  | 3. 炭罐中燃油蒸气的充填率（%） | -3～32 | 充填率的正常显示范围<br>　发动机 ECU 通过炭罐电磁阀控制通往进气管的蒸气量。如果目前炭罐系统为保持规定的净化率而有一个高的充填率时，电磁阀维持闭合（较低的占空比），则作为 $\lambda$ 调节的反应，显示 $\lambda$ 修正因素的变化。如果这种反应比预期要低些，因为从燃油箱出来的蒸气提高了充填率，则 ECU 由此算出一个较高的充填率 |
|  |  | -3 | 表示炭罐中无燃油蒸气 |
|  |  | 32 | 表示炭罐中充满燃油蒸气 |
|  | 4. 炭罐系统供应燃油蒸气的比例 | 0.00～0.30 | 正常显示范围<br>　ECU 根据电磁阀占空比大小计算燃油蒸气吸入流量，再根据空气流量传感器的空气流量，计算出燃油蒸气与总吸入空气容积比，此比例即被显示出来 |
|  |  | 0.00 | 表示炭罐系统没有供给燃油蒸气，即炭罐电磁阀处于关闭状态 |
|  |  | 0.30 | 表示进入气缸的混合气 30% 来自炭罐系统 |

# 第七章
## 大众/奥迪车系的数据流分析

（续）

| 显示界面 | 显示内容 | 显示数值 | 数据分析 |
| --- | --- | --- | --- |
| 11 显示组号的显示界面<br><br>Read measuring value block　11　→<br>800r/min　1.8ms　0km/h　1.12L/h<br>　1　　　　2　　　　3　　　4 | 1.发动机转速（实际值）/（r/min） | 0~6800 | 正常显示范围<br>　发动机转速是从发动机转速传感器的信号中获得，是实际测量值，每10步刷新一次。10步中最大转速限定为2550r/min |
| | | 800±30<br>（770~830） | 急速时正常值 |
| | | 小于770<br>（急速时） | ·发动机有额外负荷<br>·节气门控制单元卡死或损坏 |
| | | 大于830<br>（急速时） | ·急速开关没有关上或损坏<br>·有较大漏气<br>·节气门控制单元卡死或损坏<br>·空调装置没有关闭 |
| | 2.发动机负荷（曲轴每转喷射持续时间）/ms | 1.00~2.50 | 　发动机负荷的喷射时间是一个纯计算的理论值。在急速下的发动机负荷可以理解为发动机驱动附件和克服自身摩擦力所需的负荷<br>　发动机负荷的喷射时间是基本喷油量，仅与发动机曲轴转速和负荷有关，不包括发动机各种状态下的喷油量修正 |
| | | 小于1.00 | 较小的值仅在超速切断工况时出现 |
| | | 大于2.50 | ·空气流量传感器损坏<br>·节气门控制单元损坏<br>·转向盘位于终点<br>·用电设备用电 |
| | 3.车速/（km/h） | 0~最大车速 | 车速的正常显示范围 |
| | 4.燃油消耗/（L/h） | 0.5~1.5<br>（急速时） | 燃油消耗正常显示范围<br>　ECU根据在急速无负荷工况下的喷油时间计算出发动机的燃油消耗量<br>　注意：此处所显示的燃油消耗规定值只适用于无额外负荷（如空调、动力转向、变速器行车档位等）时的急速工况，不适合于百公里油耗（L/100km）值 |

（续）

| 显示界面 | 显示内容 | 显示数值 | 数据分析 |
|---|---|---|---|
| 12 显示组号的显示界面<br><br>Read measuring value block　12　→<br>800r/min　13.7V　1.12L/h　12.7°　V.OT<br>　　1　　　　2　　　3　　　　4 | 1. 发动机转速（实际值）/（r/min） | 0～6800 | 正常显示范围<br>发动机转速是从发动机转速传感器的信号中获得，是实际测量值，每 10 步刷新一次。10 步中最大转速限定为 2550r/min |
| | | 800±30<br>（770～830） | 急速时正常值 |
| | | 小于 770<br>（急速时） | ·发动机有额外负荷<br>·节气门控制单元卡死或损坏 |
| | | 大于 830<br>（急速时） | ·急速开关没有关上或损坏<br>·有较大漏气<br>·节气门控制单元卡死或损坏<br>·空调装置没有关闭 |
| | 2. 蓄电池电压 /V | 10.00～14.00 | 正常显示范围<br>ECU 根据其电源电压计算出蓄电池电压<br>蓄电池电压是 ECU 自检的重要内容，如果蓄电池电压过低或过高，ECU 都将改变运行模式或变更一些功能，从而影响急速控制、燃油喷射控制及点火控制等参数 |
| | | 小于 10.0 | ·发电机故障或蓄电池耗电太多<br>·大电流用电设备开启太多<br>·发动机 ECU 电源与搭铁线接触不良<br>·点火开关关闭时电路中有漏电 |
| | | 大于 14.0 | ·发电机电压调节器有故障<br>·有突然起动和断开的用电设备（有电感）而产生了过电压 |
| | 3. 燃油消耗 /（L/h） | 0.5～1.5<br>（急速时） | 燃油消耗正常显示范围<br>ECU 根据在急速无负荷工况下的喷油时间计算出发动机的燃油消耗量<br>注意：此处所显示的燃油消耗规定值只适用于无额外负荷（如空调、动力转向、变速器行车档位等）时的急速工况，不适合于百公里油耗（L/100km）值 |
| | 4. 点火提前角 /（°） | 12±4.5 | 急速时点火提前角正常显示范围 |
| | | 小于 8 | ·用电设备用电<br>·转向盘在终止点位置<br>·漏气 |

# 第七章
## 大众/奥迪车系的数据流分析

（续）

| 显示界面 | 显示内容 | 显示数值 | 数据分析 |
|---|---|---|---|
| 13 显示组号的显示界面<br>Read measuring value block 13 →<br>2.3°kW  2.1°kW  2°kW  2.7°kW<br>　1　　　2　　　3　　　4 | 1. 第1缸爆燃控制点火滞后角/（°kW） | 0～15 | 正常显示范围<br>各缸滞后角应小于6°kW |
| | 2. 第2缸爆燃控制点火滞后角/（°kW） | 0～15 | 正常显示范围<br>各缸滞后角应小于6°kW |
| | 3. 第3缸爆燃控制点火滞后角/（°kW） | 0～15 | 正常显示范围<br>各缸滞后角应小于6°kW |
| | 4. 第4缸爆燃控制点火滞后角/（°kW） | 0～15 | 正常显示范围<br>各缸滞后角应小于6°kW |
| | 说明 | 某个气缸点火滞后角明显与其他缸不同 | ·某些结构零件松动<br>·传感器连接插头锈蚀而接触不良<br>·发动机机械故障 |
| | | 所有气缸均有较大的点火滞后角减少 | ·插接器端子或导线连接处锈蚀<br>·爆燃传感器拧紧力不正确<br>·爆燃传感器本身故障<br>·部件有松动<br>·燃油质量不佳 |
| | | 可听到爆燃声，但无点火滞后角减少 | 为了进行爆燃传感器的故障识别，需要将发动机的转速在5s内迅速提高到3500r/min以上再试 |
| | | 各缸点火滞后角均为15°kW | 爆燃信号中断 |
| 14 显示组号的显示界面<br>Read measuring value block 14 →<br>800r/min  2.10ms  2.6°kW  2.5°kW<br>　1　　　　2　　　　3　　　　4 | 1. 发动机转速/（r/min） | 0～6800 | 正常显示范围<br>发动机转速是从发动机转速传感器的信号中获得，是实际测量值，每10步刷新一次。10步中最大转速限定为2550r/min |
| | | 800±30<br>（770～830） | 怠速时正常值 |
| | | 小于770<br>（怠速时） | ·发动机有额外负荷<br>·节气门控制单元卡死或损坏 |
| | | 大于830<br>（怠速时） | ·怠速开关没有关上或损坏<br>·有较大漏气<br>·节气门控制单元卡死或损坏<br>·空调装置没有关闭 |

（续）

| 显示界面 | 显示内容 | 显示数值 | 数据分析 |
|---|---|---|---|
| 14 显示组号的显示界面<br><br>Read measuring value block  14  →<br>800r/min  2.10ms  2.6°kW  2.5°kW<br>　　1　　　2　　　3　　　4 | 2. 发动机负荷（曲轴每转喷射持续时间）/ms | 1.00~2.50 | 发动机负荷的喷射时间是纯计算的理论值。在急速下的发动机负荷可以理解为发动机驱动附件和克服自身摩擦力所需的负荷<br>　发动机负荷的喷射时间是基本喷油量，仅与发动机曲轴转速和负荷有关，不包括发动机各种状态下的喷油量修正。 |
| | | 小于 1.00 | 较小的值仅在超速切断工况时出现 |
| | | 大于 2.50 | ·空气流量传感器损坏<br>·节气门控制单元损坏<br>·转向盘位于终点<br>·用电设备用电 |
| | 3. 第 1 缸爆燃控制点火滞后角/(°kW) | 0~15 | 正常显示数值，两缸滞后角应小于 6°kW |
| | 4. 第 2 缸爆燃控制点火滞后角/(°kW) | 0~15 | 正常显示数值，两缸滞后角应小于 6°kW |
| 15 显示组号的显示界面<br><br>Read measuring value block  15  →<br>800r/min  2.00ms  2.3°kW  2.2°kW<br>　　1　　　2　　　3　　　4 | 1. 发动机转速/(r/min) | 0~6800 | 正常显示范围<br>　发动机转速是从发动机转速传感器的信号中获得，是实际测量值，每 10 步刷新一次。10 步中最大转速限定为 2550r/min |
| | | 800±30<br>（770~830） | 急速时正常值 |
| | | 小于 770<br>（急速时） | ·发动机有额外负荷<br>·节气门控制单元卡死或损坏 |
| | | 大于 830<br>（急速时） | ·急速开关没有关上或损坏<br>·有较大漏气<br>·节气门控制单元卡死或损坏<br>·空调装置没有关闭 |

# 第七章
## 大众／奥迪车系的数据流分析

（续）

| 显示界面 | 显示内容 | 显示数值 | 数据分析 |
| --- | --- | --- | --- |
| 15 显示组号的显示界面<br><br>Read measuring value block 15 →<br>800r/min  2.00ms  2.3°kW  2.2°kW<br>　1　　　2　　　3　　　4 | 2. 发动机负荷（曲轴每转喷射持续时间）/ms | 1.00～2.50 | 发动机负荷的喷射时间是纯计算的理论值。在怠速下的发动机负荷可以理解为发动机驱动附件和克服自身摩擦力所需的负荷<br>　　发动机负荷的喷射时间是基本喷油量，仅与发动机曲轴转速和负荷有关，不包括发动机各种状态下的喷油量修正 |
| | | 小于 1.00 | 较小的值仅在超速切断工况时出现 |
| | | 大于 2.50 | ·空气流量传感器损坏<br>·节气门控制单元损坏<br>·转向盘位于终点<br>·用电设备用电 |
| | 3. 第3缸爆燃控制点火滞后角/（°kW） | 0～15 | 正常显示数值，两缸滞后角应小于6°kW |
| | 4. 第4缸爆燃控制点火滞后角/（°kW） | 0～15 | 正常显示数值，两缸滞后角应小于6°kW |
| 16 显示组号的显示界面<br><br>Read measuring value block 16 →<br>0.760V　0.800V　1.120V　1.130V<br>　1　　　2　　　3　　　4 | 1. 第1缸爆燃传感器信号电压/V | 0.300～1.400 | 正常显示数值 |
| | 2. 第2缸爆燃传感器信号电压/V | 0.300～1.400 | 正常显示数值 |
| | 3. 第3缸爆燃传感器信号电压/V | 0.300～1.400 | 正常显示数值 |
| | 4. 第4缸爆燃传感器信号电压/V | 0.300～1.400 | 正常显示数值 |
| | 说明 | 四个气缸爆燃传感器信号电压的最大值与最小值之间的差值超过50% | ·1、2缸爆燃传感器松动或插头锈蚀<br>·3、4缸爆燃传感器松动或插头锈蚀<br>·发动机附属装置有松动<br>注意：在高转速和高负荷时，所显示的爆燃传感器信号电压可达 5.1V |

（续）

| 显示界面 | 显示内容 | 显示数值 | 数据分析 |
|---|---|---|---|
| 17 显示组号的显示界面<br><br>Read measuring value block  17  →<br>800r/min  2.02ms  0  12° V.OT<br>1    2    3    4 | 1. 发动机转速/（r/min） | 0~6800 | 正常显示范围 |
| | | 800±30<br>（770~830） | 急速时正常值 |
| | | 小于770<br>（急速时） | ·发动机有额外负荷<br>·节气门控制单元卡死或损坏 |
| | | 大于830<br>（急速时） | ·急速开关没有关上或损坏<br>·有较大漏气<br>·节气门控制单元卡死或损坏<br>·空调装置没有关闭 |
| | 2. 发动机负荷（曲轴每转喷射持续时间）/ms | 1.00~2.50 | 发动机负荷的喷射时间是纯计算的理论值<br>　在急速下的发动机负荷可以理解为发动机驱动附件和克服自身摩擦力所需的负荷<br>　发动机负荷的喷射时间是基本喷油量，仅与发动机曲轴转速和负荷有关，不包括发动机各种状态下的喷油量修正：<br>① 1.00~2.50为急速正常显示值<br>② 海拔升高1000m，负荷降低10%<br>③ 当外界温度很高时，发动机功率也会降低，最大降幅为10%<br>④ 当发动机达到最大负荷时，在4000r/min显示值应达到7.5ms；在6000r/min显示值应达到6.5ms |
| | | 小于1.00 | 较小的值仅在超速切断工况时出现 |
| | | 大于2.50 | ·空气流量传感器损坏<br>·节气门控制单元损坏<br>·转向盘位于终点<br>·用电设备用电 |
| | 3. 催化转化器加热能量平衡 | — | — |
| | 4. 点火提前角/（°） | 12±4.5 | 急速时的正常显示范围 |
| | | 小于上止点前8° | ·用电设备在用电<br>·转向盘在终止点位置<br>·漏气 |
| 18 显示组号的显示界面<br><br>Read measuring value block  18  →<br>800r/min  1.8ms  1.85ms  -3.9%<br>1    2    3    4 | 1. 发动机转速/（r/min） | 0~6800 | 正常显示范围 |
| | | 770~830 | 急速时正常值 |
| | | 小于770<br>（急速时） | ·发动机有额外负荷<br>·节气门控制单元卡死或损坏 |
| | | 大于830<br>（急速时） | ·急速开关没有关上或损坏<br>·有较大漏气<br>·节气门控制单元卡死或损坏<br>·空调装置没有关闭 |

（续）

| 显示界面 | 显示内容 | 显示数值 | 数据分析 |
|---|---|---|---|
| 18 显示组号的显示界面<br><br>Read measuring value block 18 →<br>800r/min 1.8ms 1.85ms -3.9%<br>　1　　　2　　　3　　　4 | 2. 发动机负荷（曲轴每转喷射持续时间）/ms | 1.00~2.50 | 该喷射时间是纯计算的理论值<br>发动机负荷的喷射时间是基本喷油量，仅与发动机曲轴转速和负荷有关，不包括发动机各种状态下的喷油量修正<br>① 1.00~2.50 为急速正常显示值<br>② 海拔升高 1000m，负荷降低 10%<br>③ 当外界温度很高时，发动机功率也会降低，最大降幅为 10%<br>④ 当发动机达到最大负荷时，在 4000r/min 显示值应达到 7.5ms；在 6000r/min 显示值应达到 6.5ms |
| | | 小于 1.00 | 较小值仅在超速切断工况时出现 |
| | | 大于 2.50 | 空气流量传感器损坏；节气门控制单元损坏；转向盘位于终点；用电设备备用电 |
| | 3. 发动机负荷（有海拔修正）/ ms | 0.98 ~ 3.75 | 急速时正常显示范围<br>ECU 根据空气密度推算海拔，并得出喷油量修正系数，从而计算出喷油时间，单位为 ms |
| | 4. 海拔修正系数 /（%） | -50 ~ 10% | 急速时的正常显示范围<br>大众汽车通常无大气压力传感器，由发动机 ECU 将来自空气流量传感器的负荷信号与一个由节气门开度和转速计算出来的负荷值相比较，由二者的差值得出海拔修正系数<br>注意：该修正系数会影响起动时喷油量确定和进气管脉动作用的补偿 |
| | | 0 | 海拔 <400m |
| | | 0 | 普通气候条件 |
| | | 0 | 海平面处 |
| | | -20 | 海拔 =2000m |
| 19 显示组号的显示界面<br><br>Read measuring value block 19 →<br>850r/min 2.0ms 0ms 12° V.OT<br>　1　　　2　　　3　　　4 | 1. 发动机转速 /（r/min） | 0 ~ 6800 | 正常显示范围 |
| | | 770 ~ 830 | 急速时正常值 |
| | | 小于 770<br>（急速时） | · 发动机有额外负荷<br>· 节气门控制单元卡死或损坏 |
| | | 大于 830<br>（急速时） | · 急速开关没有关上或损坏<br>· 有较大漏气<br>· 节气门控制单元卡死或损坏<br>· 空调装置没有关闭 |

（续）

| 显示界面 | 显示内容 | 显示数值 | 数据分析 |
|---|---|---|---|
| 19 显示组号的显示界面<br><br>Read measuring value block　19　→<br>850r/min　2.0ms　0ms　12°　V.OT<br>　１　　　　２　　　３　　　４ | 2. 发动机负荷（曲轴每转喷射持续时间）/ms | 1.00~2.50 | 该喷射时间是纯计算的理论值<br>　发动机负荷的喷射时间是基本喷油量，仅与发动机曲轴转速和负荷有关，不包括发动机各种状态下的喷油量修正。<br>① 1.00~2.50 为怠速正常显示值<br>② 海拔升高 1000m 负荷降低 10%<br>③ 当外界温度很高时，发动机功率也会降低，最大降幅为 10%<br>④ 当发动机达到最大负荷时，在 4000r/min 显示值应达到 7.5ms；在 6000r/min 显示值应达到 6.5ms |
| | | 小于 1.00 | 较小值仅在超速切断工况时出现 |
| | | 大于 2.50 | 空气流量传感器损坏；节气门控制单元损坏；转向盘位于终点；用电设备用电 |
| | 3. 运行状态（工况） | ×1×<br>×0× | 该参数显示自动变速器换档时有无点火滞后状态。当自动变速器换档瞬间，通过延迟发动机点火时间，暂时减小发动机的输出转矩，以减小换档冲击和输出轴的转矩波动<br>　×1× 表示无变速器换档信号，即无点火提前角滞后<br>　×0× 表示有变速器换档信号，即有点火提前角滞后<br>　提醒：由于点火滞后的信号显示非常短，用 V.A.G1551 或用 V.A.G1552 可能不易检测到此信号 |
| | 4. 点火提前角/(°) | 12±4.5 | 急速时的正常显示范围 |
| | | 小于 8 或大于 16 | ·用电设备在用电<br>·转向盘在终止点位置<br>·漏气 |
| 20 显示组号的显示界面<br><br>Read measuring value block　20　→<br>800r/min　0Low A/C-Low compr.OFF<br>　１　　　　２　　　３　　　４ | 1. 发动机转速/(r/min) | 0~6800 | 正常显示范围 |
| | | 770~830 | 急速时正常值 |
| | | 小于 770（急速时） | ·发动机有额外负荷<br>·节气门控制单元卡死或损坏 |
| | | 大于 830（急速时） | ·急速开关没有关上或损坏<br>·有较大漏气<br>·节气门控制单元卡死或损坏<br>·空调装置没有关闭 |
| | 2. 变速杆位置 | 0 | 表示此车配置手动变速器 |
| | | Neutral | 表示变速杆位于 P 位或 N 位 |
| | | Gear Selected ON | 表示变速杆位于 2 位、3 位、4 位、R 位或 "D" 位 |

# 第七章
## 大众/奥迪车系的数据流分析

（续）

| 显示界面 | 显示内容 | 显示数值 | 数据分析 |
|---|---|---|---|
| 20 显示组号的显示界面<br><br>Read measuring value block  20  →<br>800r/min  0Low A/C–Low compr.OFF<br>　1　　　2　　　3　　　4 | 3. 空调开关 | A/C-High | A/C 开关接通，空调要求有高的加热或制冷功率 |
| | | A/C-Low | A/C 开关断开时，空调要求有低的加热或制冷功率 |
| | | A/C-Low | 未安装空调系统时 |
| | 4. 空调压缩机的工作状态 | Compr.ON（压缩机开） | A/C 离合器接通 |
| | | Compr.OFF（压缩机关） | A/C 离合器断开 |
| 21 显示组号的显示界面<br><br>Read measuring value block  21  →<br>800r/min  1.81ms  85.2℃  λ–Reg.OFF<br>　1　　　2　　　3　　　4 | 1. 发动机转速/（r/min） | 0~6800 | 正常显示范围 |
| | | 770~830 | 急速时正常值 |
| | | 小于 770（急速时） | ·发动机有额外负荷<br>·节气门控制单元卡死或损坏 |
| | | 大于 830（急速时） | ·急速开关没有关上或损坏<br>·有较大漏气<br>·节气门控制单元卡死或损坏<br>·空调装置没有关闭 |
| | 2. 发动机负荷（曲轴每转喷射持续时间）/ms | 1.00~2.50 | 发动机负荷的喷射时间是纯计算的理论值。<br>　在急速下的发动机负荷可以理解为发动机驱动附件和克服自身摩擦力所需的负荷<br>　发动机负荷的喷射时间是基本喷油量，仅与发动机曲轴转速和负荷有关，不包括发动机各种状态下的喷油量修正。<br>① 1.00~2.50 为急速正常显示值<br>② 海拔升高 1000m 负荷降低 10%<br>③ 当外界温度很高时，发动机功率也会降低，最大降幅为 10%<br>④ 当发动机达到最大负荷时，在 4000r/min 显示值应达到 7.5ms；在 6000r/min 显示值应达到 6.5ms |
| | | 小于 1.00 | 较小的值仅在超速切断工况时出现 |
| | | 大于 2.50 | ·空气流量传感器损坏<br>·节气门控制单元损坏<br>·转向盘位于终点<br>·用电设备用电 |

（续）

| 显示界面 | 显示内容 | 显示数值 | 数据分析 |
| --- | --- | --- | --- |
| 21显示组号的显示界面<br><br>Read measuring value block　21　→<br>800r/min　1.81ms　85.2℃　λ-Reg.OFF<br>　　1　　　2　　　3　　　4 | 3.冷却液温度/℃ | 80～105 | 正常显示范围 |
| | | 小于80 | ・发动机温度太低<br>・冷却液温度传感器与发动机ECU之间的连接线路有故障 |
| | | 高于105 | ・散热器表面脏污<br>・冷却风扇不工作<br>・节温器故障<br>・冷却液温度传感器与ECU之间线路有故障 |
| | 4.λ控制工作状态 | λ-Reg.ON | λ控制打开（闭环控制） |
| | | λ-Reg.OFF | λ控制关闭（开环控制），以下工况需要开环控制：<br>・起动工况<br>・起动后暖机工况<br>・大负荷（节气门全开）工况<br>・加速工况 |
| | | λ-Reg.OFF | 起动温度<15℃<br>冷却液温度<55℃ |
| | | λ-Reg.ON | 起动温度>15℃<br>冷却液温度>55℃ |
| 23显示组号的显示界面<br><br>Read measuring value block　23　→<br>01000000　84.3%　73.3%　33.7%<br>　　1　　　2　　　3　　　4 | 1.节气门控制部件的工作状态 | 01000000 | 此参数表示节气门控制器中节气门电位计G69和节气门定位电位计G88的匹配情况，用8位数字表示。若显示其他数值，则表示节气门控制单元需要进行匹配。<br>　第1、3、8位无意义<br>　第2位表示节气门电位计G69与节气门定位电位计G88的匹配。0-匹配未完成；1-匹配已完成<br>　第4位表示节气门电位计G69最大停止位置调节过程。0-调节过程已完成，调节正常；1-调节过程未完成，调节不正常<br>　第5位表示节气门电位计G69最小停止位置调节过程。0-调节过程已完成，调节正常；1-调节过程未完成，调节不正常<br>　第6位表示节气门电位计G88最大停止位置调节过程。0-调节过程已完成，调节正常；1-调节过程未完成，调节不正常<br>　第7位表示节气门电位计G88最小停止位置调节过程。0-调节过程已完成，调节正常；1-调节过程未完成，调节不正常 |

（续）

| 显示界面 | 显示内容 | 显示数值 | 数据分析 |
|---|---|---|---|
| 23 显示组号的显示界面<br><br>Read measuring value block　23　→<br>01000000　84.3%　73.3%　33.7%<br>　　｜　　　｜　　　｜　　　｜<br>　　1　　　2　　　3　　　4 | 2. 节气门定位器最小停止位置（%） | 72.0～95 | 正常显示范围<br>　发动机 ECU 根据发动机转速信号，并与理论怠速转速不断地比较，并通过控制怠速电动机来调节节气门开度，即进行怠速自动稳定调节（自适应学习），怠速电动机（节气门定位器）自动确定其最小停止位置、最大停止位置和紧急停止位置 |
| | 3. 节气门定位器的紧急运行停止位置（%） | 67.9～83.0 | 　在怠速自适应学习过程中，若发动机 ECU 对节气门定位器失去控制时，应急弹簧把节气门推到一个特定的紧急位置，即为节气门定位器的紧急运行停止位置 |
| | 4. 节气门定位器的最大停止位置（%） | 18.0～54.0 | 　在怠速自适应学习过程中，发动机 ECU 控制怠速电动机至最大位置位置（上止点位置），即为节气门定位器的最大停止位置 |
| 24 显示组号的显示界面<br><br>Read measuring value block　24　→<br>xxxr/min x.xms　xx.x° V.OT xx.x°　kW<br>　　｜　　　｜　　　｜　　　｜<br>　　1　　　2　　　3　　　4 | 1. 发动机转速/（r/min） | 0～6800 | 正常显示范围 |
| | | 770～830 | 怠速时的正常值显示范围 |
| | | 小于 770（怠速时） | ·发动机有额外负荷<br>·节气门控制单元卡死或损坏 |
| | | 大于 830（怠速时） | ·怠速开关没有关上或损坏<br>·有较大漏气<br>·节气门控制单元卡死或损坏<br>·空调装置没有关闭 |

（续）

| 显示界面 | 显示内容 | 显示数值 | 数据分析 |
|---|---|---|---|
| 24 显示组号的显示界面<br>Read measuring value block  24  →<br>xxxr/min  x.xms  xx.x°  V.OT xx.x°  kW<br>　1　　　2　　　3　　　　　4 | 2. 发动机负荷（曲轴每转喷射持续时间）/ms | 1.00~2.50 | 发动机负荷的喷射时间是纯计算的理论值<br>发动机负荷的喷射时间是基本喷油量，仅与发动机曲轴转速和负荷有关，不包括发动机各种状态下的喷油量修正<br>① 1.00~2.50 为急速正常显示值<br>② 海拔升高 1000m 负荷降低 10%<br>③ 当外界温度很高时，发动机功率也会降低，最大降幅为 10%<br>④ 当发动机达到最大负荷时，在 4000r/min 显示值应达到 7.5ms；在 6000r/min 显示值应达到 6.5ms |
| | | 小于 1.00 | 较小值仅在超速切断工况时出现 |
| | | 大于 2.50 | 空气流量传感器损坏；节气门控制单元损坏；转向盘位于终点；用电设备用电 |
| | 3. 点火提前角 /（°kW） | 12 ± 4.5 | 急速时的正常显示范围 |
| | | 小于 8 或大于 16 | ·用电设备在用电<br>·转向盘在终点位置<br>·漏气 |
| | 4. 第 1 缸至第 4 缸总的点火滞后角 /（°kW） | 0 ~ 60 | 正常显示数值范围<br>发动机 ECU 根据爆燃传感器（G61 和 G66）的电压信号及点火顺序，识别某缸发生了爆燃时，使该缸的点火时刻向"滞后"方向调节，即点火提前角减小。如果爆燃持续，则点火时刻再次推迟。单位为：°kW（相对于曲轴转角） |

# 第七章
## 大众/奥迪车系的数据流分析

（续）

| 显示界面 | 显示内容 | 显示数值 | 数据分析 |
| --- | --- | --- | --- |
| 25 显示组号的显示界面<br><br>Read measuring value block 25 →<br>10000000 20° kW 10000100 2.5° kW<br>　↓　　　　↓　　　　↓　　　　↓<br>　1　　　　2　　　　3　　　　4 | 1. 发动机的工作状态 | 00000000 | 未定义<br>此参数显示发动机目前的工作状态，即怠速、部分负荷、全负荷、超速及加速常用等工况。ECU 根据节气门位置传感器、空气流量传感器和发动机转速传感器等信号可判断出在某瞬间发动机所处的工况 |
|  |  | 01000000 | 1- 表示怠速工况；0- 表示非怠速 |
|  |  | 00100000 | 1- 部分负荷工况；0- 非部分负荷 |
|  |  | 00010000 | 1- 全负荷工况；0- 非全负荷工况 |
|  |  | 00001000 | 1- 加速工况；0- 非加速工况 |
|  |  | 00000100 | 1- 减速工况；0- 非减速工况 |
|  |  | 00000010 | 未定义 |
|  |  | 00000001 | 1- 表示霍尔传感器正常；0- 表示霍尔传感器非正常 |
|  | 2. 霍尔传感器调整偏差 /（°kW） | -30 ~ 300 | 正常显示范围 |
|  | 3. 工作状态（进气歧管切换/凸轮轴调整） | 10000000 | 无意义 |
|  |  | 11000000 | 未定义 |
|  |  | 10100000 | 未定义 |
|  |  | 10010000 | 未定义 |
|  |  | 10001000 | 未定义 |
|  |  | 10000100 | 未定义 |
|  |  | 10000010 | 1- 表示进气歧管切换；0- 表示进气歧管未切换 |
|  |  | 10000001 | 1- 表示凸轮轴被激活；0- 表示凸轮轴未被激活 |
|  | 4. 激活的凸轮轴调整角 /（°kW） | -3.0 ~ 6.0 | 表示凸轮轴正时调节处于未激活状态<br>当凸轮轴正时调节电磁阀处于工作状态时，即凸轮轴的正时调节处于激活状态，ECU 可根据进气凸轮轴的相对转动量可检测到点火提前角的调整量 |
|  |  | 16.0 ~ 21.0 | 凸轮轴正时调节处于激活状态 |
|  |  | 6.0 ~ 16.0 | ·油压不足<br>·刚度不足<br>·正时调节器失常 |

（续）

26 显示组号的显示界面

```
Read measuring value block  26  →
900r/min  2.5ms  10000001  5.5°  kW
    1      2        3        4
```

| 显示界面 | 显示内容 | 显示数值 | 数据分析 |
|---|---|---|---|
| | 1. 发动机转速 /（r/min） | 0～6800 | 正常显示范围 |
| | | 770～830 | 怠速时的正常值显示范围 |
| | | 小于 770（怠速时） | ·发动机有额外负荷<br>·节气门控制单元卡死或损坏 |
| | | 大于 830（怠速时） | ·怠速开关没有关上或损坏<br>·有较大漏气<br>·节气门控制单元卡死或损坏<br>·空调装置没有关闭 |
| | 2. 发动机负荷（曲轴每转喷射持续时间）/ms | 1.00~2.50 | 发动机负荷的喷射时间是纯计算的理论值<br>发动机负荷的喷射时间是基本喷油量，仅与发动机曲轴转速和负荷有关，不包括发动机各种状态下的喷油量修正。<br>① 1.00~2.50 为怠速正常显示值<br>② 海拔升高 1000m 负荷降低 10%<br>③ 当外界温度很高时，发动机功率也会降低，最大降幅为 10%<br>④ 当发动机达到最大负荷时，在 4000r/min 显示值应达到 7.5ms；在 6000r/min 显示值应达到 6.5ms |
| | | 小于 1.00 | 较小值仅在超速切断工况时出现 |
| | | 大于 2.50 | 空气流量传感器损坏；节气门控制单元损坏；转向盘位于终点；用电设备用电 |
| | 3. 工作状态（进气歧管切换凸轮轴调整） | 10000000 | 无意义 |
| | | 11000000 | 未定义 |
| | | 10100000 | 未定义 |
| | | 10010000 | 未定义 |
| | | 10001000 | 未定义 |
| | | 10000100 | 未定义 |
| | | 10000010 | 1- 进气歧管切换；0- 管未切换 |
| | | 10000001 | 1- 凸轮轴被激活；未被激活 |
| | 4. 激活后的凸轮轴调整角 /（°kW） | -3.0～6.0 | 表示凸轮轴正时调节未激活<br>当凸轮轴正时调节电磁阀处于工作状态时，即凸轮轴的正时调节处于激活状态，ECU 可根据进气凸轮轴的相对转动量可检测到点火提前角的调整量 |
| | | 16.0～21.0 | 凸轮轴正时调节处于激活状态 |
| | | 6.0～16.0 | 油压不足；刚度不足；正时调节器失常 |

# 第七章
## 大众/奥迪车系的数据流分析

（续）

| 显示界面 | 显示内容 | 显示数值 | 数据分析 |
|---|---|---|---|
| 95 显示组号的显示界面<br><br>Read measuring value block  95  →<br>900r/min  2.5ms  12°  V.OT  95°C<br>　\|　　　\|　　　\|　　　\|<br>　1　　　2　　　3　　　4 | 1. 发动机转速/（r/min） | 0~6800 | 正常显示范围 |
| | | 770~830 | 急速时的正常值显示范围 |
| | | 小于770（急速时） | ·发动机有额外负荷<br>·节气门控制单元卡死或损坏 |
| | | 大于830（急速时） | ·急速开关没有关上或损坏<br>·有较大漏气<br>·节气门控制单元卡死或损坏<br>·空调装置没有关闭 |
| | 2. 发动机负荷（曲轴每转喷射持续时间）/ms | 1.00~2.50 | 发动机负荷的喷射时间是纯计算的理论值<br>　发动机负荷的喷射时间是基本喷油量，仅与发动机曲轴转速和负荷有关，不包括发动机各种状态下的喷油量修正。<br>① 1.00~2.50 为急速正常显示值<br>② 海拔升高 1000m 负荷降低 10%<br>③ 当外界温度很高时，发动机功率也会降低，最大降幅为 10%<br>④ 当发动机达到最大负荷时，在 4000r/min 显示值应达到 7.5ms；在 6000r/min 显示值应达到 6.5ms |
| | | 小于1.00 | 较小值仅在超速切断工况时出现 |
| | | 大于2.50 | ·空气流量传感器损坏<br>·节气门控制单元损坏<br>·转向盘位于终点<br>·用电设备用电 |
| | 3. 点火提前角/（°） | 12±4.5 | 急速时的正常显示范围 |
| | | 小于8或大于16 | ·用电设备在用电<br>·转向盘在终止点位置<br>·漏气 |
| | 4. 冷却液温度/°C | 80~105 | 正常显示范围 |
| | | 小于80 | ·发动机温度太低<br>·冷却液温度传感器与发动机 ECU 之间的连接线路有故障 |
| | | 高于105 | ·散热器表面脏污<br>·冷却风扇不工作<br>·节温器故障<br>·冷却液温度传感器与 ECU 之间线路有故障 |

(续)

| 显示界面 | 显示内容 | 显示数值 | 数据分析 |
|---|---|---|---|
| 98 显示组号的显示界面<br><br>Read measuring value block  98  →<br>xx.xV   x.xxV   xxxxx xxx   xxxxxxx<br>  1        2         3           4 | 1. 节气门电位计（G69）/V | 0.5~4.9 | 正常显示数值范围<br>发动机 ECU 接收到节气门位置传感器（G69）的信号后，经过 A/D 转换器送入 CPU，再经 K 线送到诊断插座。使用 V.A.G1552 诊断仪可读取此参数，该参数以电压方式显示 |
| | 2. 节气门电位计（G88）/V | 0.5~4.9 | 正常显示数值范围<br>发动机 ECU 接收到节气门位置传感器（G88）的信号后，经过 A/D 转换器送入 CPU，再经 K 线送到诊断插座。使用 V.A.G1552 诊断仪可读取此参数，该参数以电压方式显示 |
| | 3. 怠速开关工作状态 | Idling 或 leerlauf | 怠速开关闭合 |
| | | Part throttle | 怠速开关打开 |
| | 4. 匹配状态 | ADP.running | 正在进行节气门控制组件匹配<br>发动机 ECU 需要与节气门控制组件匹配一致，以使节气门定位器（怠速电动机）移动到最大、最小和中间位置。在发动机 ECU 的永久记忆中记录各种节气门开度，CPU 将匹配情况通过数据线（K 线）输送到诊断仪。此参数以字母方式输出<br>需要对节气门控制组件进行匹配的情况如下：<br>① 拆下节气门控制组件重新安装后<br>② 更换节气门控制组件<br>③ 更换发动机 ECU<br>④ 拔下节气门控制组件的 8 芯插头<br>⑤ 拔下发动机 ECU 插接器<br>⑥ 蓄电池负极（或正极）断开 |
| | | ADP.OK | 节气门控制组件匹配 |
| | | ADP.ERROR | 节气门控制组件匹配错误 |

# 第七章
## 大众/奥迪车系的数据流分析

（续）

| 显示界面 | 显示内容 | 显示数值 | 数据分析 |
| --- | --- | --- | --- |
| 99显示组号的显示界面<br><br>Read measuring value block 99 →<br>800r/min　5%　70℃　λ-Reg.ON<br>　1　　　2　　3　　　4 | 1.发动机转速/（r/min） | 0～6800 | 正常显示范围 |
| | | 770～830 | 怠速时的正常值显示范围 |
| | | 小于770（怠速时） | ·发动机有额外负荷<br>·节气门控制单元卡死或损坏 |
| | | 大于830（怠速时） | ·怠速开关没有关上或损坏<br>·有较大漏气<br>·节气门控制单元卡死或损坏<br>·空调装置没有关闭 |
| | 2.λ调节值（%） | -10~10 | 正常数值显示范围<br>λ控制，即空燃比控制<br>发动机各工况下的最佳空燃比通过试验得到并存储在ROM中。发动机工作时，ECU根据曲轴位置传感器、空气流量传感器、节气门位置传感器等信号，从ROM中查询出最佳空燃比数值及修正参数，并据此及时对喷油时间进行修正<br>在以下工况需采用开环控制：<br>① 起动工况<br>② 起动后暖机工况<br>③ 大负荷（节气门全开）工况<br>④ 加速工况<br>⑤ 减速工况<br>⑥ 氧传感器温度低于正常工作值<br>⑦ 氧传感器信号电压保持不变时 |
| | 3.冷却液温度/℃ | 80～105 | 正常显示范围 |
| | | 小于80 | ·发动机温度太低<br>·冷却液温度传感器与发动机ECU之间的连接线路有故障 |
| | | 高于105 | 散热器表面脏污；冷却风扇不工作；节温器故障；冷却液温度传感器与ECU之间线路有故障 |
| | 4.λ控制工作状态 | λ-Reg.ON | λ控制打开（闭环控制） |
| | | λ-Reg.OFF | λ控制关闭（开环控制），以下工况需要开环控制：<br>起动工况，及起动后暖机工况<br>大负荷（节气门全开）工况<br>加速工况 |
| | | λ-Reg.OFF | 起动温度<15℃<br>冷却液温度<55℃ |
| | | λ-Reg.ON | 起动温度>15℃<br>冷却液温度>55℃ |

131

## 第二节　大众 / 奥迪车系自动变速器数据流分析

### 一、奥迪车系自动变速器数据流的读取

用故障诊断仪 V.A.G1551 或 V.A.G1552 读取奥迪车系自动变速器数据流的步骤如下。

1）打开诊断插口盖板，用 V.A.G1553 连接线将 V.A.G1552 与位于变速杆前的车辆诊断插座连接起来（图 7-1）。

2）打开点火开关（ON），或使发动机怠速运转。然后，打开 V.A.G1552 的电源开关，这时，V.A.G1552 显示屏显示如下文字：

```
Test of Vehicle systems    HELP
Enter address word    × ×
```

```
车辆系统测试    帮助
输入地址码    × ×
```

3）输入"自动变速器电子系统"的地址码 02，并按 Q 键确认后，显示屏将显示如下内容：

```
Test of Vehicle systems    HELP
Select function    × ×
```

```
车辆系统测试    帮助
选择功能    × ×
```

4）输入 08 功能代码（读测量数据组），并按"Q"键确认，显示屏将显示如下：

```
Rapid date transfer    Q
08-Read measured value block
```

```
快速数据传输    确认
08- 读测量数据块
```

5）按"Q"键确认，显示屏显示如下：

```
Read measuring value block    Q
Enter display group number    × × ×
```

```
读测量数据块    确认
输入显示组编号    × × ×
```

6）输入显示组编号，例如，输入"01"，再按"Q"键确认，显示屏显示如下：

```
Read measuring value block 1    →
1  2  3  4
```

```
读测量数据块 1    →
1  2  3  4
```

显示屏显示有 4 个显示区域，每个显示区域表示一个参数。

7）按"→"键可读下一组数据。

8）按"06"键，选择功能"结束输出"，并按"Q"键确定，可退出读取数据流。

大众 / 奥迪车系 01V 自动变速器数据流的标准值如表 7-15 所示。

表 7-15　01V 自动变速器数据流标准值

| 显示组号 | 显示屏显示 | 显示区 | 参数含义 | 标准值 |
| --- | --- | --- | --- | --- |
| 001 | 测量数据块读数 1 →<br>1  2  3  4 | 1 | 发动机转速 | 820~900（怠速） |
| | | 2 | 变速器输入转速（G182） | 0~200 r/min |
| | | 3 | 变速器转速（G38） | 0~8200 r/min |
| | | 4 | 所挂档位 | P N R D 4 3 2 |

# 第七章
## 大众/奥迪车系的数据流分析

（续）

| 显示组号 | 显示屏显示 | 显示区 | 参数含义 | 标准值 |
|---|---|---|---|---|
| 002 | 测量数据块读数 2 →<br>1 2 3 4 | 1 | 动力代号 | 0~240 |
| | | 2 | 节气门值 | 0~100% |
| | | 3 | 变速器转速（G38） | 0~8200 r/min |
| | | 4 | 所挂档位 | P N R D 4 3 2 |
| 003 | 测量数据块读数 3 →<br>1 2 3 4 | 1 | 制动 | 0 |
| | | 2 | P、N 锁止 | P N 有效 |
| | | 3 | 速度 | ×××km/h |
| | | 4 | 54、55 端子电压 | 10~16V |
| 004 | 测量数据块读数 4 →<br>1 2 3 4 | 1 | ATF 温度 | ××× ℃ |
| | | 2 | 所挂档位 | P N R D 4 3 2 |
| | | 3 | 组合开关位置 | （01） |
| | | 4 | 车上诊断信息（带 CAN 总线车辆）、发动机配合要求（不带 CAN 总线车辆） | — |
| 005 | 测量数据块读数 5 →<br>1 2 3 4 | 1 | 1—N88 电磁阀 | 1.0 |
| | | 2 | 1—N89 电磁阀 | 1.0 |
| | | 3 | 1—N90 电磁阀 | 1.0 |
| | | 4 | 所挂档位 | P N R D 4 3 2 |
| 006 | 测量数据块读数 6 →<br>1 2 3 4 | 1 | 4—N91 电磁阀额定电流 | 0.1~0.8A |
| | | 2 | 4—N92 电磁阀额定电流 | 0.1~0.8A |
| | | 3 | 4—N93 电磁阀额定电流 | 0.1~0.8A |
| | | 4 | 所挂档位 | P N R D 4 3 2 |
| 007 | 测量数据块读数 7 →<br>1 2 3 4 | 1 | ATF 温度 | ××× ℃ |
| | | 2 | N94 电磁阀额定电流 | 0.1~0.8A |
| | | 3 | 液力变矩器离合器 | Wkauf |
| | | 4 | 液力变矩器离合器转速 | 0~ 制动转速 r/min |
| 008 | 测量数据块读数 8 →<br>1 2 3 4 | 1 | 强制降档开关 | Kick Down |
| | | 2 | 节气门值 | 0~100% |
| | | 3 | 发动机转矩节气门占空比 | 急速<0%；节气门全开>70% |
| | | 4 | 滑移/拖车状态 | 超速切断 |
| 009（带CAN） | 测量数据块读数 9 →<br>1 2 3 4 | 1 | 发动机实际转矩 | ×××N·m |
| | | 2 | 最大转矩 | ×××N·m |
| | | 3 | 发动机转速 | 0~8200 r/min |
| | | 4 | 节气门值 | 0~100% |
| 009（无CAN） | 测量数据块读数 9 →<br>1 2 3 4 | 1 | 发动机实际转矩 | ×××N·m |
| | | 2 | 发动机转速 | 0~8200 r/min |
| | | 3 | 节气门值 | 0~100% |
| | | 4 | 油耗信号 | ×××ms |

（续）

| 显示组号 | 显示屏显示 | 显示区 | 参数含义 | 标准值 |
|---|---|---|---|---|
| 010 | 测量数据块读数 10 →<br>1 2 3 4 | 1 | 液力变矩器转矩上升 | 1.00～2.17 N·m |
| | | 2 | 发动机转速 | 0~8200 r/min |
| | | 3 | 所挂档位 | R 5 4 3 2 1 |
| | | 4 | 传动轴滑差调节 | ASR |
| 011 | 测量数据块读数 11 →<br>1 2 3 4 | 1 | 变速杆位置 | P N R D 4 3 2 |
| | | 2 | Tiptronic 识别 | M- |
| | | 3 | Tiptronic 加减档开关 F189 | 增档、减档 |
| | | 4 | 空调强制减档 | 关闭、接通 |

## 二、奥迪车系自动变速器数据流分析

奥迪车系 01V 自动变速器数据流分析如表 7-16 所示。

**表 7-16 奥迪车系 01V 自动变速器数据流分析**

| 显示界面 | 显示内容 | 显示数值 | 数据分析 |
|---|---|---|---|
| 01 显示组号的显示界面<br>Read measuring value block 1 →<br>0r/min 0r/min 0r/min 4<br>1 2 3 4 | 1. 发动机转速 /（r/min） | 0～8200 | 正常显示数值范围，每 40 步刷新一次 |
| | 2. 变速器输入转速（G182）/（r/min） | 0～1000 | R 档变速器输入转速正常显示范围 |
| | | 0～1000 | 1 档变速器输入转速正常显示范围 |
| | | 0～1000 | 1 档拖车状态变速器输入转速正常显示范围 |
| | | 0～3000 | 超速切断状态变速器输入转速正常显示范围 |
| | | 0～3000 | 2 档变速器输入转速正常显示范围 |
| | | 0～4000 | 3 档变速器输入转速正常显示范围 |
| | | 0～8200 | 4 档变速器输入转速正常显示范围 |
| | | 0～8200 | 5 档变速器输入转速正常显示范围 |
| | 3. 变速器输出转速（G38）/（r/min） | 0～2000 | R 档变速器输入转速正常显示范围 |
| | | 0～1200 | 1 档变速器输入转速正常显示范围 |
| | | 0～4000 | 2 档变速器输入转速正常显示范围 |
| | | 0～5800 | 3 档变速器输入转速正常显示范围 |
| | | 0～8200 | 4 档变速器输入转速正常显示范围 |
| | | 0～8200 | 5 档变速器输入转速正常显示范围 |
| | 4. 所挂档位 | N | 变速杆在 N 位 |
| | | R | 变速杆在 R 位 |
| | | 1、2、3、4、5 | 变速杆在 D 位 |
| | | 1、2、3、4 | 变速杆在 4 位 |
| | | 1、2、3 | 变速杆在 3 位 |
| | | 1、2 | 变速杆在 2 位 |

# 第七章 大众／奥迪车系的数据流分析

（续）

| 显示界面 | 显示内容 | 显示数值 | 数据分析 |
|---|---|---|---|
| 02 显示组号的显示界面<br>Read measuring value block 2 →<br>0　　0%　　0r/min　　4<br>1　　2　　3　　4 | 1. 动力代号（动力换档程序） | 0 | 正常行驶状态：最小值（非常经济） |
| | | 240 | 最大值（动力非常强劲） |
| | | 241 | 预热程序有效 |
| | | 242 | 驱动防滑调节有效 |
| | | 243 | Tiptronic 识别有效 |
| | | 244 | 速度调节器代码 GRA |
| | 2. 节气门数值（%） | 0～1 | 急速 |
| | | 99～100 | 节气门全开 |
| | 3. 变速器输出转速（G38）／（r/min） | 0～2000 | R 档变速器输入转速正常显示范围 |
| | | 0～1200 | 1 档变速器输入转速正常显示范围 |
| | | 0～4000 | 2 档变速器输入转速正常显示范围 |
| | | 0～5800 | 3 档变速器输入转速正常显示范围 |
| | | 0～8200 | 4 档变速器输入转速正常显示范围 |
| | | 0～8200 | 5 档变速器输入转速正常显示范围 |
| | 4. 所挂档位 | N | 变速杆在 N 位 |
| | | R | 变速杆在 R 位 |
| | | 1、2、3、4、5 | 变速杆在 D 位 |
| | | 1、2、3、4 | 变速杆在 4 位 |
| | | 1、2、3 | 变速杆在 3 位 |
| | | 1、2 | 变速杆在 2 位 |
| 03 显示组号的显示界面<br>Read measuring value block 3 →<br>0　　P Nactive　　0r/min　　12.8V<br>1　　2　　3　　4 | 1. 制动灯开关 F | 0 | 不踩制动踏板 |
| | | 1 | 踩制动踏板 |
| | 2. 变速杆锁止电磁阀 N110 | P Nactive | 不踩制动踏板时 |
| | | P not Nactive | 踩制动踏板时 |
| | 3. 车速／（km/h） | 0～最大车速 | 显示车速的实际值<br>速度表上的显示和 V.A.G1552 上的数值可能存在很小的偏差，必要时检查车速传感器 G22 |
| | 4. 电源电压（接线柱 15） | 10.0～16.0 | 正常显示范围<br>ECU 根据其电源端子的电压计算蓄电池电压<br>　蓄电池电压参数是 ECU 自检的重要内容，若蓄电池电压过低或过高，ECU 将改变运行模式或变更某些功能。例如，蓄电池电压低于最小规定值时，ECU 将提高急速以增加充电量，这时，急速稳定控制、燃油计量和点火时间参数均会有影响 |

（续）

| 显示界面 | 显示内容 | 显示数值 | 数据分析 |
|---|---|---|---|
| 03 显示组号的显示界面<br><br>Read measuring value block 3  →<br>0    P Nactive    0r/min    12.8V<br>1       2          3         4 | 4.电源电压<br>（接线柱15） | 小于10.0 | ·发电机故障，蓄电池耗电量太大<br>·发动机起动不久，蓄电池处于亏电状态且用电负荷太大<br>·发动机ECU电源与搭铁端连接线路接触不良<br>·点火开关关闭后电路有漏电 |
| | | 大于16.0 | ·发电机电压调节器故障<br>·由于突然起动或快充电设备而产生过电压 |
| 04 显示组号的显示界面<br><br>Read measuring value block 4  →<br>21.0℃    P    1000    1<br>1        2      3      4 | 1.ATF温度/℃ | 60~80 | 正常自动变速器油（ATF）温度 |
| | | 35~45<br>恒定不变 | ATF温度传感器损坏或其线路故障 |
| | 2.变速杆位置 | P | 变速杆在P位 |
| | | R | 变速杆在R位 |
| | | N | 变速杆在N位 |
| | | D | 变速杆在D位 |
| | | 4 | 变速杆在4位 |
| | | 3 | 变速杆在3位 |
| | | 2 | 变速杆在2位 |
| | 3.多功能开关F125 | 1000 | 变速杆处在P位 |
| | | 0100 | 变速杆处在N位 |
| | | 1110 | 变速杆处在R位 |
| | | 1011 | 变速杆处在D位 |
| | | 0111 | 变速杆处在4位 |
| | | 0001 | 变速杆处在3位 |
| | | 0010 | 变速杆处在2位 |
| | 4.车上诊断信息（不带CAN） | 1 | 车上诊断显示信息从左往右接通 |
| | | 0 | 故障显示关闭 |
| | | 1 | TIP结束 |
| | | 0 | TIP未结束 |
| | | 1 | 变速器预热结束 |
| | | 0 | 变速器预热未结束 |
| | | 1 | 识别到发动机起动 |
| | | 0 | 未识别到发动机起动 |
| | 5.发动机配合要求（带CAN） | 发动机切入 | 行驶时发动机转速信号正常，接通 |
| | | — | 行驶时发动机转速信号不正常，关闭 |

# 第七章
## 大众／奥迪车系的数据流分析

（续）

| 显示界面 | 显示内容 | 显示数值 | 数据分析 |
|---|---|---|---|
| 05 显示组号的显示界面<br><br>Read measuring value block 5 →<br>0　　0　　0　　4<br>1　　2　　3　　4 | 1. 换档电磁阀 1（N88） | 1 | 表示行驶时所挂档位正处于 R、5、2、1、1M 档位 |
| | | 0 | 表示行驶时所挂档位正处于 3、4 档位 |
| | 2. 换档电磁阀 2（N89） | 1 | 表示行驶时所挂档位正处于 3、2、1 档位 |
| | | 0 | 表示行驶时所挂档位正处于 R、1M、4、5 档位 |
| | 3. 换档电磁阀 3（N90） | 1 | 表示行驶时所挂档位正处于 3、4、5 档位 |
| | | 0 | 表示行驶时所挂档位正处于 R、1、1M、2 档位 |
| | 4. 所挂档位 | N | 变速杆在 N 位 |
| | | R | 变速杆在 R 位 |
| | | 1、2、3、4、5 | 变速杆在 D 位 |
| | | 1、2、3、4 | 变速杆在 4 位 |
| | | 1、2、3 | 变速杆在 3 位 |
| | | 1、2 | 变速杆在 2 位 |
| 06 显示组号的显示界面<br><br>Read measuring value block 6 →<br>0.747A　0.747A　0.747A　4<br>1　　2　　3　　4 | 1. TCC 电磁阀 4（N91）额定电流 /A | 0.1～0.8 | 电磁阀 4（N91）额定电流正常范围 |
| | | 超出规定值 | ·电磁阀 4 的线路断路或短路<br>·电磁阀 4 损坏<br>·压力调节阀 1（N215）线路断路或短路<br>·压力调节阀 1（N215）损坏 |
| | 2. 舒适电磁阀 5（N92）额定电流 /A | 0.1～0.8 | 电磁阀 5（N92）额定电流正常范围 |
| | | 超出规定值 | ·电磁阀 5 的线路断路或短路<br>·电磁阀 5 损坏<br>·压力调节阀 2（N216）线路断路或短路<br>·压力调节阀 2（N216）损坏 |
| | 3. 压力调节电磁阀 6（N93）额定电流 /A | 0.1～0.8 | 电磁阀 6（N93）额定电流正常范围 |
| | | 超出规定值 | ·电磁阀 6 的线路断路或短路<br>·电磁阀 6 损坏<br>·压力调节阀 3（N217）线路断路或短路<br>·压力调节阀 3（N217）损坏 |
| | 4. 所挂档位 | N | 变速杆在 N 位置 |
| | | R | 变速杆在 R 位 |
| | | 1、2、3、4、5 | 变速杆在 D 位 |
| | | 1、2、3、4 | 变速杆在 4 位 |
| | | 1、2、3 | 变速杆在 3 位 |
| | | 1、2 | 变速杆在 2 位 |

（续）

| 显示界面 | 显示内容 | 显示数值 | 数据分析 |
|---|---|---|---|
| 07 显示组号的显示界面<br><br>Read measuring value block 7　→<br>21.0℃　0.472　Wk auf　0r/min<br>　1　　　2　　　3　　　4 | 1.ATF 温度/℃ | 60~80 | 正常自动变速器油（ATF）温度 |
| | | 35~45 恒定不变 | ATF 温度传感器损坏或其线路故障 |
| | 2. 舒适电磁阀 7（N94）额定电流 /A | 0.1~0.8 | 电磁阀 7（N97）额定电流正常范围 |
| | | 超出规定值 | ·电磁阀 7 的线路断路或短路<br>·电磁阀 7 损坏<br>·压力调节阀 4（N218）线路断路或短路<br>·压力调节阀 4（N218）损坏 |
| | 3. 液力变矩器 | Wk auf | — |
| | | Wk regel | — |
| | | Wk zu | — |
| | 4. 液力变矩器转速 /(r/min) | 0~制动转速 | Wk auf |
| | | 20~120 | Wk rege（上次换档前 20s） |
| | | 0~10 | Wk zu |
| | | 液力变矩器转速的检测条件：<br>① Wk zu 换档需要停止（等 1min），Wk 接通，节气门开度不变<br>② Wk regel 给定的数值适合于液力变矩器的控制状态，不适合时（如上坡是加速）只有在换档结束后 20s 才能达到此状态，在此调整阶段液力变矩器转速可达到 350r/min<br>③ 液力变矩器转速较高时会给出说明——液力变矩器打滑或换档元件不起作用 | |
| 08 显示组号的显示界面<br><br>Read measuring value block 8　→<br>Kick Down 5%　0N·m　超速切断<br>　1　　　2　　　3　　　4 | 1. 强制降档开关 | Kick Down | 表示处于强制降档状态 |
| | | 0 | 表示未处于强制降档状态 |
| | 2. 节气门开度（%） | 0~1 | 急速状态 |
| | | 99~100 | 节气门全开状态 |
| | 3. 节气门占空比（不带 CAN） | 小于 30% | 急速状态 |
| | | 大于 70% | 节气门全开状态 |
| | 4. 发动机转矩（带 CAN） | …N·m | 显示行驶时，发动机实际转矩信号由发动机 ECU 通过 CAN 总线传给变速器 ECU |
| | 5. 滑移 / 拖车状态 | 行驶状态 | 正常行驶时发动机提供功率 |
| | | 超速切断状态 | 汽车下坡行驶或减速（发动机制动） |
| | | 拖车状态 | |

(续)

| 显示界面 | 显示内容 | 显示数值 | 数据分析 |
|---|---|---|---|
| 09 显示组号不带CAN的显示界面<br><br>Read measuring value block 9 →<br>100N·m   0r/min   0%   0.00ms<br>1        2       3        4 | 1. 发动机实际转矩/(N·m) | …N·m | 显示发动机实际转矩大小<br>变速器ECU根据燃油消耗和发动机转速信号计算发动机转矩 |
| | 2. 发动机转速/(r/min) | 0~8200 | 正常显示范围，每40步刷新一次 |
| | 3. 节气门开度 | 0~1 | 怠速状态 |
| | | 99~100 | 节气门全开状态 |
| | 4. 油耗信号/ms | …ms | 一般不需要分析 |
| 09 显示组号带CAN的显示界面<br><br>Read measuring value block 9 →<br>100N·m   N·m   0r/min   0<br>1        2      3        4 | 1. 发动机实际转矩/(N·m) | …N·m | 显示发动机实际转矩大小<br>发动机ECU通过CAN总线将发动机实际转矩信号传给变速器ECU |
| | 2. 最大转矩/(N·m) | …N·m | 换档时变速器ECU要求发动机转矩减小 |
| | 3. 发动机转速/(r/min) | 0~8200 | 正常显示范围，每40步刷新一次 |
| | 4. 节气门开度/% | 0~1 | 怠速状态 |
| | | 99~100 | 节气门全开状态 |
| 10 显示组号的显示界面<br><br>Read measuring value block 10 →<br>0.0N·m   0r/min   4   ASR active<br>1        2      3        4 | 1. 液力变矩器转矩上升/(N·m) | 1.00~2.17 | 此数值根据变速器ECU液力变矩器滑差转速计算得到 |
| | 2. 发动机转速/(r/min) | 0~8200 | 正常显示范围，每40步刷新一次 |
| | 3. 所挂档位 | N | 变速杆在N位 |
| | | R | 变速杆在R位 |
| | | 1、2、3、4、5 | 变速杆在D位 |
| | | 1、2、3、4 | 变速杆在4位 |
| | | 1、2、3 | 变速杆在3位 |
| | | 1、2 | 变速杆在2位 |
| | 4. 驱动防滑调节系统（ASR） | ASR active | 表示ASR处于激活状态 |
| | | ASR not active | 表示ASR处于未激活状态 |
| 11 显示组号的显示界面<br><br>Read measuring value block 11 →<br>D    M on   加速   压缩机接通<br>1     2      3        4 | 1. 变速杆位置 | P | 变速杆在P位 |
| | | R | 变速杆在R位 |
| | | N | 变速杆在N位 |
| | | D | 变速杆在D位 |
| | | 4 | 变速杆在4位 |
| | | 3 | 变速杆在3位 |
| | | 2 | 变速杆在2位 |

（续）

| 显示界面 | 显示内容 | 显示数值 | 数据分析 |
|---|---|---|---|
| 11 显示组号的显示界面<br><br>Read measuring value block 11  →<br>D    M on    加速    压缩机接通<br>1     2      3        4 | 2. Tiptronic 识别开关 F189 | M on | 表示变速杆处于 Tiptronic 通道上 |
| | | M off | 表示变速杆不在 Tiptronic 通道上 |
| | 3. Tiptronic 增减档开关 F189 | 加档键 | 变速杆处于 Tiptronic 通道选择档位上，并进行增档操作 |
| | | 减档键 | 变速杆处于 Tiptronic 通道选择档位上，并进行减档操作 |
| | 4. 空调压缩机 | 压缩机关 | 只有在强制减档后，才使空调压缩机断开有效 |
| | | 压缩机开 | — |

## 第三节  大众/奥迪车系 ABS 数据流分析

### 一、奥迪车系 ABS 数据流的读取

用 V.A.G1551 或 V.A.G1552 读取奥迪车系 ABS 数据流的步骤如下。

1）用 V.A.G1553 连接线将 V.A.G1552 与车辆诊断插座连接起来，打开点火开关（ON）。然后，打开 V.A.G1552 的电源开关，这时，V.A.G1552 显示屏显示如下文字：

```
Test of Vehicle systems     HELP
Enter address word   × ×
```
```
车辆系统测试    帮助
输入地址码    × ×
```

2）输入"制动电子系统"的地址码 03，并按 Q 键确认后，显示屏将显示如下内容：

```
Test of Vehicle systems     HELP
Select function   × ×
```
```
车辆系统测试    帮助
选择功能    × ×
```

3）输入 08 功能代码（读测量数据组），并按"Q"键确认，显示屏将显示如下：

```
Rapid date transfer     Q
08-Read measured value block
```
```
快速数据传输    确认
08- 读测量数据组
```

4）按"Q"键确认，显示屏显示如下：

```
Read measuring value block    Q
Enter display group number   × ×
```
```
读测量数据块    确认
输入显示组编号    × ×
```

5）输入显示组编号，例如，输入"01"，再按"Q"键确认，显示屏显示如下：

```
Read measuring value block 1   →
1  2  3  4
```
```
读测量数据块 1   →
1  2  3  4
```

显示屏显示有 4 个显示区域，每个显示区域表示一个参数。

6）按"→"键可读下一组数据。

7）按"06"键，选择功能"结束输出"，并按"Q"键确定，可退出读取数据流。

大众/奥迪车系ABS数据组只有4组，每组中各处数据的含义及其变化范围见表7-17。

表7-17 ABS数据流标准值

| 显示组号 | 显示屏显示 | 显示区 | 参数含义 | 标准值 |
|---|---|---|---|---|
| 01 | 测量数据块读数1 →<br>1 2 3 4 | 1 | 左前轮传感器的轮速 | 1~19km/h |
| | | 2 | 右前轮传感器的轮速 | 1~19km/h |
| | | 3 | 左后轮传感器的轮速 | 1~19km/h |
| | | 4 | 右后轮传感器的轮速 | 1~19km/h |
| 02 | 测量数据块读数2 →<br>1 2 3 4 | 1 | 制动灯开关 | 0（未踏下）；1（踏下） |
| | | 2 | 回油泵电动机电压 | 0（正常）；1（不正常） |
| | | 3 | 电磁阀继电器 | 0 或 1 |
| | | 4 | 未用 | — |
| 03 | 测量数据块读数3 →<br>1 2 3 4 | 1 | 发动机转速（配备ASR车型） | 60~8000r/min |
| | | 2 | 实际发动机转矩（MMI）（配备ASR车型） | 0~100% |
| | | 3 | ASR按钮（配备ASR车型） | 0 或 1 |
| | | 4 | 未用 | — |
| 04 | 测量数据块读数4 →<br>1 2 3 4 | 1 | 停止时间（只装有EDS汽车） | 0h0min~255h59min |
| | | 2 | 由于太高的制动温度导致EDS断开 | 0 或 1 |
| | | 3 | EDS/ASR断开（配备EDS或ASR车型） | 0 或 1 |
| | | 4 | 未用 | — |

## 二、奥迪车系ABS数据流分析

奥迪车系ABS数据流分析见表7-18。

表7-18 ABS数据流分析

| 显示界面 | 显示内容 | 显示数值 | 数据分析 |
|---|---|---|---|
| 01显示组号的显示界面<br><br>Read measuring value block 1 →<br>1km/h  1km/h  1km/h  1km/h<br>1      2      3      4 | 1. 左前轮速传感器的轮速/（km/h） | 1~19 | 正常显示范围<br>在速度超过19km/h时，ECU的自诊断即中断 |
| | 2. 右前轮速传感器的轮速/（km/h） | 1~19 | 正常显示范围<br>在速度超过19km/h时，ECU的自诊断即中断 |
| | 3. 左后轮速传感器的轮速/（km/h） | 1~19 | 正常显示范围<br>在速度超过19km/h时，ECU的自诊断即中断 |
| | 4. 右后轮速传感器的轮速/（km/h） | 1~19 | 正常显示范围<br>在速度超过19km/h时，ECU的自诊断即中断 |

（续）

| 显示界面 | 显示内容 | 显示数值 | 数据分析 |
|---|---|---|---|
| 02 显示组号的显示界面<br>Read measuring value block 2 →<br>0　0　1　—<br>1　2　3　4 | 1.制动灯开关 | 0 或 1 | 0：制动踏板不踩下<br>1：制动踏板踩下 |
| | 2.回油泵电动机电压 | 0 或 1 | 0：无电压（正常）<br>1：存在电压（有故障） |
| | 3.电磁阀继电器 | 0 或 1 | 0：不允许执行"读数据量数据组"功能，继电器在点火开关接通时不被ECU控制<br>1：允许执行"读数据量数据组"功能，继电器在点火开关接通时被ECU控制 |
| 03 显示组号的显示界面<br>Read measuring value block 3 →<br>60r/min　20%　1　—<br>1　2　3　4 | 1.发动机转速（装备ASR的车型）/（r/min） | 60~8000 | 发动机的实际转速，每40步显示刷新一次 |
| | 2.实际发动机转矩（MMI）（装备ASR的车型）(%) | 0~100 | 0%：发动机在起动阶段<br>20%~30%：发动机空转<br>100%：最大发动机转矩 |
| | 3.ASR键（装备ASR的车型） | 0 或 1 | 0：ASR键不操作<br>1：ASR键操作 |
| 04 显示组号的显示界面<br>Read measuring value block 4 →<br>xxhxxmin　0　1　—<br>1　2　3　4 | 1.停止时间（只用于装备EDS的车型） | 0h0min~255h59min | 太大：若停止时间大于255h 59min，则将在显示屏上显示误差，在点火开关接通和发动机起动后，没有从仪表板到ECU的2个有效时间传输。检查是否有故障码01203<br>无效：在点火开关接通后没有停止时间。如果更换了仪表板或液压控制单元，则在第一次接通点火开关之后至少20s停止时间计算使之激活。在重新接通点火开关时给出停止时间 |
| | 2 过高的制动温度导致EDS断开 | 0 或 1 | 0：EDS在20次点火接通期间未断开<br>1：EDS在20次点火接通期间断开 |
| | 3.EDS/ASR断开（装备EDS/ASR的车型） | 0 或 1 | 0：EDS/ASR可以使用<br>1：EDS/ASR不能使用 |

# 第八章
# 通用/别克轿车数据流分析

本章以通用车系的别克轿车为例，介绍通用车系的数据流分析方法。通用汽车的专用汽车故障诊断仪是 TECH2，该诊断仪是美国通用公司提供给通用车系特约维修站使用的原厂诊断仪，能检测世界范围内的通用汽车各车型。TECH2 除了具有能读取故障码、测量数据流、控制执行元件的动作等普通诊断仪都有的功能外，还能显示传感器信号的波形、捕捉并存储车辆运行时的有关数据，通过 RS232 通信端口连接网络，下载通用公司的最新软件，通过 VCI 接口可为车辆的控制软件更新升级。

TECH2 适用于美国通用、上海通用、欧宝、绅宝、五十铃的所有车型，其外形如图 8-1 所示。

图 8-1　通用公司的 TECH2

1—显示屏　2—键盘　3—数据线插座

## 第一节　通用/别克轿车发动机数据流分析

### 一、发动机基本数据流分析

别克轿车发动机基本数据流分析如表 8-1 所示。

表 8-1　别克轿车发动机基本数据流分析

| 序号 | 检测参数 | 显示的数据 | 数据分析 |
|---|---|---|---|
| 1 | 冷却液温度（ECT） | −40~151℃ | 正常的显示范围 |
| | | 85~105℃ | 发动机达到正常工作温度时的温度范围 |
| | | 显示 139℃恒定不变 | ECT 传感器线路电压过低，可能的原因有：<br>① ECT 传感器的信号线有搭铁故障<br>② ECT 传感器的搭铁线有断路故障<br>③ 动力控制单元（PCM）不良 |
| | | 显示 −30℃恒定不变 | ECT 传感器线路电压过高，可能的原因有：<br>① ECT 传感器的信号线或搭铁线有断路故障<br>② ECT 传感器插接器连接不良<br>③ ECT 传感器有故障<br>④ 动力控制单元（PCM）不良 |

（续）

| 序号 | 检测参数 | 显示的数据 | 数据分析 |
|---|---|---|---|
| 1 | 冷却液温度（ECT） | 偶尔显示 139℃ | ECT 传感器线路电压偶尔过低，可能是 ECT 传感器线路出现了间歇性短路或断路故障 |
| | | 偶尔显示 -30℃ | ECT 传感器线路电压偶尔过高，可能是 ECT 传感器线路出现了间歇性断路故障 |
| | | 显示值与实际温度不符 | ECT 传感器不良 |
| 2 | 发动机起动时冷却液温度 | -40～151℃ | 正常的显示范围 |
| | | 冷机起动时，显示值应接近环境温度<br>热机起动时，应显示较高的值 | 若显示值明显异常，可能的原因有：<br>① ECT 传感器的线路有断路或短路<br>② ECT 传感器的插接器连接不良<br>③ ECT 传感器损坏<br>④ PCM 不良 |
| 3 | 大气压力 | 10～105 kPa（0.00~5.00V） | 正常显示范围 |
| | | 在海平面处约为 100kPa<br>海拔 4200m，约为 60 kPa | — |
| 4 | 发动机负荷 | 1.00～2.50ms | 发动机怠速时的正常显示范围<br>其他负荷工况时，显示值应随发动机负荷变化而变，与喷油特性曲线相对应 |
| | | 小于 1.00ms | 较小的喷油量仅在超速切断工况下出现 |
| | | 大于 2.50ms | 可能的原因有：空气流量传感器损坏、节气门控制单元损坏、转向盘位于极限位置、有开启的电器 |
| 5 | 发动机转速 | 0～9999r/min | 发动机转速的显示范围 |
| | | (800±50) r/min | 发动机怠速的正常显示范围 |
| | | 低于 750r/min | 发动机怠速低于 750r/min 的可能原因有：<br>① 发动机怠速时有额外负荷<br>② 节气门位置传感器损坏<br>③ 炭罐电磁阀常开 |
| | | 高于 850r/min | 发动机怠速高于 850r/min 的可能原因有：<br>① 有较大的进气量<br>② 节气门位置传感器损坏<br>③ A/C 开关未关<br>④ 曲轴位置传感器不良 |
| 6 | 存在凸轮信号 | 是 | 若显示"是"，表示在最后 6 个 3X 参照脉冲期间，PCM（发动机 ECU）已接收到正确的凸轮信号 |
| | | 否 | 若显示"否"，表示在最后 6 个 3X 参照脉冲期间，ECU 没有接收到正确的凸轮信号，其可能的原因如下：<br>① CMP 传感器的信号线路对电源短路<br>② CMP 传感器的信号线路断路故障<br>③ CMP 传感器的电源线路有短路或断路故障 |
| | | 触发显示（时有时无） | 表示间歇性地接收到凸轮轴位置信号，其可能的主要原因如下：<br>① CMP 传感器的线路有短路或断路故障<br>② CMP 传感器插接器接触不良<br>③ PCM（发动机 ECU）插接器接触不良<br>④ 点火控制模块（ICM）漏高压电 |

# 第八章 通用/别克轿车数据流分析

（续）

| 序号 | 检测参数 | 显示的数据 | 数据分析 |
|---|---|---|---|
| 7 | 发动机机油油位 | 显示过低 | 表示发动机机油油量不足，需加机油。同时仪表板上机油警告灯点亮，提醒驾驶人补加机油 |
| | | 始终显示过低，但机油油量充足 | ① 机油油位开关的信号线或搭铁线有短路或断路故障<br>② 机油油位开关损坏 |
| | | 油量不足，但仍显示机油油位正常 | ① 机油油位开关信号线搭铁<br>② 机油油位开关损坏 |
| 8 | 低速风扇、高速风扇 | ON（接通） | 若冷却液温度高于87℃，低速风扇应接通，风扇低速运转<br>若冷却液温度高于97℃，高速风扇应接通，此时，两个风扇均高速运转 |
| | | OFF（断开） | 若冷却液温度低于87℃，低速风扇应断开，风扇不转动<br>若冷却液温度低于97℃，高速风扇应接通，此时，两个风扇均低速运转 |
| | | 高速风扇恒定显示OFF（断开） | 若冷却液温度高于97℃，风扇仍低速运转，则可能的原因如下：<br>① 高速风扇控制信号线断路或短路<br>② 高速风扇继电器工作不良<br>③ PCM损坏 |
| 9 | 机油警告灯 | 断开 | 若仪表板上的机油警告灯不亮，则说明机油油位处于正常位置 |
| | | 接通 | 若仪表板上的机油警告灯亮，则说明机油油位处于不足位置，应补加同型号的机油 |
| | | 点火开关第一次接通时，机油警告灯不亮 | 点火开关第一次接通时，仪表板上的机油警告灯应点亮2~3s后熄灭。若机油警告灯不亮，则可能的原因有：<br>① 机油警告灯的灯泡烧坏<br>② 机油警告灯线路有断路或短路<br>③ 机油油位开关损坏<br>④ PCM损坏 |
| 10 | 车速 | 0~255km/h | 正常显示范围，随车速的升高而增大 |
| | | 始终显示0 | 可能的原因有：此车没有车速传感器（VSS），如没有巡航控制系统的手动变速器汽车，或没有变矩器锁止离合器（TCC）的自动变速器汽车；车速传感器线路短路或断路、车速传感器损坏、PCM损坏 |
| | | 当汽车变速行驶时，显示低车速持续2.5s | 可能的原因有：<br>① 车速传感器的信号线（黄色）有搭铁故障<br>② 车速传感器的搭铁线（紫色）与搭铁短路<br>③ 车速传感器信号触发转子变形损坏<br>④ 车速传感器损坏<br>⑤ PCM损坏 |
| | | 短时间内显示高车速 | 可能的原因有：<br>① 车速传感器的信号线（黄色）有搭铁故障<br>② 车速传感器的搭铁线（紫色）与搭铁短路<br>③ 车速传感器信号触发转子变形损坏<br>④ 车速传感器损坏<br>⑤ PCM损坏 |

(续)

| 序号 | 检测参数 | 显示的数据 | 数据分析 |
|---|---|---|---|
| 11 | 车辆防盗/燃油切断 | 未启用 | 防盗 ECU 未向 PCM 提供防盗锁止信号，PCM 上的防盗/燃油切断启用电路处于未启用状态 |
| | | 启用 | 防盗 ECU 向 PCM 提供防盗锁止信号，PCM 上的防盗/燃油切断启用电路处于启用状态，停止供油，发动机不能起动 |
| 12 | 故障警告灯 | 断开 | 表明 PCM 处于正常工作状态，此时故障警告灯（MIL）熄灭 |
| | | 接通 | 表明 PCM 某一元件存在故障，此时故障警告灯（MIL）点亮 |
| | | 在故障完全排除后仍显示接通状态 | 故障完全排除后，起动发动机，MIL 仍显示接通状态，可能的故障原因有：<br>① 故障警告灯的搭铁控制线与搭铁短路<br>② PCM 控制不良 |
| | | 始终处于断开状态 | 电控系统有故障，但 MIL 仍处于断开状态，MIL 不亮，可能原因有：<br>① MIL 电源线路断路或短路<br>② MIL 灯泡烧坏<br>③ MIL 搭铁线路断路<br>④ PCM 控制不良 |
| 13 | 发动机运转时间 | 00:00:00 ~ 99:99:99（时：分：秒）最大值约为 18h | 发动机运转时间显示范围，01:25:30 表示发动机运转时间为 1h 25min 30s |
| | | 无数值 | 发动机运转时无数值显示的原因有：<br>① PCM 中计时器电路不良<br>② PCM 损坏 |

## 二、排放控制数据流分析

通用/别克轿车排放控制数据流分析如表 8-2 所示。

表 8-2 通用/别克轿车排放控制数据流分析

| 序号 | 检测参数 | 显示的数据 | 数据分析 |
|---|---|---|---|
| 1 | 废气再循环（EGR）设定位置 | 0 | 0 表示控制 EGR 枢轴完全伸开，EGR 阀关闭 |
| | | 100% | 100% 表示控制 EGR 枢轴处于收缩极限位置，EGR 阀完全打开 |
| | | 0 ~ 100% | 表示 PCM 指令 EGR 阀位置范围，此值应接近于 EGR 阀的实际位置 |

# 第八章 通用/别克轿车数据流分析

（续）

| 序号 | 检测参数 | 显示的数据 | 数据分析 |
|---|---|---|---|
| 2 | 废气再循环（EGR）实际位置 | 0 | 表示控制EGR枢轴完全伸开，EGR阀关闭，此时无废气再循环 |
| | | 100% | 表示控制EGR枢轴处于收缩极限位置，EGR阀在开度最大位置，此时废气再循环流量最大 |
| | | EGR阀的实际位置比PCM中的EGR阀预设位置大15% | 说明EGR阀打开的位置不正确，可能的原因主要有：<br>① EGR阀脏污<br>② EGR阀位置传感器搭铁线断路或对电源线短路<br>③ PCM或EGR电磁阀插接器连接不良<br>④ EGR阀位置传感器信号线搭铁<br>⑤ PCM不良 |
| | | EGR阀的实际位置>0（打开状态）与EGR阀设定位置0（关闭位置）不符 | 说明EGR阀关闭不严，其主要原因有：<br>① EGR阀脏污<br>② EGR阀位置传感器搭铁线断路或对电源线短路<br>③ PCM或EGR电磁阀插接器连接不良<br>④ EGR阀位置传感器信号线与5V参考电压线短路或与EGR控制信号线短路<br>⑤ PCM不良 |
| 3 | EGR阀位置误差 | 0～100% | 仪器的正常显示范围 |
| | | 0 | 表示EGR阀理论位置与EGR阀实际位置相符，是理想状态 |
| | | >15% | 表示EGR阀理论位置与EGR阀实际位置不相符，EGR阀打开位置不正确，主要原因有：<br>① EGR阀脏污<br>② EGR阀位置传感器搭铁线断路或对电源线短路<br>③ PCM或EGR电磁阀插接器连接不良<br>④ EGR阀位置传感器信号线有搭铁故障<br>⑤ PCM不良 |
| 4 | 废气再循环反馈电压 | 0～5V | 正常的显示范围 |
| | | <0.14V（EGR阀工作时） | 当冷却液温度大于75℃，节气门开度大于20%，车速大于3.2km/h，电源电压大于10V时，EGR电磁阀应处于开启状态。若此时EGR阀反馈电压仍小于0.14V，则表明EGR位置传感器线路信号电压过低，可能的原因主要有：<br>① EGR阀位置传感器的信号线与搭铁线短路<br>② EGR阀位置传感器的信号线与搭铁短路<br>③ EGR电磁阀插接器连接不良<br>④ PCM插接器连接不良 |
| 5 | EGR阀占空比 | 0～10% | 表示EGR系统无废气再循环，即EGR阀关闭，EGR占空比为0 |
| | | 50% | 表示EGR占空比为50%，其EGR阀反馈电压应约为2.5V |
| | | 90%～100% | 表示EGR阀占空比已达到最大值 |

（续）

| 序号 | 检测参数 | 显示的数据 | 数据分析 |
|---|---|---|---|
| 6 | 炭罐电磁阀占空比 | 0～100% | 正常显示范围 |
| | | 0 | 表示炭罐电磁阀处于关闭状态，无燃油蒸气进入进气歧管 |
| | | 100% | 表示炭罐电磁阀处于全开状态，进入进气歧管的燃油蒸气量最大 |
| | | 始终显示 0 | 汽车以中小负荷正常行驶时，炭罐电磁阀占空比应大于0，若此时的炭罐电磁阀占空比恒为0，则可能的原因有：<br>① 炭罐电磁阀 12V 电源线路有断路或短路<br>② 炭罐电磁阀控制线路有断路或短路<br>③ 炭罐电磁阀线圈有断路或短路<br>④ 炭罐电磁阀插接器连接不良<br>⑤ PCM 插接器连接不良 |
| 7 | 炭罐电磁阀 | 打开（ON） | 表示炭罐电磁阀通电，允许清除燃油蒸气 |
| | | 关闭（OFF） | 表示炭罐电磁阀断电，切断真空管路，不允许清除燃油蒸气 |
| | | 炭罐电磁阀占空比显示为 0，而炭罐电磁阀显示打开 | 表示已执行 PCM 清除指令，但开始清除时比较缓慢，主要是为了防止燃油蒸气突然进入进气系统而导致混合气瞬间过浓 |
| 8 | 氧传感器电压 | 0～1132mV | 正常显示范围 |
| | | 正常闭环控制期间氧传感器信号电压小于 300mV 的时间持续 5s 以上 | 可能原因如下：<br>① 氧传感器信号线有搭铁故障<br>② 喷油压力过低或混合气过稀<br>③ 喷油器喷油不良<br>④ 进气系统或排气系统有泄漏<br>⑤ 空气流量传感器不良<br>⑥ 燃油品质不良 |
| | | 正常闭环控制期间氧传感器信号电压持续大于 950mV 的时间超过 5s | 可能原因如下：<br>① 氧传感器信号线与电源线有短路故障<br>② 喷油压力过高或喷油器喷油量不一致<br>③ 炭罐系统工作不良<br>④ 进气歧管绝对压力传感器不良<br>⑤ 节气门位置传感器损坏<br>⑥ 氧传感器内部短路<br>⑦ PCM 工作不良 |
| | | 对混合气浓度的平均反应时间超过 160ms | 这表明氧传感器反应迟缓，可能的原因有：<br>① 氧传感器中毒<br>② 排气系统漏气<br>③ 氧传感器安装松动或插接器接触不良<br>④ 氧传感器的信号线断路或搭铁<br>⑤ 氧传感器内部短路<br>⑥ PCM 工作不良 |
| | | 恒定在 400～500V 的时间超过 30s 以上 | 可能的原因有：<br>① 氧传感器的信号线断路或连接不良<br>② 氧传感器加热器或加热器线路有故障<br>③ 系统有间歇性故障<br>④ PCM 工作不良 |

（续）

| 序号 | 检测参数 | 显示的数据 | 数据分析 |
|---|---|---|---|
| 9 | 氧传感器就绪状态 | NO（未就绪） | 表示氧传感器处于未就绪状态，可能的原因有：<br>① 氧传感器的温度还未达到正常工作温度值<br>② PCM 处于开环控制状态（发动机处于起动、暖机等工况，或有故障码存在）<br>③ 氧传感器线路有故障<br>④ 氧传感器已损坏 |
| | | YES（就绪） | 表示氧传感器波动正常（每10s高于8次），PCM 处于闭环控制状态 |
| 10 | 氧传感器超过中值次数 | 0~255 | 理论上氧传感器超过中值的显示范围为 0~255，但发动机达正常温度并进行闭环控制后，其值应为 10~30 |
| | | <8 | 表示氧传感器反应迟缓，可能原因有：<br>① 氧传感器中毒<br>② 排气系统漏气<br>③ 氧传感器安装松动或插接器接触不良<br>④ 氧传感器的信号线断路或搭铁<br>⑤ 氧传感器内部损坏<br>⑥ PCM 工作不良 |
| 11 | 空燃比 | 0.0~25.5 | 仪器空燃比显示范围 |
| | | 14.2~14.7 | 为发动机闭环控制时的正常变化范围，空燃比低，表示混合气浓，多发生于动力增加时或 TWC 保护模式下 |
| 12 | 设定怠速 | 700~800r/min | 发动机正常工作温度，无负荷时的怠速转速 |
| | | >800r/min | 有两种情况：<br>一种是有负荷是的目标值，此值应在最佳怠速 ±50r/min 的范围内变化<br>另一种是燃油系统、点火系统或机械系统等工作不良而引起了目标转速过高 |
| | | <700r/min | 燃油系统、相关传感器、点火系统和机械装置等工作不良而引起目标转速过低 |

## 三、燃油控制数据流分析

通用/别克轿车燃油控制数据流分析如表 8-3 所示。

表 8-3 通用/别克燃油控制数据流分析

| 序号 | 检测参数 | 显示的数据 | 数据分析 |
|---|---|---|---|
| 1 | 喷油脉宽 | 2~5ms | 正常的显示范围 |
| | | <2ms | 表示喷油脉宽太小，混合气过稀，可能的原因有：<br>① 炭罐电磁阀有故障而使进入进气歧管的油量过多<br>② 安装在喷油器不正确，导致喷油量过大 |
| | | >5ms | 表示喷油脉宽太大，混合气过浓，可能的原因有：<br>① 使用了附加电气设备，使发电机的负荷增大<br>② 空调或动力转向系统增加了发动机的负荷 |
| 2 | 指令燃油泵 | 接通 | 燃油泵工作 |
| | | 断开 | 燃油泵不工作 |

（续）

| 序号 | 检测参数 | 显示的数据 | 数据分析 |
|---|---|---|---|
| 3 | 燃油修正单元 | 0 | 表示长期燃油为 0 |
| | | 1～15 | 表示长期燃油计算修正运行单元号 |
| 4 | 燃油修正显示 | 启用 | 当情况适应于启用长期燃油修正时，燃油修正显示系统将显示"是"，表示长期燃油修正在响应短期燃油修正 |
| | | 中断 | 若燃油修正显示系统显示"否"，则长期燃油修正将不响应短期燃油修正的变化 |
| 5 | 短期燃油修正 | -10%～10% | 最大允许显示范围 |
| | | 0 | 表示处于开环控制模式 |
| | | -10%～0 | 表示使混合气变稀 |
| | | 0～10% | 表示使混合气变浓 |
| 6 | 长期燃油修正 | -23%～16% | 最大允许显示范围 |
| | | 0 | 表示处于开环控制模式 |
| | | -23%～0 | 表示使混合气变稀 |
| | | -23%～16% | 最大允许显示范围 |

说明：
1. 长期燃油修正是从短期燃油修正派生出来的，长期燃油修正值应随短期燃油修正数值变化，对燃油计量进行长期燃油量修正
2. 可将长期燃油修正与喷油器开启时间进行比较，大于 0 的数值表示增加开启时间，小于 0 的数值表示减少开启时间，但长期燃油修正与短期燃油修正一样，仅在闭环控制时进行，在开环控制时，该数值为一固定值，一般为 0
3. 数值存储在永久性存储器中，即使关闭点火开关，记忆也不会消失，只有断开蓄电池或拆除 PCM 的熔断器后，存储器所记忆的数值才会消失，并返回至 0
4. 短期燃油修正数值引导长期燃油修正数值，当一个对燃油计量短期修正的方式或趋势出现时长期燃油修正也应有相同的趋势

| 序号 | 检测参数 | 显示的数据 | 数据分析 |
|---|---|---|---|
| 7 | 减少燃油模式 | 启用 | 表示 PCM 检测到减少燃油模式的启用条件。当检测到节气门开度突然减少，并且车辆以大于 25km/h 速度行驶时，PCM 启用减少燃油模式。在减少燃油模式下，PCM 通过减少喷油脉宽来减少燃油供给量 |
| | | 未启用 | 表示 PCM 未启用减少燃油模式，处于正常的运行模式 |
| 8 | 动力增强模式 | 启用（Active） | 表示 PCM 检测到动力增加模式的启用条件。当检测到节气门开度增大，且发动机负荷增加时，PCM 就启用动力增加模式。此时，PCM 通过进行开环控制和增加喷油脉宽来增加供油量，以防止在加速过程中降速 |
| | | 未启用（Not Active） | 表示 PCM 未检测到动力增强模式启用条件 |
| 9 | 反馈状态 | 开环（Open Loop） | 表示发动机处于开环控制模式。当发动机起动并以 400～600r/min 的转速运转时，系统处于开环控制状态。进行开环控制时 PCM 不使用氧传感器，而是根据发动机冷却液温度和进气温度等计算空燃比，用进气歧管绝对压力传感器或空气流量传感器信号计算发动机负荷，用点火参数脉冲计算发动机转速 |
| | | 闭环（Closed Loop） | 表示发动机处于闭环控制模式。当氧传感器信号电压已经改变时，表明温度已足够氧传感器正常工作。PCM 根据氧传感器的反馈信号进行闭环控制，实时调整空燃比。当氧传感器输出电压低于 450mV 时，PCM 将增大喷油脉宽；当氧传感器输出电压高于 450mV 时，PCM 将减少喷油脉宽。PCM 根据氧传感器的信号，通过增减喷油脉宽，将空燃比控制在理想值（14.7∶1） |

## 第八章 通用/别克轿车数据流分析

### 四、进气状态数据流分析

通用/别克轿车进气状态数据流分析如表 8-4 所示。

表 8-4 通用/别克进气状态数据流分析

| 序号 | 检测参数 | 显示的数据 | 数据分析 |
|---|---|---|---|
| 1 | 空气流量（MAF） | 0～521g/s | 正常的显示范围，随节气门开度增加，该示值应相应增大 |
| | | 2～5g/s（怠速） | 怠速时的正常显示范围 |
| | | 怠速时 <2g/s | 表示进气量过少，可能的原因有：进气歧管与空气流量传感器之间漏气严重 |
| | | 怠速时 >5 g/s | 表示进气量过大，可能的原因有：发动机怠速时有额外负荷（空调开启、动力转向泵工作） |
| 2 | 空气流量频率 | 0～32000Hz | 正常显示范围 |
| | | 3000Hz | 表示发动机处于怠速 |
| | | >7000Hz | 表示节气门处于全开状态 |
| | | <1200Hz 超过 0.5s | 表示空气流量（MAF）传感器存在低频率故障，其主要原因有：<br>① MAF 传感器滤网有堵塞<br>② 进气歧管、节气门、EGR 电磁阀等有泄漏<br>③ 曲轴箱通风阀丢失或安装不正确<br>④ MAF 传感器信号线或搭铁线断路<br>⑤ MAF 传感器信号线对电源、对搭铁短路<br>⑥ MAF 传感器电源线断路<br>⑦ MAF 传感器插接器连接不良<br>⑧ MAF 传感器损坏<br>⑨ PCM 有故障 |
| | | >11500Hz 超过 12s | 表示 MAF 传感器存在高频率故障，可能的原因有：<br>① MAF 传感器线束步线靠近高压导线、点火线圈或其他高压元件（如电磁线圈、继电器和电机等）<br>② MAF 传感器插接器连接不良<br>③ MAF 传感器损坏<br>④ PCM 有故障 |
| 3 | 进气歧管绝对压力（MAP） | 10～105kPa | 正常允许显示范围 |
| | | <12.1 kPa（电压接近 0V） | 表示进气歧管绝对压力（MAP）传感器线路电压过低，主要原因有：<br>① MAP 传感器信号线断路或搭铁<br>② MAP 传感器 5V 参考电压线断路或搭铁<br>③ MAP 传感器插接器连接不良<br>④ MAP 传感器损坏<br>⑤ PCM 内部有故障 |

(续)

| 序号 | 检测参数 | 显示的数据 | 数据分析 |
|---|---|---|---|
| 3 | 进气歧管绝对压力（MAP） | >91.8 kPa（电压 >3.5V） | 表示 MAP 传感器线路电压过高，原因有：<br>① MAP 传感器信号线与电源线或 5V 参考电压线短路<br>② MAP 传感器 5V 参考电压线与电源短路<br>③ MAP 传感器搭铁线断路或连接不良<br>④ MAP 传感器真空管路堵塞或泄漏<br>⑤ MAP 传感器插接器连接不良<br>⑥ MAP 传感器损坏<br>⑦ PCM 内部有故障 |
| | | >91.8 kPa（间歇性）且每次达 10s 以上 | 表示 MAP 传感器间歇性电压过高，原因有：<br>① MAP 传感器插接器间歇性连接不良<br>② MAP 传感器信号线与电源间歇性短路<br>③ MAP 传感器 5V 参考电压线与电源间歇性短路<br>④ MAP 传感器 5V 参考电压线与 EGR 电磁阀电源或节气门位置传感器电源间歇性短路<br>⑤ MAP 传感器搭铁线间歇性断路或连接不良<br>⑥ MAP 传感器损坏 |
| | | <12.1 kPa（间歇性）且每次达 10s 以上 | 表示 MAP 传感器间歇性电压过低，原因有：<br>① MAP 传感器的 5V 参考电压线与搭铁间歇性短路<br>② MAP 传感器信号线间歇性断路或搭铁<br>③ MAP 传感器的插接器间歇性连接不良<br>④ PCM 插接器连接不良 |
| 4 | 急速控制阀位置 | 0～255 | 正常允许的显示范围，其数值大小表示通过进气通道的进气量多少。当发动机负荷改变时，该数值应随之改变 |
| | | 0 | 表示已达最大伸出位置，关闭急速控制阀，切断急速旁通气流 |
| | | >0 | 表示电动机使急速控制阀向后移动，急速控制阀打开，允许较多的空气从旁通空气通道通过 |
| 5 | 进气温度（IAT） | −40~151℃ | 正常允许显示范围 |
| | | 40～70℃ | 发动机达正常工作温度后，进气温度显示范围 |
| | | >135℃且显示 20s 以上 | 表示 IAT 传感器线路电压低，可能原因有：<br>① IAT 传感器信号线路有搭铁故障<br>② IAT 传感器损坏<br>③ PCM 不良 |
| | | <−33℃且显示 20s 以上 | 表示 IAT 传感器线路电压高，主要原因有：<br>① IAT 传感器搭铁线或信号线路有断路故障<br>② IAT 传感器插接器连接不良<br>③ IAT 传感器损坏<br>④ PCM 不良 |

（续）

| 序号 | 检测参数 | 显示的数据 | 数据分析 |
|---|---|---|---|
| 5 | 进气温度（IAT） | >135℃（间歇性） | 表示 IAT 传感器线路电压低（间歇性），可能原因有：<br>① IAT 传感器信号线路有间歇性搭铁故障<br>② IAT 传感器插接器连接不良<br>③ PCM 插接器连接不良 |
| | | <-33℃（间歇性） | 表示 IAT 传感器线路电压高（间歇性），主要原因有：<br>① IAT 传感器信号与搭铁线有间歇性断路故障<br>② IAT 传感器插接器连接不良<br>③ PCM 插接器连接不良 |
| | | 显示值与实际温度有差异 | 表示 IAT 传感器反应不灵敏，其原因主要有：<br>① IAT 传感器有故障<br>② IAT 传感器信号线有短路或断路<br>③ IAT 传感器插接器连接不良 |
| 6 | 起动时进气温度 | -40~151℃ | 正常允许显示范围<br>　当发动机处于冷机状态时，进气温度数值应与环境温度相等或非常接近，并随着发动机温度的上升而平衡升高<br>　最高温度数值因发动机舱盖下温度和热机状态不同而判别很大 |
| | | 发动机起动后此值固定不变 | 表示 PCM 未接收到 IAT 传感器的信号电压，其主要原因有：<br>① IAT 传感器信号线断路<br>② IAT 传感器信号线有短路故障<br>③ IAT 传感器搭铁线断路<br>④ IAT 传感器插接器连接不良<br>⑤ IAT 传感器有故障<br>⑥ PCM 工作不良 |
| 7 | 节气门位置传感器（TPS） | 0~5V | 正常允许显示范围。随节气门开度增加，此值应相应增大 |
| | | 0.5V | 表示节气门关闭，发动机处于急速状态 |
| | | 4.5V | 表示节气门全开 |
| | | 数值跳动变化 | 表示 TPS 性能不良，可能的原因有：<br>① TPS 传感器信号线与电源短路<br>② TPS 传感器搭铁线断路<br>③ TPS 传感器信号线断路或连接不良<br>④ TPS 传感器 5V 参考电压线断路或连接不良<br>⑤ TPS 传感器损坏<br>⑥ MAP 传感器线路不良 |

（续）

| 序号 | 检测参数 | 显示的数据 | 数据分析 |
|---|---|---|---|
| 7 | 节气门位置传感器（TPS） | 总是显示 <1.6V | 表示 TPS 线路总是处于低电压状态，可能的原因有：<br>① TPS 传感器信号线连接不良<br>② TPS 传感器信号线断路或搭铁<br>③ TPS 传感器信号线与传感器搭铁线短路<br>④ TPS 传感器 5V 参考电压线断路或连接不良<br>⑤ TPS 传感器损坏<br>⑥ PCM 内部有故障 |
| | | 总是显示 >4.8V | 表示 TPS 线路总是处于高电压状态，可能的原因有：<br>① 与 TPS 共用 5V 参考电压的传感器（如 EGR 开度传感器、进气歧管绝对压力传感器，以及空调制冷剂压力传感器等）不良<br>② TPS 传感器的 5V 参考电压线与电源短路<br>③ TPS 传感器插接器连接不良<br>④ TPS 传感器损坏<br>⑤ PCM 内部有故障 |
| | | <1.6V（间歇性） | 表示 TPS 线路电压低（间歇性），可能的原因有：<br>① MAP 传感器 5V 参考电压线间歇性搭铁<br>② EGR 升程传感器 5V 参考电压线间歇性搭铁<br>③ TPS 传感器信号线间歇性短路或搭铁<br>④ TPS 传感器 5V 参考电压线间歇性搭铁<br>⑤ TPS 传感器插接器连接不良<br>⑥ TPS 传感器损坏 |
| | | >4.8V（间歇性） | 表示 TPS 线路电压高（间歇性），可能的原因有：<br>① MAP 传感器 5V 参考电压线与电源之间有间歇性短路<br>② EGR 升程传感器 5V 参考电压线与电源之间有间歇性短路<br>③ TPS 传感器信号线与电源之间有间歇性短路<br>④ TPS 传感器 5V 参考电压线与电源之间有间歇性短路<br>⑤ TPS 传感器插接器连接不良<br>⑥ TPS 传感器损坏 |
| 8 | 节气门开度 | 0 ~ 100% | 正常允许显示范围，随着节气门开度增大，此值也相应增大 |
| | | 0 | 表示节气门关闭，发动机处于怠速状态 |
| | | 100% | 表示节气门全开 |

## 五、供电及点火控制数据流分析

别克轿车发动机供电及点火控制数据流分析如表 8-5 所示。

表 8-5 别克轿车发动机供电及点火控制数据流分析

| 序号 | 检测参数 | 显示的数据 | 数据分析 |
| --- | --- | --- | --- |
| 1 | 指令发电机 | 接通 | PCM 给发电机 L 端子供电，发电机处于发电状态 |
| | | 断开 | PCM 不给发电机 L 端子供电，发电机处于不发电状态 |
| 2 | 充电指示灯 | 接通 | 充电指示灯点亮 |
| | | 断开 | 充电指示灯熄灭 |
| | | 一直处于接通状态 | 发动机起动后，仪表板上的充电指示灯不熄灭，或在发动机工作时充电指示灯亮起后不熄灭，说明出现了发电机不发电故障，可能的原因有：<br>① 发电机有故障：电枢或磁场绕组断路、短路或搭铁；整流二极管断路或短路<br>② 调节器有故障：内部电子元件损坏而使大功率晶体管不能导通或大功率晶体管本身有断路<br>③ 机械故障：发电机传动带松弛而导致发电机转速过低或不转 |
| | | 一直处于断开状态 | 点火开关接通（ON）时及发动机运转时充电指示灯均不亮，发电机不充电，可能的原因有：<br>① 发电机电刷与集电环接触不良<br>② 调节器有故障：内部电子元件损坏而使大功率晶体管不能导通或大功率晶体管本身有断路<br>③ 充电指示灯连接线路断路<br>④ 发电机与调节器之间的线路有断路故障<br>⑤ 发动机磁场绕组有断路故障 |
| | | 处于接通状态，但充电指示灯不亮 | 其主要原因有：<br>① 充电指示灯烧坏<br>② 充电指示灯的线路不良 |
| 3 | 3X 曲轴传感器 | 0~9999r/min | 正常允许显示范围 |
| | | 24X 参考信号脉冲数与 3X 参考信号脉冲数的比值不等于 8 | 表示 3X 参考信号不正确，主要原因有：<br>① 点火线圈有裂纹、炭迹或损坏<br>② 点火线圈向线束跳火<br>③ 点火线圈向点火模块（ICM）跳火<br>④ 二次侧点火元件向线束跳火<br>⑤ PCM 插接器连接不良<br>⑥ 3X 参考信号线断路或短路<br>⑦ 点火模块（ICM）插接器连接不良<br>⑧ 点火模块（ICM）损坏 |
| 4 | 24X 曲轴传感器 | 0~1600r/min | 正常允许显示范围，此数值应与发动机怠速转速一致 |
| | | 与 3X 参考信号比较，其脉冲数不正确（相差 8 倍） | 表示 24X 参考信号不正确，其主要原因有：<br>① 二次侧点火元件向点火模块漏电（高压电）<br>② 布线靠近二次侧点火元件<br>③ 24X 曲轴传感器供电线断路或搭铁<br>④ 24X 曲轴传感器搭铁线断路<br>⑤ PCM 插接器连接不良或 PCM 本身不良<br>⑥ 24X 曲轴传感器信号线有短路或断路<br>⑦ 24X 曲轴传感器插接器连接不良<br>⑧ 24X 曲轴传感器损坏 |

（续）

| 序号 | 检测参数 | 显示的数据 | 数据分析 |
|---|---|---|---|
| 5 | 点火模式 | 旁通 | 点火控制模块（ICM）使点火提前角固定在上止点前10°，其主要原因有：<br>① PCM 未接通 5V 电压<br>② 点火控制模块（ICM）未收到 5V 电压<br>③ 发动机处于起动状态 |
| | | IC | PCM 正向 ICM 发送信号，PCM 控制点火提前角，即 IC 模式 |
| 6 | 爆燃滞后 | 0.0°~25.5° | 正常允许显示范围<br>此值表示由于爆燃而推迟的点火提前角，而不是最佳点火提前角 |
| | | 发动机没有爆燃，但显示 > 0.0° | 表示牵引力控制系统处于启用状态，所需的转矩增加，使爆燃滞后 |
| | | 发动机爆燃，但显示为 0.0° | 表示爆燃传感器信号不良，其主要原因有：<br>① 爆燃传感器插接器连接不良<br>② 爆燃传感器线束离高压线太近<br>③ 爆燃传感器损坏 |
| 7 | 总计缺火故障 | 0~65535 次 | 正常允许显示范围 |
| | | > 0 | 表示有失火故障，主要原因有：<br>① 24X 曲轴传感器不良<br>② 7X 曲轴传感器不良<br>③ 凸轮轴位置传感器不良<br>④ 点火模块（ICM）工作不良 |
| 8 | 当前某缸缺火故障 | 0~198 次 | 正常允许显示范围 |
| | | 某缸 > 0 | 表示当前某缸有缺火故障，应检测与此缸相关的点火高压线路和低压电路 |
| | | 所有缸（6缸）均 > 0，且一致 | 表示当前点火系统有故障，应检测点火系统 |
| 9 | 以往某缸故障 | 0~198 次 | 正常允许显示范围 |
| | | > 0 | 表示点火系统有故障，可能的原因有：<br>① 缺火缸有积炭<br>② 缺火缸点火线圈变形或有裂纹<br>③ 缺火缸点火线路损坏<br>④ 缺火缸点火线圈和火花塞与对应缸连接不良<br>⑤ 缺火缸火花塞积炭或绝缘体有裂纹<br>⑥ 缺火缸火花塞高压分线的电阻不符合要求（应为 5000~8000Ω） |
| 10 | 点火正时（点火提前角） | −64°~64° | 正常允许显示范围 |
| | | 10° | 表示点火提前角由 ICM 控制，而不是由 PCM 控制，即处于旁通点火模式 |

## 第二节　通用 / 别克轿车自动变速器数据流分析

### 一、自动变速器参数和数据流分析

自动变速器参数和数据流分析如表 8-6 所示。

表 8-6　自动变速器参数和数据流分析

| 序号 | 检测参数 | 显示的数据 | 数据分析 |
|---|---|---|---|
| 1 | 1-2 换档故障 | −3.20 ~ 3.18s | 表示理想的 1-2 档换档时间与实际的 1-2 档换档时间之间的差值，负值表示换档时间较长 |
| 2 | 1-2 换档时间 | 0 ~ 6.38s | 表示最后一次 1-2 换档时间，该换档时间基于 1-2 换档后行星齿轮组传动比的变化 |
| 3 | 1-2 换档电磁阀 | 接通或关闭 | 表示 1-2 换档电磁阀的指令状态。接通表示电磁阀通电，关闭表示电磁阀未通电 |
| 4 | 1-2 换档电磁阀断路 / 与搭铁短路 | 是或否 | 表示在到 PCM 的 1-2 换档电磁阀反馈信号中是否存在断路或搭铁。该参数在 1-2 换档电磁阀关闭时有效 |
| 5 | 1-2 换档电磁阀与电源短路 | 是或否 | 表示在到 PCM 的 1-2 换档电磁阀反馈信号中是否存在与电源短路。该参数在 1-2 换档电磁阀接通时有效 |
| 6 | 1-2 换档 TAP（变速器适配压力）单元（4-16） | −207 ~ 207kPa | 很大的正值表示 PCM 已检测到几个长换档，并已增加 PC 电磁阀压力，减少换档时间。很小的负值表示 PCM 已检测到几个短换档，并已减少 PC 电磁阀压力，增加换档时间 |
| 7 | 2-3 换档故障 | −3.20 ~ 3.18s | 表示理想的 2-3 档换档时间与实际的 2-3 档换档时间之间的差值，负值表示换档时间较长 |
| 8 | 2-3 换档时间 | 0 ~ 6.38s | 表示最后一次 2-3 换档时间，该换档时间基于 2-3 换档后行星齿轮组传动比的变化 |
| 9 | 2-3 换档电磁阀 | 接通或关闭 | 表示 2-3 换档电磁阀的指令状态。接通表示电磁阀通电，关闭表示电磁阀未通电 |
| 10 | 2-3 换档电磁阀断路 / 与搭铁短路 | 是或否 | 表示在传递到 PCM 的 2-3 换档电磁阀反馈信号中，是否存在断路或搭铁。该参数在 2-3 换档电磁阀关闭时有效 |
| 11 | 2-3 换档电磁阀与电源短路 | 是或否 | 表示在传递到 PCM 的 2-3 换档电磁阀反馈信号中，是否存在与电源短路。该参数在 2-3 换档电磁阀接通时有效 |
| 12 | 2-3 换档 TAP（变速器适配压力）单元（4-16） | −207 ~ 207kPa | 很大的正值表示 PCM 已检测到几个长换档，并已增加 PC 电磁阀压力，减少换档时间。很小的负值表示 PCM 已检测到几个短换档，并已减少 PC 电磁阀压力，增加换档时间 |
| 13 | 3-4 换档故障 | −3.20 ~ 3.18s | 表示理想的 3-4 档换档时间与实际的 3-4 档换档时间之间的差值，负值表示换档时间较长 |
| 14 | 3-4 换档时间 | 0 ~ 6.38s | 表示最后一次 3-4 换档时间，该换档时间基于 3-4 换档后行星齿轮组传动比的变化 |
| 15 | 3-4 换档 TAP（变速器适配压力）单元（4-16） | −207 ~ 207kPa | 很大的正值表示 PCM 已检测到几个长换档，并已增加 PC 电磁阀压力，减少换档时间。很小的负值表示 PCM 已检测到几个短换档，并已减少 PC 电磁阀压力，增加换档时间 |
| 16 | A/C 压缩机离合器 | 接通或关闭 | 表示 A/C 压缩机离合器的状态。当显示接通时，A/C 压缩机离合器必须接合，此时，发动机有额外的负荷，要调节管路压力和换档时间 |
| 17 | 适配换档 | 是或否 | 当变速器适配能力合适时，在换档计算过程中显示"是"。当变速器适配能力不合适时，显示"否" |

（续）

| 序号 | 检测参数 | 显示的数据 | 数据分析 |
|---|---|---|---|
| 18 | 变矩器锁止离合器（TCC）制动开关 | 打开/关闭 | 当踩下制动踏板时，TCC制动开关向PCM发出一个信号，释放TCC并关闭巡航控制装置 |
| 19 | 巡航控制 | 启用或中断 | 当显示启用时，PCM启用巡航控制装置；当显示中断时，PCM关闭巡航控制装置。在一定条件下，PCM可以关闭巡航控制装置。当启用巡航控制装置时，换档方式可以变为2-3换档和3-4换档（换高档）或4-3换档和3-2换档（换低档） |
| 20 | 现用齿轮 | 显示1、2、3或4 | 表示换档电磁阀当前的指令状态 |
| 21 | 现用TAP（变速器适配压力）单元 | 0~16 | 表示用于修改管路压力（适配）的现用TAP单元 |
| 22 | 现用TAP（变速器适配压力）存储器 | -110~110 kPa | 表示必须加到基本管路压力中的压力值，以便在换档过程中调节离合器的施加载荷或范围 |
| 23 | 发动机冷却液温度（ECT） | -40~151℃ | 当传感器冷时，其内部电阻较大，PCM将会接收较强的信号电压，PCM将该电压解释为发动机温度较低。当传感器变暖时，其内部电阻减小，信号电压减弱，PCM将该电压解释为发动机温度升高 |
| 24 | 发动机运转时间 | — | 表示发动机运转时间，若发动机停转，则重设置到00:00:00 |
| 25 | 发动机转速 | 0~8192r/min | 发动机转速是PCM根据燃油控制参考输入值（曲轴位置传感器）计算得到的 |
| 26 | 发动机转矩 | 0~510N·m | 表示由发动机传输的转矩值 |
| 27 | 齿轮传动比 | 0.00~3.98 | 表示在进行驱动、倒档和驻车档/空档操作时变速器的实际齿轮传动比 |
| 28 | 热模式 | 接通或关闭 | 表示自动变速器油温度（TFT）。关闭表示TFT没有超过130℃，接通表示TFT已超过130℃，并且在5s后没有冷却到120℃ |
| 29 | 点火装置电压 | 0.0~25.5V | 表示点火装置处于运行（RUN）位置时，由PCM测得的系统电压 |
| 30 | 最后一次换档时间 | 0.0~6.38s | 表示最后一次挂高档的实际换档时间 |
| 31 | PC电磁阀（压力控制电磁阀）实际电流 | 0.0~1.25A | 该参数是PC电磁阀的实际电流值，由PCM测得，低电流值表示管路压力高，高电流值表示管路压力低 |
| 32 | PC电磁阀负载周期 | 0~100% | 表示PC电磁阀电路指令状态，用接通时间（接通）的百分比表示。0表示没有电流（0通电时间）；60%表示电流大 |
| 33 | PC电磁阀参考电流 | 0.0~1.25A | 低电流值表示管路压力高，高电流值表示管路压力低 |
| 34 | 换档模式 | 正常或效能 | 当不启用效能模式时，显示"正常"；当装有换档选择开关的车辆启用效能模式时，显示"效能" |
| 35 | 稳定TAP 1GR | 0~621kPa | 施加到PC电磁阀保持第一档齿轮传动比的压力适配量（消除离合器或制动器滑动）。较大的数值表示PCM已检测到元件滑动，并且正在用适配压力进行补偿 |
| 36 | 稳定TAP 2GR | 0~621kPa | 施加到PC电磁阀保持第二档齿轮传动比的压力适配量（消除离合器或制动器滑动）。较大的数值表示PCM已检测到元件滑动，并且正在用适配压力进行补偿 |
| 37 | 稳定TAP 2GR/TC | 0~621kPa | 采用TCC时，施加到PC电磁阀保持第二档齿轮传动比的压力适配量（消除离合器或制动器滑动）。较大的数值表示PCM已检测到元件滑动，并且正在用适配压力进行补偿 |

# 第八章
## 通用/别克轿车数据流分析

（续）

| 序号 | 检测参数 | 显示的数据 | 数据分析 |
|---|---|---|---|
| 38 | 稳定 TAP 3GR | 0~621kPa | 施加到 PC 电磁阀保持第三档齿轮传动比的压力适配量（消除离合器或制动器滑动）。较大的数值表示 PCM 已检测到元件滑动，并且正在用适配压力进行补偿 |
| 39 | 稳定 TAP 3GR/TC | 0~621kPa | 采用 TCC 时，施加到 PC 电磁阀保持第三档齿轮传动比的压力适配量（消除离合器或制动器滑动）。较大的数值表示 PCM 已检测到元件滑动，并且正在用适配压力进行补偿 |
| 40 | 稳定 TAP 4GR | 0~621kPa | 施加到 PC 电磁阀保持第四档齿轮传动比的压力适配量（消除离合器或制动器滑动）。较大的数值表示 PCM 已检测到元件滑动，并且正在用适配压力进行补偿 |
| 41 | 稳定 TAP 4GR/TC | 0~621kPa | 采用 TCC 时，施加到 PC 电磁阀保持第四档齿轮传动比的压力适配量（消除离合器或制动器滑动）。较大的数值表示 PCM 已检测到元件滑动，并且正在用适配压力进行补偿 |
| 42 | 稳定 TAP（倒档） | 0~621kPa | 施加到 PC 电磁阀保持倒档齿轮传动比的压力适配量（消除离合器或制动器滑动）。较大的数值表示 PCM 已检测到元件滑动，并且正在用适配压力进行补偿 |
| 43 | TCC 负载周期（TCC PWM） | 0~100% | 表示 TCC PWM 电磁阀接通时间的百分比。数值 20% 表示通电指令状态，数值 0 表示未通电指令状态。指令状态用于车速大于 16km/h |
| 44 | TCC 负载周期电磁阀断路/搭铁 | 是或否 | 表示在到 PCM 的 TCC PWM 电磁阀反馈信号中是否存在断路或搭铁。该参数在 TCC PWM 电磁阀关闭时有效。只有当 TCC PWM 电磁阀关闭时，诊断仪才显示"是" |
| 45 | TCC 负载周期电磁阀与电源短路 | 是或否 | 表示在到 PCM 的 TCC PWM 电磁阀反馈信号中是否存在对电源短路。该参数在 TCC PWM 电磁阀接通时有效。只有当 TCC PWM 电磁阀接通时，诊断仪才显示"是" |
| 46 | TCC 释放开关 | 是或否 | 表示 TCC 释放开关的状态，诊断仪显示"是"表示开关接通，存在 TCC 释放压力，并且 TCC 分离；诊断夜色显示"否"表示开关关闭，不存在 TCC 释放压力，并且 TCC 接合 |
| 47 | TCC 滑移速度 | −4080~4079r/min | 表示变速器输入转速与发动机转速之间的差值，数值接近 0 时表示启用 TCC |
| 48 | TFP（自动变速器油压力）范围 | 驻车档、倒档、空档、驱动器 4、驱动器 3、驱动器 2、驱动器 1 | — |
| 49 | TFP（自动变速器油压力）手动阀位置开关 A/B/C | 接通或关闭 | — |
| 50 | 自动变速器油温度（TFT） | −40~151℃ | 当 TFT 较高时（151℃）信号电压较低（0V）；当 TFT 较低时（−40℃）信号电压较高（5V） |
| 51 | TFT 传感器 | 0~5V | 表示 TFT 传感器的电压 |
| 52 | 节气门位置（TP）传感器 | 0~5V | 表示节气门位置（TP）传感器输送给 PCM 的信号电压 |
| 53 | 节气门开度 | 0~100% | 该参数是 PCM 根据 TP 传感器信号电压计算而来的。在急速时，数值应为 0，在节气门全开时应为 100% |
| 54 | 牵引力控制 | 启动或未启动 | 当 PCM 从电子制动牵引力控制模块（EBTCM）处接到降低转矩的请求时，诊断仪显示"启动" |

(续)

| 序号 | 检测参数 | 显示的数据 | 数据分析 |
|---|---|---|---|
| 55 | 变速器输入转速（ISS） | 0～8191r/min | 表示变速器输入转速 |
| 56 | 变速器输入转速（OSS） | 0～8191r/min | 表示变速器输出转速 |
| 57 | 车辆速度 | 0～255km/h | — |

## 二、自动变速器油温度（TFT）传感器数据流分析

自动变速器油温度（TFT）传感器数据流分析如表8-7所示。

表8-7 自动变速器油温度（TFT）传感器数据流分析

| 序号 | 检测参数 | 显示的数据 | 数据分析 |
|---|---|---|---|
| 1 | TFT 传感器 | 0.00～5.00V | 正常允许显示范围 |
| | | ＜0.20V | 表示TFT传感器的信号电压过低，主要原因有：<br>① PCM 插接器连接不良<br>② 自动变速器20芯插接器连接不良<br>③ TFT 传感器信号线断路<br>④ TFT 传感器信号线间歇性搭铁<br>⑤ TFT 传感器搭铁线与电源间歇性短路<br>⑥ TFT 传感器失效（其电阻变化不正确） |
| | | ＞4.52V | 表示TFT传感器的信号电压过高，主要原因有：<br>① PCM 插接器连接不良<br>② 自动变速器20芯插接器连接不良<br>③ TFT 传感器信号线断路<br>④ TFT 传感器搭铁线断路<br>⑤ TFT 传感器失效（其电阻变化不正确）<br>⑥ PCM 不良 |
| 2 | 自动变速器油温度（TFT） | -40～151℃ | 正常允许显示范围 |
| | | ＞130℃ | 表示自动变速器油温过高，主要原因有：<br>① 发动机过热而导致自动变速器油温度过高<br>② 自动变速器油流过冷却器和辅助散热器时被节流，从而导致其温度过高<br>③ 通过自动变速器油冷却器和辅助散热器的气流被节流，导致自动变速器油温度过高<br>④ 自动变速器油压力过低 |
| | | 起动6min后，自动变速器油温度变化小于1.5℃ | 表示TFT传感器电路有断路，主要原因有：<br>① TFT 传感器的信号线或搭铁线间歇性断路<br>② TFT 传感器的信号线搭铁<br>③ TFT 传感器的信号线与搭铁线短路<br>④ TFT 传感器损坏<br>⑤ PCM 不良 |

## 三、自动变速器输入/输出转速传感器数据流分析

自动变速器输入转速传感器和输出转速传感器数据流分析如表8-8所示。

表 8-8　自动变速器输入 / 输出转速传感器数据流分析

| 序号 | 检测参数 | 显示的数据 | 数据分析 |
|---|---|---|---|
| 1 | 变速器输入转速传感器（ISS） | 0~8091r/min | 正常允许显示范围 |
| | | 变短器锁止离合器（TCC）工作时，小于发动机转速 | 当 TCC 工作时，变速器输入转速应等于发动机转速，否则，就说明 TCC 有打滑现象，主要原因有：<br>① TCC 摩擦材料已烧焦<br>② TCC 电磁阀不良<br>③ TCC 油压过低 |
| | | 短时间内，转速变化超过 1300r/min | 表示变速器 ISS 传感器有间歇性断路故障，主要原因有：<br>① 变速器 ISS 传感器的线束有电磁干扰<br>② PCM 的 CI 插头不良<br>③ 变速器的 20 芯插接器连接不良<br>④ 变速器 ISS 传感器的 2 芯插头连接不良<br>⑤ 变速器 ISS 传感器的线路有短路或断路故障 |
| 2 | 变速器输出转速传感器（OSS） | 0~8091r/min | 正常允许显示范围 |
| | | 0r/min | 表示汽车处于停车档或空档，汽车未行驶 |
| | | 显示转速过低（＜150r/min）持续 2s | 表示变速器输出转速信号电压过低，主要原因有：<br>① OSS 传感器信号（高）线路有断路、短路或搭铁<br>② OSS 传感器信号（低）线路有断路、短路或搭铁<br>③ OSS 传感器电阻值不对<br>④ OSS 传感器的信号转子损坏、变形<br>⑤ OSS 传感器的信号转子与 OSS 没有对准 |

## 四、自动变速器电磁阀数据流分析

液力传动式自动变速器的电磁阀类执行器有换档电磁阀、主油路压力控制电磁阀及变矩器锁止离合器负载周期电磁阀等，各电磁阀数据流分析如表 8-9 所示。

表 8-9　自动变速器各电磁阀数据流分析

| 序号 | 检测参数 | 显示的数据 | 数据分析 |
|---|---|---|---|
| 1 | 1-2 换档电磁阀 | 接通 | 表示 1-2 换档电磁阀处于接通状态，即电磁阀通电 |
| | | 关闭 | 表示 1-2 换档电磁阀处于关闭状态，电磁阀未通电 |
| | | 无论车速怎样变化，总显示接通或总显示关闭 | 表示 1-2 换档电磁阀有断路或短路故障，其主要原因有：<br>① 1-2 换档电磁阀电源线断路<br>② 1-2 换档电磁阀电源线与搭铁短路<br>③ 1-2 换档电磁阀电源线与搭铁线短路<br>④ 1-2 换档电磁阀搭铁线断路<br>⑤ 1-2 换档电磁阀 2 芯插头连接不良<br>⑥ 1-2 换档电磁阀内部电阻不正确<br>⑦ PCM 连接端子接触不良 |

(续)

| 序号 | 检测参数 | 显示的数据 | 数据分析 |
|---|---|---|---|
| 2 | 2-3换档电磁阀 | 接通 | 表示2-3换档电磁阀处于接通状态，即电磁阀通电 |
| | | 关闭 | 表示2-3换档电磁阀处于关闭状态，电磁阀未通电 |
| | | 无论车速怎样变化，总显示接通或总显示关闭 | 表示2-3换档电磁阀有断路或短路故障，其主要原因有：<br>① 自动变速器处于冻结换档模式，可能是某些传感器失灵<br>② 2-3换档电磁阀电源线断路<br>③ 2-3换档电磁阀电源线与搭铁短路<br>④ 2-3换档电磁阀电源线与搭铁线短路<br>⑤ 2-3换档电磁阀搭铁线断路<br>⑥ 2-3换档电磁阀2芯插头连接不良<br>⑦ 1-2换档电磁阀内部电阻不正确<br>⑧ PCM连接端子接触不良 |
| 3 | 压力控制（PC）电磁阀实际电流 | 0.00～1.25A | 该数据为PC电磁阀实际电流值，由PCM测得。电流值低表示管路压力高，电流值高表示管路压力低 |
| 4 | 压力控制（PC）电磁阀参考电流 | 0.00～1.25A | 电流值低表示管路压力高，电流值高表示管路压力低 |
| 5 | 压力控制（PC）电磁阀负载周期 | 0～100% | 该数据表示PC电磁阀电路的指令状态。0表示没有电流（零接通时间），60%表示周期长 |
| 6 | TCC负载周期（占空比） | 0～100% | 正常允许显示范围，表示TCC PWM电磁阀接通时间的百分比 |
| | | 0 | 表示未通电，TCC处在分离状态 |
| | | 100% | 表示TCC完全接合状态，TCC锁止 |
| 7 | TCC负载周期电磁阀断路 | 是 | 表示在TCC PWM电磁阀的反馈信号中存在断路。该参数在电磁阀关闭时有效，只有当TCC PWM电磁阀关闭时，诊断仪才显示"是" |
| | | 否 | 表示在TCC PWM电磁阀的反馈信号中不存在断路故障 |
| 8 | TCC负载周期电磁阀与搭铁短路 | 是 | 表示在TCC PWM电磁阀的反馈信号中存在与搭铁短路。该参数在电磁阀关闭时有效，只有当TCC PWM电磁阀关闭时，诊断仪才显示"是" |
| | | 否 | 表示在TCC PWM电磁阀的反馈信号中不存在与搭铁短路故障 |
| 9 | TCC负载周期电磁阀与电源短路 | 是 | 表示在TCC PWM电磁阀的反馈信号中存在与电源短路。该参数在电磁阀接通时有效，只有当TCC PWM电磁阀接通时，诊断仪才显示"是" |
| | | 否 | 表示在TCC PWM电磁阀的反馈信号中不存在与电源短路故障 |

（续）

| 序号 | 检测参数 | 显示的数据 | 数据分析 |
| --- | --- | --- | --- |
| 10 | TCC 滑移速度 | −4080 ~ 4080r/min | 正常允许显示范围。该数据表示变速器输入转速与发动机转速之间的差值，数据接近 0 时，表示启用 TCC |
| | | < 20r/min | 表示 TCC 接通，即变矩器锁止离合器正处于接合状态 |
| | | TCC 工作且 > 180r/min | 表示 TCC 系统卡滞，且一直处于分离状态，主要原因有：<br>① TCC 控制阀卡滞<br>② TCC 调节阀卡滞<br>③ TCC PWM 电磁阀失效<br>④ 主油路压力调节阀失效<br>⑤ 变矩器涡轮轴密封不严<br>⑥ 变矩器锁止离合器卡滞 |
| | | TCC 不工作，滑移速度较小 | 表示 TCC 系统卡滞且一直处于接合状态，主要原因有：<br>① TCC 释放开关线路与搭铁短路<br>② TCC 控制阀卡滞<br>③ TCC 调节阀卡滞<br>④ TCC PWM 电磁阀 O 形密封圈切断或移位<br>⑤ TCC 电磁阀卡滞<br>⑥ 主油路压力调节阀卡滞 |

### 五、自动变速器开关数据流分析

液力传动式自动变速器的控制系统中，有变矩器锁止离合器开关、自动变速器油压开关、变矩器锁止离合器制动开关等，各种开关数据流分析如表 8-10 所示。

表 8-10 自动变速器各开关数据流分析

| 序号 | 检测参数 | 显示的数据 | 数据分析 |
| --- | --- | --- | --- |
| 1 | TCC 释放开关 | 是 | 表示 TCC 释放开关接通，存在释放压力，并且 TCC 分离 |
| | | 否 | 表示 TCC 释放开关关闭，不存在释放压力，并且 TCC 接合 |
| | | 显示"是"，但 TCC 滑移速度表示 TCC 处于接合状态 | TCC 释放开关处于接通状态，TCC 分离，但 TCC 滑移速度却表明 TCC 处于接合状态，其主要原因有：<br>① TCC 释放开关控制线路断路<br>② PCM 连接插头变形或损坏<br>③ TFP 手动阀位置开关损坏 |
| 2 | TFP（变速器油压）开关 A | 接通 | 表示 TFP 开关 A 闭合，向 PCM 输入低电压信号 |
| | | 关闭 | 表示 TFP 开关 A 断开，向 PCM 输入高电压信号 |
| 3 | TFP（变速器油压）开关 B | 接通 | 表示 TFP 开关 B 闭合，向 PCM 输入低电压信号 |
| | | 关闭 | 表示 TFP 开关 B 断开，向 PCM 输入高电压信号 |
| 4 | TFP（变速器油压）开关 C | 接通 | 表示 TFP 开关 C 闭合，向 PCM 输入低电压信号 |
| | | 关闭 | 表示 TFP 开关 C 断开，向 PCM 输入高电压信号 |

（续）

| 序号 | 检测参数 | 显示的数据 | 数据分析 |
|---|---|---|---|
| 5 | TFP 范围 | 驻车档 | 表示手动阀处于 P 位置，TFP 开关 A 关闭，TFP 开关 B 接通，TFP 开关 C 关闭 |
| | | 倒档 | 表示手动阀处于 R 位置，TFP 开关 A 接通，TFP 开关 B 接通，TFP 开关 C 关闭 |
| | | 空档 | 表示手动阀处于 N 位置，TFP 开关 A 关闭，TFP 开关 B 接通，TFP 开关 C 关闭 |
| | | D4 档 | 表示手动阀处于 D4 位置，TFP 开关 A 关闭，TFP 开关 B 关闭，TFP 开关 C 关闭 |
| | | D3 档 | 表示手动阀处于 D3 位置，TFP 开关 A 关闭，TFP 开关 B 关闭，TFP 开关 C 关闭 |
| | | D2 档 | 表示手动阀处于 D2 位置，TFP 开关 A 关闭，TFP 开关 B 关闭，TFP 开关 C 关闭 |
| | | D1 档 | 表示手动阀处于 D1 位置，TFP 开关 A 接通，TFP 开关 B 关闭，TFP 开关 C 关闭 |
| | | 故障 | 表示 TFP 开关 A、B 及 C 组合方式与存储在 PCM 存储器中的组合方式不能对应，即 TFP 开关信号错误，其主要原因有：<br>① TFP 开关 A 信号线断路或搭铁<br>② TFP 开关 B 信号线断路或搭铁<br>③ TFP 开关 C 信号线断路或搭铁<br>④ PCM 未编程 |
| 6 | TCC 制动开关 | 打开 | 表示 TCC 制动开关断开，PCM 关闭变矩器锁止离合器电磁阀，变矩器锁止离合器不锁止 |
| | | 关闭 | 表示 TCC 制动开关接通，驾驶人未踩制动踏板，PCM 接通变矩器锁止离合器电磁阀，使变矩器锁止离合器锁止 |
| | | 车辆加速时仍显示打开 | 表示 TCC 制动开关线路电压低，其主要原因有：<br>① 发动机 EMIS 熔断器熔丝熔断<br>② TCC 制动开关信号线断路或搭铁<br>③ TCC 制动开关电源线断路<br>④ TCC 制动开关触点接触不良 |
| | | 车辆减速时仍显示关闭 | 表示 TCC 制动开关线路电压高，其主要原因有：<br>① TCC 制动开关信号线与电源短路<br>② TCC 制动开关损坏<br>③ PCM 不良 |

## 第三节　通用 / 别克轿车 ABS 与安全气囊数据流分析

### 一、ABS 数据流分析

通用 / 别克轿车 ABS 数据流分析如表 8-11 所示。

# 第八章
## 通用/别克轿车数据流分析

表 8-11　通用/别克轿车 ABS 数据流分析

| 序号 | 检测参数 | 显示的数据 | 数据分析 |
|---|---|---|---|
| 1 | 左前轮转速传感器 | 0km/h～最高车速 | 正常允许显示范围 |
| | | 车辆行驶速度大于 8km/h，但显示为 0km/h | 表示左前车轮转速传感器输入信号为 0km/h，主要原因有：<br>① 左前轮转速传感器的高信号线短路或断路<br>② 左前轮转速传感器插接器连接不良<br>③ EBCM/EBTCM 不良 |
| | | 瞬时变化太大，例如，在 0.01s 内变化＞24km/h | 表示左前车轮转速传感器信号变化太大，主要原因有：<br>① 左前轮转速传感器的高信号线短路或断路<br>② 左前轮转速传感器的电阻不正确<br>③ 左前轮转速传感器插接器连接不良<br>④ EBCM/EBTCM 不良 |
| 2 | 右前轮转速传感器 | 0km/h～最高车速 | 正常允许显示范围 |
| | | 车辆行驶速度大于 8km/h，但显示为 0km/h | 表示右前车轮转速传感器输入信号为 0km/h，主要原因有：<br>① 右前轮转速传感器的高信号线短路或断路<br>② 右前轮转速传感器插接器连接不良<br>③ EBCM/EBTCM 不良 |
| | | 瞬时变化太大，例如，在 0.01s 内变化＞24km/h | 表示右前车轮转速传感器信号变化太大，主要原因有：<br>① 右前轮转速传感器的高信号线短路或断路<br>② 右前轮转速传感器的电阻不正确<br>③ 右前轮转速传感器插接器连接不良<br>④ EBCM/EBTCM 不良 |
| 3 | 左后轮转速传感器 | 0km/h～最高车速 | 正常允许显示范围 |
| | | 车辆行驶速度大于 8km/h，但显示为 0km/h | 表示左后车轮转速传感器输入信号为 0km/h，主要原因有：<br>① 左后轮转速传感器的高信号线短路或断路<br>② 左后轮转速传感器插接器连接不良<br>③ EBCM/EBTCM 不良 |
| | | 瞬时变化太大，例如，在 0.01s 内变化＞24km/h | 表示左后车轮转速传感器信号变化太大，主要原因有：<br>① 左后轮转速传感器的高信号线短路或断路<br>② 左后轮转速传感器的电阻不正确<br>③ 左后轮转速传感器插接器连接不良<br>④ EBCM/EBTCM 不良 |
| 4 | 右后轮转速传感器 | 0km/h～最高车速 | 正常允许显示范围 |
| | | 车辆行驶速度大于 8km/h，但显示为 0km/h | 表示右后车轮转速传感器输入信号为 0km/h，主要原因有：<br>① 右后轮转速传感器的高信号线短路或断路<br>② 右后轮转速传感器插接器连接不良<br>③ EBCM/EBTCM 不良 |
| | | 瞬时变化太大，例如，在 0.01s 内变化＞24km/h | 表示右后车轮转速传感器信号变化太大，主要原因有：<br>① 右后轮转速传感器的高信号线短路或断路<br>② 右后轮转速传感器的电阻不正确<br>③ 右后轮转速传感器插接器连接不良<br>④ EBCM/EBTCM 不良 |

（续）

| 序号 | 检测参数 | 显示的数据 | 数据分析 |
|---|---|---|---|
| 5 | 制动灯开关 | 闭合（ON） | 表示踩下制动踏板，制动灯开关接通，向EBCM/EBTCM输入12V电压信号，ABS处于工作状态 |
| | | 断开（OFF） | 表示未踩下制动踏板，制动灯开关断开，汽车处于正常行驶状态 |
| | | 断路 | 表示制动灯开关电路有断路故障，此时EBCM/EBTCM将使ABS失去部分或全部功能，其主要原因有：<br>①制动灯开关电源线或搭铁线断路<br>②制动灯开关触点接触电阻过高<br>③制动灯开关失调或短路<br>④EBCM/EBTCM不良 |
| | | 一直显示闭合 | 表示制动灯开关一直处于接通状态，此时牵引力控制系统（TCS）不能工作，但ABS功能正常，主要原因有：<br>①制动灯开关电源线与其搭铁线短路<br>②制动灯开关失调或短路<br>③制动灯开关触点卡死<br>④制动踏板卡滞 |
| | | 汽车减速时，显示断开 | 表示当踩下制动踏板时，制动灯开关一直处于断开状态，可能的原因有：<br>①制动灯开关触点断开<br>②制动灯开关失调<br>③制动灯开关电路熔断器（15A）已烧断<br>④制动灯开关电路电源线路断路 |
| 6 | 电磁阀继电器 | 接通 | 表示电磁阀继电器处于接通状态，给电磁阀和ABS泵电动机供电 |
| | | 断开 | 表示电磁阀继电器处于断开状态，此时关闭EBCM/EBTCM，点亮EBCM/EBTCM指示灯 |
| 7 | ABS电压 | 13.5～14.5V | 正常允许显示范围 |
| | | 车速不小于8km/h，但ABS电压大于10.8V | 表示ABS电压过低，此时EBCM/EBTCM会自动解除ABS/TCS，并点亮ABS/TCS指示灯，主要原因有：<br>①充电系统有故障<br>②蓄电池漏电或其电缆连接有松动<br>③发电机有搭铁故障<br>④ABS电磁阀继电器线圈的电源线搭铁 |
| | | 车速不小于8km/h，但ABS电压小于17V | 表示ABS电压过高，此时EBCM/EBTCM会自动解除ABS/TCS，并点亮ABS/TCS指示灯，主要原因有：<br>①充电系统有故障<br>②EBCM/EBTCM不良 |
| | | 0V | 表示ABS电压为0V，主要原因有：<br>①ABS熔断器（60A）熔断<br>②ABS熔断器（10A）熔断<br>③EBCM/EBTCM插头上端子D搭铁线断路<br>④电磁阀继电器线圈侧供电线断路<br>⑤电磁阀继电器触点侧供电线断路<br>⑥EBCM/EBTCM插接器连接不良 |

（续）

| 序号 | 检测参数 | 显示的数据 | 数据分析 |
|---|---|---|---|
| 8 | ABS泵电动机 | 接通（ON） | 表示ABS泵电动机处于工作状态 |
| | | 关闭（OFF） | 表示ABS泵电动机处于不工作状态 |
| | | ABS电压大于8V，但一直显示关闭 | 表示ABS泵电动机电路有短路或断路故障，此时EBCM/EBTCM解除ABS/TCS功能，并点亮仪表板上的ABS/TCS指示灯，其主要原因有：<br>① EBCM/EBTCM插头上端子D搭铁线（即ABS泵电动机搭铁线）断路<br>② 端子D搭铁线与电源短路<br>③ EBCM/EBTCM插接器连接不良<br>④ ABS泵电动机损坏<br>⑤ EBCM/EBTCM不良 |
| 9 | ABS/TCS指示灯 | 关闭 | 表示ABS/TCS指示灯熄灭，ABS处于全功能工作状态 |
| | | 接通 | 表示ABS/TCS指示灯点亮，ABS可能出现了故障。当点火开关转到RUN位置IPC灯泡检查期间，IPC将点亮ABS/TCS指示灯3s，然后熄灭<br>若EBCM/EBTCM设置了故障码，则EBCM/EBTCM便通过Ⅱ级串行数据线发送一个信息给仪表板控制模块（IPC），IPC命令仪表板上的ABS/TCS指示灯点亮 |
| | | 一直处于接通状态，但无故障码 | 其主要原因有：<br>① 仪表板内ABS/TCS指示灯线路不良<br>② EBCM/EBTCM工作不良 |
| | | 一直处于关闭状态，但无故障码 | 其主要原因有：<br>① 仪表板内ABS/TCS指示灯线路不良<br>② EBCM/EBTCM工作不良 |
| 10 | 制动液液位开关 | 断开（OFF） | 表示制动液液位正常。制动液液位开关为常开 |
| | | 接通（ON） | 表示制动液液位过低，主要原因有：<br>① 液压制动系统泄漏（例如：制动管路、制动轮缸、制动卡钳或制动主缸等泄漏）<br>② 制动液位指示灯开关故障<br>③ 制动液位指示灯开关线路（CKT209）搭铁 |
| 11 | 左前进油电磁阀 | 接通（ON） | 表示左前进油电磁阀处于工作状态，即左前轮处于增压状态 |
| | | 断开（OFF） | 表示左前进油电磁阀处于不工作状态，即左前轮处于保压或降压状态 |
| 12 | 左前出油电磁阀 | 接通（ON） | 表示左前出油电磁阀处于工作状态，即左前轮处于降压状态 |
| | | 断开（OFF） | 表示左前出油电磁阀处于不工作状态，即左前轮处于增压或保压状态 |
| 13 | 右前进油电磁阀 | 接通（ON） | 表示右前进油电磁阀处于工作状态，即右前轮处于增压状态 |
| | | 断开（OFF） | 表示右前进油电磁阀处于不工作状态，即右前轮处于保压或降压状态 |
| 14 | 右前出油电磁阀 | 接通（ON） | 表示右前出油电磁阀处于工作状态，即右前轮处于降压状态 |
| | | 断开（OFF） | 表示右前出油电磁阀处于不工作状态，即右前轮处于增压或保压状态 |
| 15 | 左后进油电磁阀 | 接通（ON） | 表示左后进油电磁阀处于工作状态，即左后轮处于增压状态 |
| | | 断开（OFF） | 表示左后进油电磁阀处于不工作状态，即左后轮处于保压或降压状态 |

(续)

| 序号 | 检测参数 | 显示的数据 | 数据分析 |
|---|---|---|---|
| 16 | 左后出油电磁阀 | 接通（ON） | 表示左后出油电磁阀处于工作状态，即左后轮处于降压状态 |
| | | 断开（OFF） | 表示左后出油电磁阀处于不工作状态，即左后轮处于增压或保压状态 |
| 17 | 右后进油电磁阀 | 接通（ON） | 表示右后进油电磁阀处于工作状态，即右后轮处于增压状态 |
| | | 断开（OFF） | 表示右后进油电磁阀处于不工作状态，即右后轮处于保压或降压状态 |
| 18 | 右后出油电磁阀 | 接通（ON） | 表示右后出油电磁阀处于工作状态，即右后轮处于降压状态 |
| | | 断开（OFF） | 表示右后出油电磁阀处于不工作状态，即右后轮处于增压或保压状态 |
| 19 | 左前 TCS 电磁阀 | 打开（ON） | 表示左前 TCS 电磁阀处于工作状态，即左前轮处于牵引力控制模式 |
| | | 关闭（OFF） | 表示左前 TCS 电磁阀处于不工作状态，即左前轮不进行牵引力控制 |
| 20 | 右前 TCS 电磁阀 | 打开（ON） | 表示右前 TCS 电磁阀处于工作状态，即右前轮处于牵引力控制模式 |
| | | 关闭（OFF） | 表示右前 TCS 电磁阀处于不工作状态，即右前轮不进行牵引力控制 |

## 二、安全气囊系统数据流分析

安全气囊数据流分析如表 8-12 所示。

表 8-12　安全气囊数据流分析

| 序号 | 检测参数 | 显示的数据 | 数据分析 |
|---|---|---|---|
| 1 | 前排乘客侧展开回路 | 启用 | 表示 SDM 对前排乘客侧展开回路进行电阻和电压测试，无故障，前排乘客侧展开回路处于启用状态 |
| | | 未启用 | 表示 SDM（SIR ECU）对前排乘客侧展开回路进行电阻和电压测试，有故障存在，前排乘客侧展开回路处于未启用状态，并通过Ⅱ级串行数据线点亮安全气囊警告灯，其主要原因如下：<br>① 前排乘客侧展开回路的调高线路与搭铁线短路<br>② 前排乘客侧展开回路的调低线路与搭铁线短路<br>③ 前排乘客侧展开回路的调高线路断路<br>④ 前排乘客侧展开回路的调低线路断路<br>⑤ 前排乘客侧展开回路的调高线路与 B+ 短路<br>⑥ 前排乘客侧展开回路的调低线路与 B+ 短路<br>⑦ 前排乘客侧展开回路的 2 芯插接器腐蚀或损坏<br>⑧ SDM（SIR ECU）的 18 芯插接器连接不良<br>⑨ SDM（SIR ECU）工作不良 |

# 第八章 通用/别克轿车数据流分析

（续）

| 序号 | 检测参数 | 显示的数据 | 数据分析 |
|---|---|---|---|
| 2 | 驾驶人侧展开回路 | 启用 | 表示 SDM 对驾驶人侧展开回路进行电阻和电压测试，无故障，驾驶人侧展开回路处于启用状态 |
| | | 未启用 | 表示 SDM（SIR ECU）对驾驶人侧展开回路进行电阻和电压测试，有故障存在，驾驶人侧展开回路处于未启用状态，并通过Ⅱ级串行数据线点亮安全气囊警告灯，其主要原因如下：<br>① 驾驶人侧展开回路的调高线路与搭铁线短路<br>② 驾驶人侧展开回路的调低线路与搭铁线短路<br>③ 驾驶人侧展开回路的调高线路断路<br>④ 驾驶人侧展开回路的调低线路断路<br>⑤ 驾驶人侧展开回路的调高线路与 B+ 短路<br>⑥ 驾驶人侧展开回路的调低线路与 B+ 短路<br>⑦ 驾驶人侧展开回路的 2 芯插接器腐蚀或损坏<br>⑧ SDM（SIR ECU）的 18 芯插接器连接不良<br>⑨ SDM（SIR ECU）工作不良 |
| 3 | 安全气囊警告 | 关闭 | 表示安全气囊警告灯熄灭，安全气囊系统处于全功能工作状态 |
| | | 接通 | 表示安全气囊警告灯点亮，安全气囊系统可能有故障，查看相关故障码 |
| | | 一直显示接通状态，安全气囊警告灯持续点亮，但无故障码 | 表示安全气囊警告灯线路有短路故障，或点火电压超过 9～16V |
| | | 一直显示关闭状态，安全气囊警告灯不亮，无故障码 | 主要原因有：<br>① 安全气囊警告灯熔断器（10A）熔断<br>② 安全气囊警告灯的灯泡烧坏<br>③ 安全气囊熔断器与 SDM A1 端子间的电源线有断路故障<br>④ SDM（SIR ECU）插接器连接不良<br>⑤ 蓄电池充电不足 |

# 第九章 其他典型汽车数据流分析

本章讲解了北京现代车系及广汽丰田汽车典型车型的数据流分析方法。这些汽车数据流的获取可采用本车系专用故障诊断仪。例如，现代汽车的 GDSVCI（图 9-1），丰田汽车的 Intelligent2（简称 IT2，如图 9-2 所示）。如没有专用诊断仪，也可以用通用型的故障诊断仪来检测所需的数据流。

图 9-1　现代汽车专用诊断仪 GDSVCI

图 9-2　丰田汽车专用诊断仪 IT2

## 第一节　北京现代汽车数据流分析

### 一、伊兰特、索纳塔、途胜发动机数据流分析

现代车系 1.6L、1.8L、2.0L 未配置 CVVT 系统的发动机数据流分析如表 9-1 所示。

表 9-1　伊兰特、索纳塔、途胜 1.6L、1.8L、2.0L 发动机数据流分析

| 序号 | 检测参数 | 典型数据 | 数据分析 |
|---|---|---|---|
| 1 | 氧传感器 | 0.087～8.646V | 正常工作条件下，氧传感器输出电压为 0.1～9.0V，发动机 ECU 根据此信号判断混合气的浓度。电压低于 0.45V，混合气过稀；电压高于 0.45V，混合气过浓<br>在闭环控制期间，ECU 根据检测氧传感器的反馈信号对喷油脉宽进行调整。如果显示电压变化缓慢，在 10s 内少于 8 次，则说明反馈控制系统存在故障 |

# 第九章 其他典型汽车数据流分析

（续）

| 序号 | 检测参数 | 典型数据 | 数据分析 |
|---|---|---|---|
| 2 | 进气压力（MAP）传感器 | 1699mV（42.3kPa） | 在发动机熄火状态下应等于大气压，急速状态下为标准数据，否则说明进气压力传感器或线路有故障<br>急加速时电压先降低，然后升高。若变化不明显，则为传感器线路不良<br>若发动机着车后熄火，且在熄火前数据流显示接近大气压力（电压接近5V），则可能为传感器不良<br>急速时显示电压偏高，可能为进气系统有湿气 |
| 3 | 进气温度 | 3.6V（24.7℃） | 正常情况下，显示值应比外界环境温度高，否则，说明进气温度传感器或其线路不良 |
| 4 | 冷却液温度 | 1.4V（79.5℃） | 该信号是ECU决定燃油喷射系统是否启用闭环控制的条件之一，也是确定喷油时间的重要参考信号。出现故障后会导致油耗增加、冷起动困难、排气管冒黑烟等 |
| 5 | 节气门位置传感器（TPS） | 0.3V（0°） | 急速时为0.3~0.9V，节气门全开时为4.25~4.7V。若信号异常，则需检查传感器线路和传感器 |
| 6 | TPS学习值 | 7.9° | 若节气门脏污，则学习值越变越大，零点值上移，在清洗完节气门后，ECU自动重新学习 |
| 7 | 蓄电池电压 | 14.3V | 显示蓄电池电压，在一定程度上能反映发电机的工作状况，据此数值能判断ECU电源供给是否良好 |
| 8 | 起动信号 | OFF | 该信号ECU用于检测发动机是否处于起动状态，若检测到该信号，则ECU根据起动工况确定喷油时间和点火提前角。还可以根据此信号判断起动电路是否良好 |
| 9 | 发动机转速 | 690~710r/min | 在正常情况下，发动机实际急速转速与理论值相差不大，若高于或低于理论值，则可能时进气系统漏气、急速电动机卡滞、喷油器不良、节气门关闭不严等 |
| 10 | 目标急速 | 700r/min | 若发动机达到正常工作温度后，在无负荷情况下理论值高于700r/min，则检查各相关提速信号是否错误输入 |
| 11 | 急速开关 | ON | ECU根据此信号判断发动机是否处于急速状态。如果在不加速的情况下显示为OFF，则可能是节气门位置传感器及线路有故障，或节气门体脏污而使节气门关闭不严 |
| 12 | 中负荷状态 | OFF | 在轻踩加速踏板后，该数据应该为ON，若加速时无变化，则节气门位置传感器不良 |
| 13 | 空调开关 | ON/OFF | 在开关空调开关时，该信号应随之变化。若无变化，则检查空调控制单元至ECU的信号线；测量电压，点火开关ON时应该有蓄电池电压。缺该信号时，空调开关打开时发动机急速转速无法提升 |
| 14 | 空调压缩机继电器 | ON/OFF | 如果"空调开关"显示ON，而该数据显示OFF，则检查空调系统的压力是否正常，压力开关是否正常 |
| 15 | 点火闭合角 | 2.0ms | 加速时点火系统初级线圈的通电时间应增加，若始终不变，则会影响点火能量。若闭合角过大，则初级电流过大，容易损坏点火线圈 |
| 16 | 点火时刻 | -1.1°~1.5° | 该数据随着加速逐渐增大，可达30°以上，但它不是发动机点火提前角，不能用此数据作为真实的点火提前角，它与真实点火提前角存在差异 |
| 17 | 喷油时间 | 2~4 ms | 急速时的正常显示范围。急加速时喷油时间应增加 |
| | | 急速时小于2ms | 主要原因有：喷油器漏油、燃油压力过高、氧传感器信号异常等 |
| | | 急速时大于4ms | 燃油消耗会增加，主要原因有：燃油压力过低、混合气过稀、氧传感器信号异常等 |

（续）

| 序号 | 检测参数 | 典型数据 | 数据分析 |
|---|---|---|---|
| 18 | ISA 占空比 | 33.7% | 急速控制阀采用占空比控制方式，正常值为 32%～39.5%，数据随负荷的增加（如开启空调）而增大，最大可达 50% |
| | | 过小 | 若此数据小于 28%，则可能是：急速电磁阀密封性不好、进气系统漏气等 |
| | | 过大 | 若在无负荷时此数据大于 40%，则可能是：ECU 接收到错误的提速信号、喷油器泄漏、进气压力信号异常等 |
| 19 | 急速修正 | 1.6% | 对急速电磁阀占空比修正，加上实际开度就是理论值。在发动机热车后无负荷的情况下，急速电磁阀占空比理论值约为 35% |
| 20 | 炭罐电磁阀 | 0 | 此值表示炭罐电磁阀的开度（占空比），炭罐电磁阀采用占空比脉冲电压控制方式。在急速、冷车时炭罐电磁阀不会打开（占空比为 0） |
| 21 | 燃油修正 | −0.1% | 根据氧传感器的信反馈信号，ECU 对急速喷油量进行修正。负值表示喷油量在原来的基础上减少，反之增加。<br>若此数据特别大，则应检查发动机的进气系统和燃油系统是否有异常 |
| 22 | 短期燃油修正 | 0.1% | 仅在闭环控制时有用，正值时 ECU 增加喷油时间，负值时减少喷油时间。当该数值持续低于或高于理论值时，ECU 在长期修正值上加或减此值，以达到最佳空燃比控制。如果该数值特别大，则需检查进气系统和燃油系统工作状态，以气缸和气门的积炭情况 |

说明：上述标准数据适用于新车，车辆老化后某些数据会有变化，实际维修时需正确分析判断。

## 二、北京现代御翔发动机数据流分析

北京现代御翔 NF2.4L 发动机配备有可变气门正时（CVVT），并采用各缸单独式点火系统、电子节气门、钥匙带芯片防盗系统等技术。它的 NF2.4L 发动机数据流分析如表 9-2 所示。

表 9-2 北京现代御翔 NF2.4L 发动机数据流分析

| 序号 | 检测参数 | 典型数据 | 数据分析 |
|---|---|---|---|
| 1 | 空调状态 | OFF | 表示空调系统工作状态，空调开关打开后会显示 ON，根据该数据可确定发动机是否处于空调提速工作状态 |
| 2 | 空调开关 | OFF | 若出现制冷系统压力不足、压缩机控制电路故障或压缩机机械故障，则打开空调开关后还会显示 OFF。如果显示不正确，应根据实际情况进行故障分析与检查 |
| 3 | 空调压缩机 | OFF | |
| 4 | 故障警告灯 | OFF | 表示发动机故障警告灯的工作状态，当 ECU 检测到系统出现了故障并记忆故障码，并达到点亮故障警告灯的条件时，会显示 ON<br>该数据在检修故障警告灯电路时能起很大的作用 |
| 5 | 点火开关 | ON | 表示点火开关的位置，对于故障检修意义不是很大 |
| 6 | 电源故障 | NOT GOOD | 表示发动机 ECU 电源供给状态。NOT GOOD 表示 ECU 电源不良。当电压过低或过高时，就会有相应的显示 |
| 7 | 急速状态 | ON | 相当于急速开关。随着行驶里程的增加，若不保养节气门体，则在不加速的情况下可能会出现 OFF。因此，根据此数据可以判断发动机是否处于正常急速状态 |
| 8 | 节气门全关 | OFF | 该发动机为电子节气门，只要发动机处于运转状态，就会显示 OFF，否则为不正常 |

# 第九章 其他典型汽车数据流分析

（续）

| 序号 | 检测参数 | 典型数据 | 数据分析 |
|---|---|---|---|
| 9 | 燃油切断状态 | OFF | 在急减速、发动机超速运转、车速超过最大安全车速等达到断油控制条件时，会显示 ON，表示发动机 ECU 正在执行断油控制 |
| 10 | 起动信号 | OFF | 在发动机起动时，该数据应为 ON，否则说明起动电路有故障 |
| 11 | 燃油泵状态 | ON | 在点火开关处于 ON 位置 5s 内会变成 ON，然后变为 OFF。当 ECU 收到发动机转速信号后，燃油泵工作，该信号也会变回到 ON。该数据在检测燃油泵电路时能用到 |
| 12 | 主继电器 | ON | 发动机 ECU 通过控制主继电器来控制燃油泵、点火线圈、喷油器、曲轴位置传感器等电源<br>当发动机不能起动时，可以观察该数据是否为 ON，因为只有在 ECU 正常工作时该数据才会显示 ON，若不正常，观察 ECU 的工作状态和继电器线路 |
| 13 | 反馈控制 | ON | 即闭环控制，当发动机达到正常工作温度时，若氧传感器无故障，则该数据会显示 ON，表示 ECU 对发动机的控制进入闭环控制状态<br>如果达到闭环控制的条件而该数据显示 OFF，则肯定会故障码出现，可以根据故障码所示的信息进行故障检修 |
| 14 | 氧传感器 B1/S1 | ON | 表示氧传感器的工作状态，若发动机已达到正常工作温度时该数据还显示 OFF，则可能的原因是：氧传感器损坏而失效、氧传感器加热电路出现故障 |
| 15 | 氧传感器 B2/S2 | ON | |
| 16 | 炭罐状态 | ON | 在发动机达正常工作温度时，该数据才会显示 ON。若在冷车时显示 ON，则可能会出现发动机怠速不稳等故障 |
| 17 | 怠速控制状态 | ON | 表示当前发动机是否处于怠速状态。当踩下加速踏板时，会显示 OFF，松开加速踏板时还显示 OFF，则会出现发动机转速高于正常怠速转速等故障现象 |
| 18 | 行驶状态 | OFF | 检测车辆是否处于行驶状态，只有当 ECU 收到档位信号后，该数据才会显示 ON |
| 19 | 空气流量传感器 | 1.0V | 该车采用热膜式空气流量传感器，在一般情况，怠速时的电压为 0.5~0.9V，ECU 根据空气流量传感器电压信号和空气密度换算进气量 |
| 20 | 进气量 | 9.40kg/h | 若在怠速时显示数据高于标准值，则说明进气量过多。喷油器漏油等故障也会造成该数据值偏高<br>若在怠速时显示数据低于标准值，则可能是进气系统漏气<br>转速为 3000r/min 时的标准值为：1.7~2.0V（43.84~58.79kg/h） |
| 21 | 发动机负荷 | 1.6% | 表示当前发动机有无负荷，若开空调、开前照灯、转动转向盘等，则该数据会随之增大 |
| 22 | 节气门打开 | 4.7% | 该车怠速控制阀与节气门驱动电动机集成在一起，热车后在无负荷情况下，正常显示值应为 4.7% |
| | | > 4.7% | 该数据高于正常值时，可能是喷油器漏油等 |
| | | < 4.7% | 该数据低于正常值时，可能是进气系统存在漏气等 |
| 23 | 蓄电池电压 | 14.3V | 反映当前充电系统的工作状态，若低于 12.5V，说明发电机没有发电，应当检查发电机的发电电压 |
| 24 | 冷却液温度传感器（ECTS） | 88.5℃ | 冷却液温度传感器（ECTS）用于检测发动机冷却液的温度，其电阻随温度升高而减小，信号电压也随之改变<br>发动机 ECU 根据 ECTS 信号判断发动机的温度，并修正喷油和点火时间、确定目标怠速等。因此，当发动机出现冷机起动困难、怠速不稳、油耗偏高等故障时，应当检查 ECTS 的信号电压是否正常<br>ECTS 电阻值为 1.15kΩ 对应的温度是 40℃，0.32 kΩ 对应的温度是 80℃ |
| 25 | 冷却液温度传感器（ECTS） | 93.8℃ | |

（续）

| 序号 | 检测参数 | 典型数据 | 数据分析 |
|---|---|---|---|
| 26 | 进气温度传感器（IATS） | 37.5℃ | 进气温度传感器（IATS）用于检测进气的温度，其电阻随温度升高而减小，信号电压也随之改变<br>发动机 ECU 根据 IATS 信号来修正喷油和点火时间。<br>IATS 电阻值为 3.53~3.88kΩ 对应的温度是 10℃，0.31~0.32kΩ 对应的温度是 80℃ |
| 27 | 炭罐占空比 | 19.5% | 发动机 ECU 通过输出占空比脉冲信号控制炭罐电磁阀的开度，以清除炭罐中的汽油蒸气<br>在实际检修过程中，要将该数据与电磁阀的实际开度进行对比，在发生泄漏时，要知道如何判断。<br>注意：只有在发动机达到正常工作温度时，该数据才会由小到大有变化 |
| 28 | 喷油时间，1 缸 | 2.5ms | 在热车后无负荷怠速状态下，实际的喷油时间应为 2.5ms。在冷车时数据会高于 2.5ms。若 ECU 收到增加转矩信号，就会增加喷油时间。<br>影响喷油时间的因素有很多，例如：冷却液温度、进气温度、电源电压、燃油压力等 |
| 29 | 喷油时间，2 缸 | 2.5ms | |
| 30 | 喷油时间，3 缸 | 2.5ms | |
| 31 | 喷油时间，4 缸 | 2.5ms | |
| 32 | 转矩请求 | 99.6% | 该数据主要为牵引力防滑（TCS）设置，若发动机收到 TCS 模块的转矩请求信号，就会做出相应的动力控制，并会显示该数据 |
| 33 | 氧传感器加热时间 B1/S1 | 100ms | 氧传感器正常工作温度范围为 350~850℃。ECU 通过脉冲宽度可变的控制信号控制加热器的通电时间，使冷机起动后氧传感器的温度尽快达到正常的工作温度，发动机可尽早进入空燃比闭环控制。<br>若在冷机时无此数据，应检查氧传感器加热器电路或相关的传感器及 ECU 等 |
| 34 | 氧传感器加热时间 B2/S2 | 90ms | |
| 35 | 氧传感器电压 B1/S1 | 0.100~0.800V | 正常工作条件下，氧传感器输出电压为 0.1~9.0V，发动机 ECU 根据此信号判断混合气的浓度。电压低于 0.45V，混合气过稀；电压高于 0.45V，混合气过浓<br>在闭环控制期间，ECU 根据检测氧传感器的反馈信号对喷油脉宽进行调整。如果显示电压变化缓慢，在 10s 内少于 8 次，则说明反馈控制系统存在故障<br>后氧传感器输出电压为 0~1V，若催化转化器良好，则后氧传感器的信号平稳 |
| 36 | 氧传感器电压 B2/S2 | 0.8V | |
| 37 | 目标怠速 | 650r/min | 在正常情况下，发动机实际怠速转速与理论值相差不大，若高于或低于理论值，则可能时进气系统漏气、怠速电动机卡滞、喷油器不良、节气门关闭不严等<br>若发动机达到正常工作温度后，在无负荷情况下理论值高于 650r/min，则检查各相关提速信号是否错误输入 |
| 38 | 发动机转速 | 650r/min | |
| 39 | 点火时间，1 缸 | 7°（BTDC） | 表示当前点火系统的点火提前角，正常怠速时应为 1 缸上止点前 7°（BTDC）。该数值与用正时灯测得的实际点火提前角可能会不一致 |
| 40 | 车速传感器 | 0km/h | 车速传感器向发动机 ECU 提供当前转速信号，ECU 根据此信号判断是否达到了设定的极限车速，以确定是否需要进行超速断油控制 |
| 41 | 短期燃油修正 | −2.3%~3.4% | 仅在闭环控制时有效。当此值为正时，ECU 通过增加喷油持续时间来增加喷油量；当此值为负时，ECU 通过减少喷油持续时间来减少喷油量<br>当此值持续低于或高于理论值时，ECU 在长期燃油修正值上加上或减去此值，以达到最佳的空燃比控制。<br>如果此值特别大，则需检查发动机的进气系统和燃油供给系统是否正常，气缸和气门等有无积炭 |
| 42 | 怠速修正 | 3.8% | ECU 根据相关传感器的信号对怠速喷油量进行修正。此值为负时表示喷油量在原来的基础上减少，反之则增加<br>若此值特别大，则需检查发动机进气系统和燃油系统的工作情况 |

# 第九章 其他典型汽车数据流分析

（续）

| 序号 | 检测参数 | 典型数据 | 数据分析 |
|---|---|---|---|
| 43 | 长期燃油修正 | 0% | 该数据储存在 ECU 内的存储器中，在点火开关关闭（OFF）时也不会消失。ECU 通过短期燃油修正值来改变长期燃油修正值，它不能对瞬间的变化做出迅速反应，仅在 ECU 决定用短期燃油修正值改变长期燃油修正值时发生变化<br><br>该数值为 0 时，表示基本喷油时间无需修正；该数值为正时，ECU 将增加喷油时间；为负值时则减少喷油时间<br><br>长期燃油修正值用于发动机整个工作范围内的喷油持续时间控制，分长期怠速和长期部分负荷两种。在转速低于 950r/min，且空气量为 4kg/h 时监测为长期怠速；在发动机负荷为 30%～75%，进气量为 40～200 时监测为长期部分负荷 |
| 44 | 爆燃控制，1 缸 | 0.0° | ECU 根据爆燃传感器监测到的缸体振动信号来判断发动机是否产生爆燃，并据此控制点火时间。当发动机产生爆燃时，ECU 推迟点火时间以消除爆燃<br><br>爆燃推迟点火控制可使发动机整个工作范围内的点火时间紧靠爆燃时刻（即最佳点火时刻），使发动机的功率可得到更好的发挥<br><br>若发动机工作正常，但有爆燃信号，则需检查爆燃传感器的安装及传感器的线路 |
| 45 | 爆燃控制，2 缸 | 0.0° | |
| 46 | 爆燃控制，3 缸 | 0.0° | |
| 47 | 爆燃控制，4 缸 | 0.0° | |
| 48 | 节气门转角 | 2.6° | 这几个数据之间的联系紧密，节气门转角是 ECU 根据两个节气门位置传感器的信号综合计算出来的，为当前节气门实际开度。两传感器的角度之和为固定值，如果其中一个损坏，ECU 就会用另一个代替计算当前的节气门角度。传感器数值为当前 ECU 计算出来的理论值。在分析故障时，要综合运用这几个数据<br><br>节气门传感器电压是 ECU 接收到的实际电压，有一个原则是：两传感器信号电压之和等于 5V<br><br>在节气门控制部件（ECT）有故障和更换故障部件后，会出现不能正确控制 ECT 电动机的情况。为恢复其正常工作，以下情况需要进行 ECT 的初始化：电路断路、更换节气门执行器、更换 ECU<br><br>ECT 初始化条件是：进行 TPS1、TPS2 学习（完全关闭和完全打开）、TPS1 处无短路和断路、节气门位置反馈正常、节气门电动机和电源正常、发动机 ECU 正常<br><br>ECT 初始化方法与步骤如下：<br>① 将点火开关置于 OFF 位 10s 以上<br>② 将点火开关 ON 后，在 1s 以内将点火开关重新置于 OFF 位置<br>③ 将点火开关置于 OFF 位 10s 以上（至主继电器 OFF）<br>④ 将点火开关再次置于 ON 在 1s 以上，在 EPROM 上记录转子位置学习值，以便在上述提及状态下完成初始化操作<br><br>注意：因节气门体积炭和 ECT 部件有故障（电器连接过程中存在任何故障）、节气门体暂时卡滞、发动机停止或起动失效保护，恢复后均应进行 ECT 初始化 |
| 49 | 节气门位置传感器 1 | 2.3° | |
| 50 | 节气门位置传感器 2 | 2.7° | |
| 51 | 节气门位置传感器设置 | 2.6° | |
| 52 | 节气门位置传感器 1 电压 | 634mV | |
| 53 | 节气门位置传感器 2 电压 | 4375mV | |
| 54 | 加速踏板位置传感器 | 0.0 | ECU 根据加速踏板位置传感器信号计算用于控制节气门电动机的节气门开度<br><br>APS1 的规定值：不踩加速踏板时为 0.58～0.93V，完全踩下加速踏板时为 3.85～4.35V<br><br>APS2 的规定值：不踩加速踏板时为 0.29～0.46V，完全踩下加速踏板时为 1.93～2.18V<br><br>当 APS1 有故障时，用 APS2 替换，APS2 有故障用 ABS1 替换；当两传感器都故障时，节气门卡在 5° 位置不变。此时，发动机转速在 1500r/min 以下，车速最大为 40～50km/h |
| 55 | 加速踏板位置传感器 1（APS1）电压 | 756mV | |
| 56 | 加速踏板位置传感器 2（APS2）电压 | 366mV | |

（续）

| 序号 | 检测参数 | 典型数据 | 数据分析 |
|---|---|---|---|
| 57 | CVVT 适应 PWM | 1.1% | CVVT 用于改变进气门的开启/关闭正时，以节约燃油。CVVT 电磁阀是该系统的主要执行部件，由 ECU 通过占空比控制脉冲控制油路方向，以改变进气门开启/关闭正时 |
| 58 | CVVT 控制状态 | ENABLE | PWM 即 ECU 对 CVVT 电磁阀的脉宽调制输出。这两个数据是同步显示的，当"CVVT 适应 PWM"显示 0.0 时，则"CVVT 控制状态"显示 DISABLE，表示系统没有进行 CVVT 控制；反之，显示 ENABLE，表示系统正在进行 CVVT 控制 |
| 59 | 进气凸轮位置 | 129 | ECU 根据当前发动机转速、负荷等工况状态综合计算理想控制进气凸轮轴的位置 |
| 60 | 凸轮轴位置设置点 | 129 | 进气凸轮轴位置为当前的实际位置。这两个数据在维修 CVVT 系统时十分有用，如果系统油压不足，控制腔泄漏，控制阀卡滞等，从这两个数据的数值差异就能看出 |
| 61 | CVVT PW | 22.3% | 表示 CVVT 电磁阀当前的开度，00 时表示处于最大延迟位置，100% 时表示处于最大提前角位置 |

### 三、伊兰特、索纳塔、途胜自动变速器数据流分析

北京现代伊兰特、索纳塔、途胜汽车的 F4A42 型自动变速器数据流分析如表 9-3 所示。

表 9-3　伊兰特、索纳塔、途胜的 F4A42 型自动变速器数据流分析

| 序号 | 检测参数 | 典型数据 | 数据分析 |
|---|---|---|---|
| 1 | 发动机转速 | 700r/min | 自动变速器控制系统中，发动机转速是重要控制参数，变速器控制单元（TCU）根据此信号和车速传感器的信号计算换档点。发电机转速数据与变速器的输入轴转速传感器（PG-A）进行对比，还是分析锁止离合器工作状况的重要参数 |
| 2 | 车速传感器 | 0km/h | 车速对自动变速器控制系统来说也是重要的参数，它是 TCU 确定换档的一两个重要参数之一。在分析换档故障时，通过对比换档曲线（换档理论值），就可以判断 TCU 控制的换档点是否正常 |
| 3 | 节气门位置传感器 | 0.0% | 表示节气门的开度。在急速时若显示大于 0.0%，则会引起换档冲击等故障现象。若出现 N 位挂 D 位或 R 位冲击故障，则应检查该数据显示的数值是否正常 |
| 4 | PG-A | 643r/min | PG-A：输入轴转速传感器，在维修时与发动机转速进行比较，可以分析锁止离合器的工作情况 |
| 5 | PG-B | — | PG-2 输出轴转速传感器，TCU 根据此信号和 PG-A 信号计算变速器当前的实际档位和工作状态。若变速器内部出现打滑等故障时，TCU 就会给出相应的"不同步"故障码<br>提示：这两个传感器均为霍尔式，其信号电压波形均为矩形波，在装配时不能将这两个传感器的插头插错 |
| 6 | DCC 电磁阀占空比 | 0% | 表示锁止离合器（DCC）电磁阀的占空比。0 表示全关，锁止离合器不工作。在正常情况下，滑移量加上 PG-A 的转速应该等于发动机的转速。在检修故障时，要灵活应用这几个数据的内在关系 |
| 7 | DCC 滑移量 | 54~66r/min | |
| 8 | LR 电磁阀 | 100% | 低倒档制动器电磁阀控制低倒档制动器，100% 表示全开，只要发动机运转，无论什么档位，低倒档制动器都处在接合状态，这能减轻从 P 位、N 位挂入行车档位时的冲击。只有在 D 位且车速大于 5km/h 时，LR 电磁阀才关闭 |

# 第九章 其他典型汽车数据流分析

(续)

| 序号 | 检测参数 | 典型数据 | 数据分析 |
|---|---|---|---|
| 9 | UD 电磁阀 | 0 | 表示前进档离合器电磁阀的开度。0 表示全关，只有在 1、2、3 档时，前进档离合器电磁阀才工作 |
| 10 | 2ND 电磁阀 | 0 | 表示第二制动器电磁阀的开度。0 表示全关，只有在 2、4 档时，第二制动器电磁阀才工作 |
| 11 | OD 电磁阀 | 0 | 表示超速档离合器电磁阀的开度。0 表示全关，只有在 3、4 档时，超速档离合器电磁阀才工作 |
| 12 | 油温 | 85℃ | 油温传感器的主要功能为：TCU 根据油温传感器所检测到的油温来判断锁止离合器的工作与不工作状态<br>油温传感器的电阻所对应的温度是：<br>-40℃—139.5kΩ；0℃—18.6；40℃—3.8 kΩ；100℃—0.63 kΩ；160℃—0.16 kΩ |
| 13 | 档位 | 1、2、3、4 | 表示当前实际的档位，在有故障时便于进行故障分析 |
| 14 | 档位开关 | P、N | 表示档位开关位置，选择不同档位时会有相应的显示。在检查档位开关时可以起参考作用 |
| 15 | 制动开关 | OFF | 制动开关信号对自动变速器换档较重要，TCU 根据此信号进行降速换档控制和降速换档学习控制 |
| 16 | A/T 调节继电器电压 | 13.9V | 实际上是 TCU 的工作电压，在检修 TCU 电源电路时起参考作用 |
| 17 | HIVEC 模式 | MODE A | 表示自动变速器工作模式。Mode A：平坡和上坡路；Mode B：5→4，5 档 A/T 缓下坡（在 4 档变速器中不会出现）；Mode C：4→3，4 档 A/T 缓下坡；Mode D：3→2，4 档、5 档 A/T 急下坡；Mode F：其他 |

## 四、御翔 NF 自动变速器数据流分析

御翔 NF 采用改进了的 F4A42 型自动变速器，该自动变速器在阀体上增加了一个控制油压的电压电磁阀。F4A42 型自动变速器数据流分析如表 9-4 所示。

表 9-4　御翔 NF 的 F4A42 型自动变速器数据流分析

| 序号 | 检测参数 | 典型数据 | 数据分析 |
|---|---|---|---|
| 1 | 发动机转速 | 650r/min | 自动变速器控制系统中，发动机转速是重要控制参数，变速器控制单元（TCU）根据此信号和车速传感器的信号计算换档点。发电机转速数据与变速器的输入轴转速传感器（PG-A）进行对比，还是分析锁止离合器工作状况的重要参数 |
| 2 | 车速传感器 | 0km/h | 车速对自动变速器控制系统来说，也是重要的参数，它是 TCU 确定换档的一两个重要参数之一。在分析换档故障时，通过对比换档曲线（换档理论值），就可以判断 TCU 控制的换档点是否正常 |
| 3 | 节气门位置传感器 | 0.0 | 表示节气门的开度。在急速时若显示大于 0.0，则会引起换档冲击等故障现象。若出现 N 位挂 D 位或 R 位冲击故障，则应检查该数据显示的数值是否正常 |
| 4 | PG-A | 643r/min | PG-A：输入轴转速传感器，在维修时与发动机转速进行比较，可以分析锁止离合器的工作情况 |
| 5 | PG-B | 0r/min | PG-2 输出轴转速传感器，TCU 根据此信号和 PG-A 信号计算变速器当前的实际档位和工作状态。当变速器内部出现打滑故障时，TCU 就会给出相应的"不同步"故障码<br>提示：这两个传感器均为霍尔式，其信号电压波形均为矩形波，在装配时不能将这两个传感器的插头插错 |

(续)

| 序号 | 检测参数 | 典型数据 | 数据分析 |
|---|---|---|---|
| 6 | DCC 电磁阀占空比 | 100% | 表示锁止离合器（DCC）电磁阀的占空比。0 表示全关，锁止离合器不工作。在正常情况下，滑移量加上 PG-A 的转速应该等于发动机的转速。在检修故障时，要灵活应用这几个数据的内在关系 |
| 7 | DCC 滑移量 | 3～9r/min | |
| 8 | LR/DIR 电磁阀占空比 | 0 | 低倒档制动器电磁阀控制低倒制动器，100% 表示全开，只要发动机运转，无论什么档位，低倒档制动器都处在接合状态，这能减轻从 P、N 档位挂入行车档位的冲击。只有在 D 位且车速大于 5km/h 时，LR 电磁阀才关闭 |
| 9 | UD 电磁阀占空比 | 100% | 表示前进挡离合器电磁阀的开度。100% 表示全开，只有在 1、2、3 档时，前进挡离合器电磁阀才工作 |
| 10 | 2ND 电磁阀占空比 | 100% | 表示第二制动器电磁阀的开度。100% 表示全开，只有在 2、4 档时，第二制动器电磁阀才工作 |
| 11 | OD 电磁阀占空比 | 100% | 表示超速挡离合器电磁阀的开度。100% 表示全开，只有在 3、4 档时，超速挡离合器电磁阀才工作 |
| 12 | 压力调节电磁阀 | 47.1% | 该变速器采用常高式 VFS 可变压力电磁阀，在电流高时控制液压常低或为 0.0，表示管状压力最小，100% 表示管道压力应用充分 |
| 13 | 油温 | 85℃ | 油温传感器的主要功能为：TCU 根据油温传感器所检测到的油温来判断锁止离合器的工作与不工作状态。<br>油温传感器的电阻所对应的温度是：<br>−40℃——139.5kΩ；0℃——18.6；40℃——3.8 kΩ；100℃——0.63 kΩ；160℃——0.16 kΩ |
| 14 | 变速杆位置 | P、N、R | 表示当前实际的档位，在有故障时便于进行故障分析 |
| 15 | 档位开关 | P、N | 表示档位开关位置，选择不同档位时会有相应的显示。在检查档位开关时可以起参考作用 |
| 16 | 制动开关 | OFF | 制动开关信号对自动变速器换档较重要，TCU 根据此信号进行降速换档控制和降速换档学习控制 |
| 17 | 运动模式上升开关 | OFF | 按上升开关：升档信号，按下降开关：降档信号，TCU 收到请求信号后会根据当前的实际档位进行换档操作 |
| 18 | 运动模式下降开关 | OFF | |
| 19 | A/T 调节继电器电压 | 13.9V | 实际上是 TCU 的工作电压，在检修 TCU 电源电路时起参考作用 |
| 20 | HIVEC 模式 | Mode A | 表示自动变速器工作模式。Mode A：平坡和上坡路；Mode B：5→4，5 档 A/T 缓下坡（在 4 档变速器中不会出现）；Mode C：4→3，4 档 A/T 缓下坡；Mode D：3→2，4 档、5 档 A/T 急下坡；Mode F：其他 |

### 五、伊兰特和索纳塔轿车 ABS 数据流分析

北京现代伊兰特和索纳塔轿车 ABS 数据流分析如表 9-5 所示。

表 9-5　伊兰特和索纳塔 ABS 数据流分析

| 序号 | 检测参数 | 典型数据 | 数据分析 |
|---|---|---|---|
| 1 | 左前轮转速传感器 | 0r/min | 在检测车轮转速传感器时，这些信息可起重要的作用，比如，鉴别其中某个传感器是否不良，在直线行驶情况下，通过观察该传感器的数据显示与其他的数据有无不同即可准确判定 |
| 2 | 左后轮转速传感器 | 0r/min | |
| 3 | 右前轮转速传感器 | 0r/min | |
| 4 | 右后轮转速传感器 | 0r/min | |
| 5 | 警告灯 | ON | 一般情况下，只要用检测仪进入系统，就会显示 ON，在检修警告灯线路时，可以利用此数据 |
| 6 | 制动开关 | OFF | 在检查制动开关相关故障时，可以利用该数据，通过 CAN 与动力控制模块 PCM 通信，在进行牵引力防滑控制时，PCM 接收到制动信号就会相应降低发动机功率 |
| 7 | 电动机继电器 | OFF | 一般情况下，这两个数据同步显示，当 ABS 处于增压和减压模式时会显示 ON，如果出现继电器 ON，而电动机 OFF，则进行自诊断，做出有故障判断，并储存故障码<br>一般建议不维修液压控制单元，因为维修后达不到原来的密封条件反而会引起许多别的故障。在确保其电源电路无故障的前提下，只能更换 ABS 电流控制总成<br>当电动机工作不良时，可以采用如下方法诊断：<br>先踩下制动踏板，用仪器强制驱动电动机，这时，制动踏板应该有强烈的反弹感觉，如果没有反弹感觉或反弹感觉不明显，则可以判断为 ABS 电动机出现了故障 |
| 8 | 电动机 | OFF | |
| 9 | 电磁阀继电器状态 | ON | 只要 ABS 参与工作，该数据就会显示 ON。只有电磁阀继电器工作后，各个电磁阀才会有工作电源，若电磁阀继电器出现相关故障码后，在确保电源电路无故障的前提下，只能更换 ABS 电液控制总成 |
| 10 | 左前电磁阀（进油） | OFF | 进油电磁阀为常开，通电则会关闭制动主缸与轮缸的制动压力。当进油电磁阀不通电时，系统处于增压模式。检修 ABS 电磁阀时，可先踩住制动踏板，再用仪器强制使可疑进油电磁阀通电，如果对应的车轮仍然抱死，则该电磁阀工作不良，只能更换 ABS 电液控制总成 |
| 11 | 右前电磁阀（进油） | OFF | |
| 12 | 左后电磁阀（进油） | OFF | |
| 13 | 右后电磁阀（进油） | OFF | |
| 14 | 左前电磁阀（出油） | OFF | 出油阀为常闭，通电会将轮缸的制动压力卸掉。当出油电磁阀通电时，系统处于减压模式。出油电磁阀的故障诊断方法可参照进油电磁阀的诊断方法 |
| 15 | 右前电磁阀（出油） | OFF | |
| 16 | 左后电磁阀（出油） | OFF | |
| 17 | 右后电磁阀（出油） | OFF | |
| 18 | 左前 TC 阀 | OFF | 牵引力防滑控制系统只在伊兰特 1.8L 和索纳塔 2.7L 的车型上配备。当 ECU 监测到某个驱动轮打滑时，就会控制相应的电磁阀工作，同时控制电动机工作，对该驱动轮施加制动力，使车辆能顺利行驶 |
| 19 | 右前 TC 阀 | OFF | |

## 六、御翔 NF ESP 系统数据流分析

御翔 NF ESP 系统包括 ABS、EBD、TSC、AYC 等控制功能，其数据流分析如表 9-6 所示。

表 9-6　御翔 NF ESP 系统数据流分析

| 序号 | 检测参数 | 典型数据 | 数据分析 |
|---|---|---|---|
| 1 | 左前轮转速传感器 | 0r/min | 在检测车轮转速传感器时，这些信息可起重要的作用，比如，鉴别其中某个传感器是否不良，在直线行驶情况下，通过观察该传感器的数据显示与其他的数据有无不同即可准确判定 |
| 2 | 左后轮转速传感器 | 0r/min | |
| 3 | 右前轮转速传感器 | 0r/min | |
| 4 | 右后轮转速传感器 | 0r/min | |
| 5 | ABS 警告灯 | ON | 一般情况下，只要用检测仪进入系统，就会显示 ON，在检修警告灯线路时，可以利用此数据 |
| 6 | EBD 警告灯 | ON | |
| 7 | ESP 指示灯 | ON | 当 ESP 系统工作时，该指示灯会点亮，表示 ESP 系统正处于工作状态 |
| 8 | ESP OFF 灯 | ON | 当 ESP 开关处于关闭状态时，ESP OFF 灯会显示 ON，表示 ESP 系统关闭 |
| 9 | ESP OFF 开关 | OFF | |
| 10 | 制动开关 | OFF | 在检查制动开关相关故障时，可以利用该数据，通过 CAN 与动力控制模块 PCM 通信，在进行牵引力防滑控制时，PCM 接收到制动信号就会相应降低发动机功率 |
| 11 | 阀继电器状态 | ON | 只要 ABS 参与工作，该数据就会显示 ON。只有阀门继电器工作后，各个电磁阀才会有工作电源，若阀门继电器出现相关故障码后，在确保电源电路无故障的前提下，只能更换 ABS 电液控制总成 |
| 12 | 泵电动机继电器 | OFF | 一般情况下，这两个数据同步显示，当 ABS 处于增压和减压模式时会显示 ON，如果出现继电器 ON，而电动机 OFF，则进行自诊断，做出有故障判断，并储存故障码 |
| 13 | 电动机 | OFF | 一般建议不维修液压控制单元，因为维修后达不到原来的密封条件反而会引起许多别的故障。在确保其电源电路无故障的前提下，只能更换 ABS 电流控制总成<br>当电动机工作不良时，可以采用如下方法诊断：<br>先踩下制动踏板，用仪器强制驱动电动机，这时，制动踏板应该有强烈的反弹感觉，如果没有反弹感觉或反弹感觉不明显，则可以判断为 ABS 电动机出现了故障 |
| 14 | 左前电磁阀（进油） | OFF | 进油电磁阀为常开，通电则会关闭制动主缸与轮缸的制动压力。当进油电磁阀不通电时，系统处于增压模式。检修 ABS 电磁阀时，可先踩住制动大踏板，再用仪器强制使可疑进油电磁阀通电，如果对应的车轮仍然抱死，则该电磁阀工作不良，只能更换 ABS 电液控制总成 |
| 15 | 右前电磁阀（进油） | OFF | |
| 16 | 左后电磁阀（进油） | OFF | |
| 17 | 右后电磁阀（进油） | OFF | |
| 18 | 左前电磁阀（出油） | OFF | 出油阀为常闭，通电会将轮缸的制动压力卸掉。当出油电磁阀通电时，系统处于减压模式。出油电磁阀的故障诊断方法可参照进油电磁阀的诊断方法 |
| 19 | 右前电磁阀（出油） | OFF | |
| 20 | 左后电磁阀（出油） | OFF | |
| 21 | 右后电磁阀（出油） | OFF | |
| 22 | TSC 阀 1（USV） | OFF | 主要用于起步或低速行驶工况。当 ECU 监测到某个驱动轮打滑时，就会控制相应的电磁阀工作，同时控制电动机工作，对该驱动轮施加制动力，使车辆能顺利行驶 |
| 23 | TSC 阀 2（USV） | OFF | |
| 24 | ESP 阀 1（HSV） | OFF | ESP 工作时，制动油应经该电磁阀，从制动油管进入电动机，产生制动压力。踩下制动踏板时，电磁阀关闭，阻断通道 |
| 25 | ESP 阀 2（HSV） | OFF | |
| 26 | 转向角传感器 | −3.9° | 转向角传感器检测转向盘的转角和转动方向。反映转向盘转动角度、速率和方向的信号经由 CAN 接口传送至 ESP 单元 |

（续）

| 序号 | 检测参数 | 典型数据 | 数据分析 |
|---|---|---|---|
| 27 | 横摆加速度传感器 | 0.00G | 这两个传感器应用于ESP系统，在车辆转弯时，横摆率是角速度，并且横向加速度G是使车辆在转弯时使车辆远离道路行驶轨迹的加速度 |
| 28 | 横摆角速度传感器 | 0.0DEG | 这两个传感器的检测标准如表9-7所示 |
| 29 | 压力传感器 | 0.3bar | 制动压力传感器主要用来监测制动系统的压力用于液压制动辅助（HBA）控制。该传感器位于ESP单元（HECU）内部 |
| 30 | SAS校正 | ON | 在更换转向角传感器或转向盘与转向机的相对位置有变化后，都要用仪器对转向角传感器进行校正。当该数据显示OFF时，表示要对转向角传感器重新校正。转向角传感器的参数见表9-8 |

表 9-7　横摆加速度传感器和横摆角速度传感器的检测标准

| 项目 | | | 规格 | 备注 |
|---|---|---|---|---|
| 正常工作电压 | | | 11.5～12.5V | — |
| 输出电压范围 | | | 8～16V | — |
| 消耗电流 | | | 120mA（最大） | 典型数据为75 mA |
| 参考电压输出 | | | 2.464～2.536V | 典型数据为2.5V |
| 工作温度范围 | | | −40～85℃ | — |
| 横摆角速度传感器 | 测量范围 | +W方向，左转 | 100°/s（最小） | 典型数据为111°/s |
| | | −W方向，左转 | 100°/s（最小） | 典型数据为111°/s |
| | 非线性 | | −1%～1% | — |
| | 偏置（在使用寿命期内，在工作温度内） | | 3.75°/s | — |
| | 上部切断频率 | | 45Hz | 典型数据为60Hz |
| 横摆加速度传感器 | 测量范围 | +Y方向，左转 | 1.8g（最小） | 典型数据为2g |
| | | −Y方向，左转 | 1.8g（最小） | 典型数据为2g |
| | 非线性 | | −4%～4% | — |
| | 偏置（在使用寿命期内，在工作温度内） | | −0.09g～0.09g | — |
| | 上部切断频率 | | 20Hz（最小） | — |

表 9-8　转向角传感器的参数

| 项目 | | 规格 |
|---|---|---|
| 工作电压 | | 8～16V |
| 工作温度 | | −40～85℃ |
| 消耗电流 | | 150mA（最大） |
| 转向角速度 | | ±2000°/s（最大） |
| 连接延迟时间 | | <200ms |
| 倒车电压 | | −13.5V |
| 测量范围 | 角度 | −780～779° |
| | 角速度 | 0°～1016°/s |
| 非线性角度 | | −2.5°～2.5° |
| 滞后角度 | | 0°～5° |
| 旋转摩擦转矩测量 | | 10°/s |

## 第二节　广汽丰田凯美瑞轿车数据流分析

### 一、发动机控制系统数据流分析

广汽丰田凯美瑞轿车数据流读取操作方法参阅故障诊断仪操作说明。它的发动机控制系统数据流分析如表 9-9 所示。

表 9-9　广汽丰田凯美瑞发动机控制系统数据流分析

| 诊断仪显示项目 | 检测项目/显示范围 | 正常条件 | 数据分析 |
|---|---|---|---|
| Injector 喷油器 | 1号气缸的喷射时间：0~32.64ms | 怠速：1.92~3.37ms | — |
| IGN Advance 点火提前 | 1号气缸点火正时提前：-64~63.5des | 怠速：BTDC 5°~15° | — |
| Calculate Load 计算的负荷 | EUC 计算的负荷：0~100% | 怠速：3.3~26.7%<br>无负荷时以 2500r/min 转速运转：12%~14.7% | — |
| Vehicle Load 车辆负荷 | 车辆负荷：0~25700% | 实际车辆负荷 | 负荷百分比（最大进气量） |
| MAF 空气流量 | 用空气流量传感器测定的空气流量：0~655.35g/s | 怠速：0.58~4.67g/s<br>无负荷时以 2500r/min 转速运转：3.33~9.17g/s | 如果约为 0 g/s，可能是空气流量传感器电源电路有断路故障<br>如果为 160.0 g/s 或更大，VG 电路存在断路或短路故障<br>E2G 电路有断路 |
| Engine Specd 发动机转速 | 发动机转速：0~16383r/min | 怠速：610~710r/min | — |
| Vehicle Speed 车速 | 车速：0~255km/h | 实际转速 | 车速表显示的车速 |
| Coolant Temp 冷却液温度 | 发动机冷却液温度：40~140℃ | 暖机后：80~100℃ | 如果为 40℃或更低，传感器电路有断路 |
| Intake Air 进气 | 进气温度：40~140℃ | 相当于环境空气温度 | 如果为 140 或更高，传感器电路有短路 |
| Air Fuel Ratio 空燃比 | 与理论值相比的空燃比：0~1.999 | 怠速：0.8~1.12 | 理论空燃比=1<br>＜1：过稀<br>＞1：过浓 |
| Purge Density Learn Value 净化浓度学习值 | 净化浓度学习值：-50~350 | 怠速：-40~10 | — |
| Purge Flow 净化值 | 蒸发净化流和进气量的比率：0~102.4% | 怠速：0~10% | — |
| EVAP（Purge）VSV EVAP 净化 VSV | 净化 VSV 控制占空比：0~100% | 怠速：10%~50% | 请求 ECU 发出信号 |
| Knock Correel Learn Value 爆燃纠正学习值 | 爆燃纠正学习值：-64~1.984CA | 行驶速度 70km/h；0~20CA | — |

# 第九章 其他典型汽车数据流分析

（续）

| 诊断仪显示项目 | 检测项目/显示范围 | 正常条件 | 数据分析 |
|---|---|---|---|
| Knock Feedback Value<br>爆燃反馈值 | 爆燃反馈值：<br>-64~1.984CA | 行驶速度70km/h；<br>-20~0CA | ETCS维修数据 |
| Aecelerator Position NO.1<br>1号加速器位置 | 1号绝对加速踏板位置（APP）：<br>0~100% | 松开加速踏板：<br>10%~22%<br>完全踩下加速踏板：<br>52%~90% | 点火开关ON（不起动发动机）时读取数值 |
| Aecelerator Position NO.2<br>2号加速器位置 | 2号绝对加速踏板位置（APP）：<br>0~100% | 松开加速踏板：<br>24%~40%<br>完全踩下加速踏板：<br>68%~100% | 点火开关ON（不起动发动机）时读取数值 |
| Aecelerator Position NO.1<br>1号加速器位置 | 1号加速踏板位置传感器电压：<br>0~5V | 松开加速踏板：<br>0.5~1.1V<br>完全踩下加速踏板：<br>2.5~4.5V | 点火开关ON（不起动发动机）时读取数值 |
| Aecelerator Position NO.2<br>2号加速器位置 | 2号绝对加速踏板位置传感器电压：<br>0~5V | 松开加速踏板：<br>1.2~2.0V<br>完全踩下加速踏板：<br>3.4~5.0V | 点火开关ON（不起动发动机）时读取数值 |
| Aecelerator Idie Position<br>加速踏板急速位置 | 加速踏板位置传感器是否检测到急速状态：<br>ON或OFF | 急速：ON | — |
| Throttle Fully Close Learn<br>节气门全关学习值 | 节气门全关（学习值）：<br>0~5V | 0.4~0.8V | — |
| Accel Fully Close#1（AD）<br>1号加速器全关（AD） | 1号加速踏板位置传感器电压（AD）：<br>0~4.9804V | — | ETCS维修数据 |
| Accel Fully Close#1<br>1号加速器全关学习值 | 1号加速器全关学习值：<br>0~124.512deg | — | ETCS维修数据 |
| Accel Fully Close#2<br>2号加速器全关学习值 | 2号加速器全关学习值：<br>0~124.512deg | — | ETCS维修数据 |
| Fail Safe Drive<br>失效驱动 | 是否执行失效保护功能：<br>ON或OFF | 电子节气门控制系统（ETCS）失效：ON | — |
| Fail Safe Drive（失效驱动）<br>主CPU失效驱动 | 是否执行失效保护功能：<br>ON或OFF | ON：ETCS已经失效 | — |
| STL | 制动踏板信号：<br>ON或OFF | ON：踩下制动踏板 | — |
| System Guard<br>系统保护 | 系统保护：<br>ON或OFF | — | ETCS维修数据 |
| Open Side Malfunction<br>开启一侧故障 | 打开侧故障：<br>ON或OFF | — | ETCS维修数据 |
| Thruttle Position<br>节气门位置 | 节气门位置传感器：<br>0~100% | 节气门全关：10%~22%<br>节气门全开：66%~98% | 根据VTA1计算的数据<br>点火开关ON（不起动发动机）时读取数值 |

（续）

| 诊断仪显示项目 | 检测项目/显示范围 | 正常条件 | 数据分析 |
| --- | --- | --- | --- |
| Thruttle Idie Position<br>节气门怠速位置 | — | 怠速：ON | — |
| Thruttle Require Position<br>节气门要求位置 | 需要的节气门位置：<br>0～5V | 怠速：0.5～1.0V | — |
| Thruttle Sensor Position<br>节气门传感器位置 | 节气门位置：<br>0～100% | 节气门全关：0<br>节气门全开：50%～80% | ECU 上的节气门开度识别数据<br>点火开关 ON（不起动发动机）时读取数据 |
| Thruttle Sensor Position#2<br>2号节气门传感器位置 | 2号节气门传感器位置：<br>0～100% | 节气门全关：42%～62%<br>节气门全开：92%～100% | 根据 VTA1 计算的数据<br>点火开关 ON（不起动发动机）时读取数据 |
| Thruttle Position NO.1<br>1号节气门位置 | 1号节气门位置传感器输出电压：0～5V | 节气门全关：0.5～1.1V<br>节气门全开：3.2～4.9V | 点火开关 ON（不起动发动机）时读取数值 |
| Thruttle Position NO.2<br>2号节气门位置 | 2号节气门位置传感器输出电压：0～5V | 节气门全关：2.1～3.1V<br>节气门全开：4.6～5.0V | 点火开关 ON（不起动发动机）时读取数值 |
| Throttle Position Command<br>节气门位置指令 | 节气门位置指令值：<br>0～4.9804V | 0.5～4.9V | 点火开关 ON（不起动发动机）时读取数值 |
| Throttle Sens Open Pos#1<br>1号节气门位置传感器开启位置 | 1号节气门位置传感器开启位置：<br>0～4.9804V | — | ETCS 维修数据 |
| Throttle Sens Open Pos#2<br>2号节气门位置传感器开启位置 | 2号节气门位置传感器开启位置：<br>0～4.9804V | — | ETCS 维修数据 |
| Throttle Sens Open Pos#1（AD）<br>1号节气门位置传感器开启（AD） | 1号节气门位置传感器开启电压（AD）：<br>0～4.9804V | 0.5～4.9V | 点火开关 ON（不起动发动机）时读取数值 |
| Throttle Motor<br>节气门电动机 | 是否允许使用节气门执行器控制：ON 或 OFF | 怠速：ON | — |
| Throttle Motor Currenl<br>节气门电动机电流 | 节气门执行器电流：<br>0～80A | 怠速：0～3.0A | — |
| Throttle Motor<br>节气门电动机 | 节气门执行器：<br>0～100% | 怠速：0.5%～40% | — |
| Throttle Motor Duty（open）<br>节气门电动机开启时的占空比 | 节气门执行器占空比（开度）：<br>0～100% | 怠速：0～40% | ETCS 维修数据 |
| Throttle Motor Duty（close）<br>节气门电动机关闭时的占空比 | 节气门执行器占空比（开度）：<br>0～100% | 怠速：0～40% | ETCS 维修数据 |

# 第九章 其他典型汽车数据流分析

（续）

| 诊断仪显示项目 | 检测项目/显示范围 | 正常条件 | 数据分析 |
|---|---|---|---|
| 02S B1 S2 | 2号电热型氧传感器的输出电压：<br>0~1.275V | 行驶速度70/km/h：<br>0.1~0.9V | 执行喷油量控制或为氧传感器，主动测试功能控制喷油量，可检查传感器输出电压 |
| AFS B1 S1 | 1号氧传感器输出电压：<br>0~0~7.999V | 怠速：2.8~3.8V | |
| Total FT#1<br>1列总燃油修正 | 燃油系统的总燃油修正值：<br>-0.5~0.496 | -0.2~0.2 | — |
| Short FT#1<br>1列短期燃油修正 | 短期燃油修正：<br>-100%~99.2% | -20%~20% | 用来使空燃比保持在理论配比空燃比的短期燃油补偿 |
| Long FT#1<br>1列长期燃油修正 | 长期燃油修正：<br>-100%~99.2% | -15%~15% | 长期总体燃油补偿，用以补偿短期燃油修正和中间值的持续偏差 |
| Fuel System Status（Bank1）<br>1列燃油系统状态 | 燃油系统状态：<br>OL 或 CL 或 OLDRIVE 或 OLFAULT 或 CLFAULT | 暖机后怠速运转 | OL 开环：还没有满足转变为闭环的条件<br>OL 闭环：用加热型氧传感器作燃油控制反馈<br>OL 驱动：由于驾驶条件（需燃油增浓）转变为开环<br>OL 错误：因检测到系统错误而转变为开环<br>CL 错误：闭环，但作燃油控制的加热型氧传感器有故障 |
| AF FT B1 S1 | 氧传感器（1列1号传感器）：电压从低到高的切换时间 | 数值低于1（0.000~0.999）=过稀<br>数值高于1（1.001~1.999）=过浓 | — |
| AFS B1 S1 | 氧传感器电流（1号传感器）：<br>0~127.99mA | — | — |
| Catalyst Temp（B1 S1）<br>催化转化器温度1列1号传感器 | 估计的催化转化器温度（1列1号：<br>-40~900℃ | — | — |
| Catalyst Temp（B1 S2）<br>催化转化器温度1列2号传感器 | 估计的催化转化器温度（1列2号：<br>-40~900℃ | — | — |
| Initial Engine Coolant Temp<br>发动机冷却液初始温度 | 发动机起动时的发动机冷却液温度：<br>-40~120℃ | 接近于环境空气温度 | — |
| Initial Air Temp<br>进气初始温度 | 发动机起动时的进气温度：<br>-40~120℃ | 接近于环境空气温度 | — |
| Injection Volume（Cylindre1）<br>1号气缸喷油量 | 喷油量（1号气缸）：<br>0~2.048mL | 怠速：0~0.15mL | 10个喷油器的总燃油喷油量 |

（续）

| 诊断仪显示项目 | 检测项目/显示范围 | 正常条件 | 数据分析 |
|---|---|---|---|
| Starter Signal<br>起动信号 | 起动开关（STSW）信号：<br>ON 或 OFF | 转动：ON | — |
| Power Steering Switch<br>动力转向机构开关 | 动力转向机构信号：<br>ON 或 OFF | 动力转向机构操作：ON | — |
| Power Steering Signal<br>动力转向机构信号 | 动力转向机构信号（历史）：<br>ON 或 OFF | 蓄电池端子连接后第一次转动转向盘：ON | 蓄电池端子断开时信号状态通常为 ON |
| Closed Throttle Position SW<br>节气门位置 SW 闭合 | 闭合节气门位置开关：<br>ON 或 OFF | 节气门全关：ON<br>节气门打开：OFF | — |
| A/C Signal<br>空调信号 | 空调信号：<br>ON 或 OFF | 空调开启：ON | — |
| Neutral Position SW Signal<br>空档位置 SW 信号 | PMP 开关状态：<br>ON 或 OFF | P 位或 N 位：ON | — |
| Electrical Load Signal<br>电气负荷信号 | 电气负荷信号：<br>ON 或 OFF | 将前照灯或除雾器开关转到 ON：ON | — |
| Stop Light Switch<br>制动灯开关 | 制动灯开关：<br>ON 或 OFF | 踩下制动踏板：ON | — |
| ETCS Actuator<br>ETCS 执行器电源 | ETCS 电源：<br>ON 或 OFF | 点火开关 ON：<br>系统正常 | — |
| +BM Voltage<br>+BM 电压 | +BM 电压：<br>0~19.92182V | 点火开关 ON，系统正常：<br>9~14V | ETCS 维修数据 |
| Battery Voltage<br>蓄电池电压 | 蓄电池电压：<br>0~65.585V | 点火开关 ON：<br>9~14V | — |
| Actuator Power Supply<br>执行器电源 | 执行器电源：<br>ON 或 OFF | 急速：ON | ETCS 维修数据 |
| Atmosphere Pressure<br>大气压力 | 大气压力：<br>0~255kPa | 点火开关 ON：<br>约 100 kPa | — |
| EMAP Purge VSV<br>EVAP 净化 VSV | 净化 VSV 状态：<br>ON 或 OFF | — | 主动测试支持数据 |
| Fuel Pump/Speed Status<br>燃油泵/转速状态 | 燃油泵状态：<br>ON 或 OFF | 发动机运转：ON | 主动测试支持数据 |
| VVT Control Status (Bank1)<br>1 列 VVT 控制状态 | VVT 控制状态（1 列）：<br>ON 或 OFF | — | 主动测试支持数据 |
| Electric Fan Motor<br>电动风扇电动机 | 电动风扇电动机：<br>ON 或 OFF | 电动风扇电动机运行：ON | 主动测试支持数据 |
| TC and TE1<br>TC 和 TE1 | DLC3 的 TC 和 CG（TE1）端子：ON 或 OFF | — | 主动测试支持数据 |
| Engine Speed of Cy1#1<br>1 号气缸发动机转速 | 1 号气缸燃油切断时的发动机转速：<br>0~25600r/min | — | 仅在主动测试中进行 1 号气缸燃油切断时输出 |
| 02S（A/FS）Monitor<br>02S（A/FS）监控 | 02S（A/FS）监控：<br>有监控或无监控 | — | — |

# 第九章

## 其他典型汽车数据流分析

（续）

| 诊断仪显示项目 | 检测项目/显示范围 | 正常条件 | 数据分析 |
|---|---|---|---|
| Catalyst Monitor 催化转化器监控 | 催化转化器监控：有监控或无监控 | — | — |
| Model Code 车型代号 | 确认车型代号 | ACV41 | |
| Engine Type 发动机类型 | 确认发动机类型 | 1AZFE | — |
| Cylinder Number 气缸数 | 确认气缸数：0～255 | 4 | — |
| Engine Speed of Cyl#3 3号气缸发动机转速 | 3号气缸燃油切断时的发动机转速：0～25600r/min | — | 仅在进行主动测试中，3号气缸燃油切断时输出 |
| Engine Speed of Cyl#4 4号气缸发动机转速 | 4号气缸燃油切断时的发动机转速：0～25600r/min | — | 仅在进行主动测试中，4号气缸燃油切断时输出 |
| AV Engine Speed of ALL Cyl 所有气缸的发动机平均转速 | 在1～4号气缸燃油切断时的平均发动机转速：0～25600r/min | — | 仅在进行主动测试时输出 |
| WT Aim Angle(Bank1)) 1列WT调整角度 | WT调整角度（1列）：0～100% | 0～100% | 操作时的占空比信号 |
| WT Change Angle (Bank1) 1列WT改变角度 | WT改变角度（1列）：0°～60°FR | 0°～56°FR | 操作时的转移角度 |
| WT OCV Duty（Bank1）1列WT OCV占空比 | WT OCV操作占空比：0～100% | 0～100% | 操作时所需要的占空比 |
| Idle Fuel Cut 急速燃油切断 | 燃油切断后发动机空转：ON或OFF | 燃油切断运行：ON | 在节气门全关和发动机转速超过1500r/min时，急速燃油切断为"ON" |
| FC TAM 大气压力 | 燃油切断TAM（负荷很低时燃油切断：ON或OFF | 燃油切断运行：ON | 在负荷很低的状态下切断燃油，以防发动机不完全燃烧 |
| Ignition 点火 | 点火计数器：0～400 | 0～400 | — |
| Cylinder#1 Misfire Rate 1号气缸缺火率 | 1号气缸缺火率：0～255 | 0 | |
| Cylinder#2 Misfire Rate 2号气缸缺火率 | 2号气缸缺火率：0～255 | 0 | |
| Cylinder#3 Misfire Rate 3号气缸缺火率 | 3号气缸缺火率：0～255 | 0 | |
| Cylinder#4 Misfire Rate 4号气缸缺火率 | 4号气缸缺火率：0～255 | 0 | |
| All Cylinder Misfire Rate 所有气缸缺火率 | 所有气缸缺火率：0～255 | 0 | |
| Transmission Type 变速器类型 | 确认变速器类型 | ECT（4AT） | — |

（续）

| 诊断仪显示项目 | 检测项目/显示范围 | 正常条件 | 数据分析 |
|---|---|---|---|
| Destinationr<br>输出国 | 确认输出国 | W | — |
| Model Year<br>车型年份 | 确认车型年份<br>1900～2155 | 2006 | — |
| 确认系统 | 确认发动机系统 | 汽油（汽油发动机） | — |
| Engine Speed of Cy1#2<br>2号气缸发动机转速 | 2号气缸燃油切断时的发动机转速：<br>0～25600r/min | — | 仅在进行主动测试中，3号气缸燃油切断时输出 |
| Misfire RPM<br>缺火转速 | 发生缺火时发动机转速：<br>0～25600r/min | — | — |
| Misfire Load<br>缺火负荷 | 发生缺火时发动机负荷：<br>0～3.98g/s | — | — |
| Misfire Margin<br>缺火范围 | 检测发动机缺火范围：<br>−100%～99.22% | −100%～99.22% | 缺火检测范围 |
| #Codes<br>故障码 | 故障码数量：<br>0～255 | — | 检测到的故障码（DTC）个数 |
| Check Mode<br>检查模式 | 检查模式：<br>ON 或 OFF | 检查模式：ON | — |
| SPD Tesl<br>SPD 测试 | 车速传感器在检查模式的结果：完成或未完成 | — | — |
| Misfire Test<br>缺火测试 | 缺火监控在检查模式下的结果：完成或未完成 | — | — |
| OXS1 TEST<br>OXS1 测试 | 氧传感器在检查模式下的结果：完成或未完成 | — | — |
| A/F Test Results（Bank1）<br>1列测试结果 | A/F（空燃比）在检查模式下的结果：<br>完成或未完成 | — | — |
| MIL<br>故障指示灯 | MIL 状态：<br>ON 或 OFF | MIL ON：ON | — |
| MIL ON Run Distance<br>MIL 亮起后的行驶距离 | MIL 亮起后的行驶距离：<br>0～65535km/h | 检测到故障码（DTC）后的行驶距离 | — |
| Runing Time from MIL ON<br>MIL 亮起后的行驶时间 | MIL 亮起后的行驶时间：<br>0～65535s | 相当于 MIL 亮起后的行驶时间 | — |
| Engine Run Time<br>发动机运转时间 | 发动机运转时间：<br>0～65535s | 发动机起动后的时间 | — |
| Time from DTC Cleared<br>故障码（DTC）清除后的时间 | 故障码（DTC）清除后的时间：<br>0～65535s | 相当于故障码（DTC）消除后的时间 | — |
| Distancs from DTC Cleared<br>故障码（DTC）清除后的行驶距离 | 故障码（DTC）清除后的行驶距离：<br>0～65535km | 相当于故障码（DTC）消除后的行驶距离 | — |

（续）

| 诊断仪显示项目 | 检测项目/显示范围 | 正常条件 | 数据分析 |
|---|---|---|---|
| Warmup Cycle Cleared DTC 故障码（DTC）清除后的暖机周期数 | 故障码（DTC）清除后的暖机周期数：0~255 | — | 故障码（DTC）清除后的暖机周期数 |
| OBD Requirement OBD 要求 | OBD 要求 | E-OBD | — |
| Number of Emissiom DTC 排放故障码（DTC）的数量 | 排放故障码（DTC）的数量 | — | — |
| Complete Parts Monitor 完全零件监控 | 全面组件监控：有监控或无监控 | — | — |
| Fuel System Monitor 燃油系统监控 | 燃油系统监控：有监控或无监控 | — | — |
| Misfire Monitor 缺火监控 | 缺火监控：有监控或无监控 | — | — |

## 二、自动变速器控制系统数据流分析

自动变速器电子控制系统检测项目、检测方法及数据流分析如表 9-10 所示。

表 9-10 自动变速器电子控制系统数据流分析

| 诊断仪显示项目 | 检测项目/检测方法 | 控制范围 | 数据分析 |
|---|---|---|---|
| Control The Shift Position 控制档位 | 测试操作：操作换档电磁阀，并设定每个档位<br>车辆状态：<br>IDL：ON；低于 50km/h<br>其他：<br>*按下"→"按钮：换高速档<br>*按下"←"按钮：换低速档 | 1 位/2 位/<br>3 位/4 位 | 检查换档电磁阀的运行状态 |
| Activate The Lock UP 激活锁止 | 测试操作：控制 DSL 换档电磁线圈，将驱动桥设定在锁止状态<br>车辆状态：<br>*节气门开度：小于 35%<br>*车速：58km/h 或更高 | ON/OFF | 检查 DSL 工作状态 |
| Activate The Solenoid（SL1）激活 SL1 电磁线圈 | 测试操作：操作换档电磁线圈 SL1<br>车辆状态：<br>*车辆停止运行<br>*变速杆在 P 位或 N 位 | ON/OFF | — |
| Activate The Solenoid（SL2）激活 SL2 电磁线圈 | 测试操作：操作换档电磁线圈 SL2<br>车辆状态：<br>*车辆停止运行<br>*变速杆在 P 位或 N 位 | ON/OFF | — |

（续）

| 诊断仪显示项目 | 检测项目/检测方法 | 控制范围 | 数据分析 |
|---|---|---|---|
| Activate The Solenoid（S4）激活 S4 电磁线圈 | 测试操作：<br>操作换档电磁线圈 S4<br>车辆状态：<br>\* 车辆停止运行<br>\* 变速杆在 P 位或 N 位 | ON/OFF | — |
| Activate The Solenoid（DSL）激活 S4 电磁线圈 | 测试操作：<br>操作换档电磁线圈 DSL<br>车辆状态：<br>\* 车辆停止运行<br>\* 变速杆在 P 位或 N 位 | ON/OFF | — |
| Activate The Solenoid（SLT）激活 SLT 电磁线圈 | 测试操作：<br>操作换档电磁线圈 SLT，提升管路压力<br>车辆状态：<br>\* 车辆停止运行；IDL：ON<br>建议：<br>OFF：管路压力上升（当"激活电磁线圈"的主动测试执行时，ECU 命令 SLT 电磁线圈关闭）<br>ON：没有动作（正常运行） | ON/OFF | — |

### 三、防抱死制动控制系统数据流分析

防抱死制动控制系统数据流分析如表 9-11 所示。

表 9-11 防抱死制动控制系统数据流分析

| 项目 | 检测项目/显示范围 | 正常条件 | 数据分析 |
|---|---|---|---|
| FR WHEEL SPD 右前轮速 | 右前轮速传感器读数：0~326km/h | 实际车速 | 速度显示在车速表上 |
| FL WHEEL SPD 左前轮速 | 左前轮速传感器读数：0~326km/h | 实际车速 | 速度显示在车速表上 |
| RR WHEEL SPD 右后轮速 | 右后轮速传感器读数：0~326km/h | 实际车速 | 速度显示在车速表上 |
| RL WHEEL SPD 左后轮速 | 左后轮速传感器读数：0~326km/h | 实际车速 | 速度显示在车速表上 |
| VEHICLE SPD 车辆速度 | 车辆速度读数：0~326km/h | 实际车速 | 速度显示在车速表上 |
| SFLH | ABS 电磁阀（SFLH）：ON 或 OFF | ON：运作 | — |
| SFRH | ABS 电磁阀（SFRH）：ON 或 OFF | ON：运作 | — |
| SFLR | ABS 电磁阀（SFLR）：ON 或 OFF | ON：运作 | — |
| SFLH | ABS 电磁阀（SFLH）：ON 或 OFF | ON：运作 | — |
| SRRR | ABS 电磁阀（SRRR）：ON 或 OFF | ON：运作 | — |
| SRRH | ABS 电磁阀（SRRH）：ON 或 OFF | ON：运作 | — |
| SRLR | ABS 电磁阀（SRLR）：ON 或 OFF | ON：运作 | — |
| SRLH | ABS 电磁阀（SRLH）：ON 或 OFF | ON：运作 | — |
| TEST MODE 测试模式 | 测试模式：正常或测试 | 正常：正常模式<br>测试：测试模式 | — |

# 第九章 其他典型汽车数据流分析

（续）

| 项目 | 检测项目/显示范围 | 正常条件 | 数据分析 |
|---|---|---|---|
| #CODES<br>故障码 | 记录故障码及故障： | — | — |
| ABS WARN LAMP<br>ABS 警告灯 | ABS 警告灯：ON 或 OFF | ON：ABS 警告灯亮<br>OFF：ABS 警告灯关 | — |
| BRAKE WARN LAMP<br>制动警告灯 | 制动警告灯：ON 或 OFF | ON：制动警告灯亮<br>OFF：制动警告灯关 | — |
| FR WHEEL ACCEL<br>右前轮加速度 | 右前轮加速度 | 0m/s | — |
| FL WHEEL ACCEL<br>左前轮加速度 | 左前轮加速度 | 0m/s | — |
| RR WHEEL ACCEL<br>右后轮加速度 | 右后轮加速度 | 0m/s | — |
| RL WHEEL ACCEL<br>左后轮加速度 | 左后轮加速度 | 0m/s | — |
| FR ABS STATUS<br>右前 ABS 状态 | 右前 ABS 控制状态：ON 或 OFF | ON：在 ABS 控制期间<br>OFF：不在 ABS 控制期间 | — |
| FL ABS STATUS<br>左前 ABS 状态 | 左前 ABS 控制状态：ON 或 OFF | ON：在 ABS 控制期间<br>OFF：不在 ABS 控制期间 | — |
| RR ABS STATUS<br>右后 ABS 状态 | 右后 ABS 控制状态：ON 或 OFF | ON：在 ABS 控制期间<br>OFF：不在 ABS 控制期间 | — |
| RL ABS STATUS<br>左后 ABS 状态 | 左后 ABS 控制状态：ON 或 OFF | ON：在 ABS 控制期间<br>OFF：不在 ABS 控制期间 | — |
| FR EBD STATUS<br>右前 EBD 状态 | 右前 EBD 控制状态：ON 或 OFF | ON：在 ABS 控制期间<br>OFF：不在 ABS 控制期间 | FR ABS STATUS<br>右前 ABS 控制状态 |
| FL EBD STATUS<br>左前 EBD 状态 | 左前 EBD 控制状态：ON 或 OFF | ON：在 ABS 控制期间<br>OFF：不在 ABS 控制期间 | — |
| RR EBD STATUS<br>右后 EBD 状态 | 右后 EBD 控制状态：ON 或 OFF | ON：在 ABS 控制期间<br>OFF：不在 ABS 控制期间 | — |
| RL EBD STATUS<br>左后 EBD 状态 | 左后 EBD 控制状态：ON 或 OFF | ON：在 ABS 控制期间<br>OFF：不在 ABS 控制期间 | — |

## 四、汽车空调控制系统数据流分析

### 1. 手动汽车空调控制系统数据流分析

具体如表 9-12 所示。

表 9-12 手动汽车空调控制系统数据流分析

| 项目 | 检测项目 / 显示范围 | 正常状态 | 数据分析 |
|---|---|---|---|
| AMBI TEMP SENS<br>环境温度传感器 | 环境温度传感器温度：<br>-23 ~ 65.95℃ | 显示实际环境温度 | — |
| AMBI TEMP<br>环境温度 | 调节环境温度：<br>-30 ~ 50.8℃ | — | — |
| EVAP FIN TEMP<br>蒸发器温度传感器 | 蒸发器温度传感器温度：<br>-29.7 ~ 59.55℃ | 显示实际蒸发器温度 | — |
| COOLANT TEMP<br>发动机冷却液温度 | 发动机冷却液温度传感器温度：<br>1.3 ~ 90.55℃ | 当发动机暖机后显示发动机冷却液温度 | — |
| REG PRESS SENS<br>压力传感器调节 | 压力传感器调节压力：<br>-50 ~ 370kPa | 显示实际制冷压力 | — |
| REG CTRL CURRNT<br>调节控制电流 | 压缩机可变输出电流：<br>0 ~ 0.996A | — | — |
| AIR MIX PULSE-D<br>空气混合伺服电动机脉冲（驾驶人侧） | 驾驶人侧空气混合伺服电动机目标脉冲：<br>0 ~ 255 | 最冷：105（脉冲）<br>最热：7（脉冲） | — |
| AIR OUT PULSE-D<br>出风伺服电动机脉冲（驾驶人侧） | 驾驶人侧出风伺服电动机目标脉冲：0 ~ 255 | 表面：8<br>B/L：30 ~ 38（脉冲）<br>尾部：50 ~ 74（脉冲）<br>尾部/DEF：80（脉冲）<br>DEF：97（脉冲） | — |
| A/I DAMP PLS<br>进气风门目标脉冲 | 进气风门目标脉冲：<br>0 ~ 255 | 再流通：7（脉冲）<br>新鲜的：28（脉冲） | — |
| #CODES<br>故障码数量 | 故障码数量：<br>0 ~ 255 | 显示故障码数量 | — |

### 2. 自动汽车空调控制系统数据流分析

自动汽车空调控制系统数据流分析如表 9-13 所示。

表 9-13 自动汽车空调控制系统数据流分析

| 项目 | 检测项目 / 显示范围 | 正常状态 | 数据分析 |
|---|---|---|---|
| ROOM TEMP<br>室内温度传感器 | 室内温度传感器温度：<br>-6.5 ~ 57.25℃ | 显示实际车内温度 | — |
| AMBI TEMP SENS<br>环境温度传感器 | 环境温度传感器温度：<br>-23 ~ 65.95℃ | 显示实际环境温度 | — |
| AMBI TEMP<br>环境温度 | 调节环境温度：<br>-30 ~ 50.8℃ | — | — |
| EVAP FIN TEMP<br>蒸发器温度传感器 | 蒸发器温度传感器温度：<br>-29.7 ~ 59.55℃ | 显示实际蒸发器温度 | — |
| SOLAR SENS-D<br>驾驶人侧日照传感器 | 驾驶人侧日照传感器温度：<br>0 ~ 255 | 驾驶人侧日照传感器数值随光照增强而增大 | — |

# 第九章
## 其他典型汽车数据流分析

（续）

| 项目 | 检测项目/显示范围 | 正常状态 | 数据分析 |
|---|---|---|---|
| SOLAR SENS-P<br>乘客侧日照传感器 | 乘客侧日照传感器温度：<br>0~255 | 乘客侧日照传感器数值随光照增强而增大 | — |
| COOLANT TEMP<br>发动机冷却液温度 | 发动机冷却液温度传感器温度：<br>1.3~90.55℃ | 当发动机暖机后显示发动机冷却液温度 | — |
| SET TEMP-D<br>驾驶人侧温度设置 | 驾驶人侧温度设置温度：<br>0~30℃ | 显示驾驶人侧实际设置温度 | — |
| SET TEMP-P<br>乘客侧温度设置 | 乘客侧温度设置温度：<br>0~30℃ | 显示乘客侧实际设置温度 | — |
| ESTIMATE TEMP-D<br>驾驶人侧估计温度 | 驾驶人侧估计温度：<br>-358~358℃ | 风门在"最冷"：-358.4℃ | — |
| ESTIMATE TEMP-P<br>乘客侧估计温度 | 乘客人侧估计温度：<br>-358~358℃ | 风门在"最热"：358.4℃ | — |
| HAND FREE TEL<br>免提电话 | 免提电话：<br>OFF 或 ON | — | — |
| BLOW LEVERL<br>鼓风机电动机速度等级 | 鼓风机电动机速度等级：<br>0~31级 | 在0级和31级间随鼓风机电动机速度的增加而增加 | — |
| REG PRESS SENS<br>压力传感器调节 | 压力传感器调节压力：<br>-50~370kPa | 显示实际制冷压力 | — |
| REG CTRL CURRNT<br>调节控制电流 | 压缩机可变输出电流：<br>0~0.996A | — | — |
| AIR MIX PULSE-D<br>驾驶人侧空气混合伺服电动机脉冲 | 驾驶人侧空气混合伺服电动机目标脉冲：0~255 | 最冷：5（脉冲）<br>最热：103（脉冲） | — |
| AIR MIX PULSE-P<br>乘客侧空气混合伺服电动机脉冲 | 乘客侧空气混合伺服电动机目标脉冲：0~255 | 最冷：105（脉冲）<br>最热：7（脉冲） | — |
| AIR OUT PULSE-D<br>驾驶人侧出风伺服电动机脉冲 | 驾驶人侧出风伺服电动机目标脉冲：0~255 | 表面：8<br>B/L：30~38（脉冲）<br>尾部：50~74（脉冲）<br>尾部/DEF：80（脉冲）<br>DEF：97（脉冲） | — |
| A/I DAMP PLS<br>进气风门目标脉冲 | 进气风门电动机目标脉冲：<br>0~255 | 再流通：7（脉冲）<br>新鲜的：28（脉冲） | — |
| #CODES<br>故障码数量 | 故障码数量：<br>0~255 | 显示故障码数量 | — |
| B1411/11[①、④] | 室内温度传感器电路 | 可能的故障部位：<br>·室内温度传感器<br>·室内温度传感器与空调放大器之间的线束和插接器<br>·空调放大器 | 存储<br>（8.5min 或更长） |
| B1412/12[②] | 环境温度传感器电路 | 可能的故障部位：<br>·环境温度传感器<br>·环境温度传感器与空调放大器之间的线束和插接器<br>·空调放大器 | 存储<br>（8.5min 或更长） |

（续）

| 项目 | 检测项目/显示范围 | 正常状态 | 数据分析 |
|---|---|---|---|
| B1413/13 | 蒸发器温度传感器电路 | 可能的故障部位：<br>·空调线束（蒸发器温度传感器）<br>·空调放大器 | 存储<br>（8.5min 或更长） |
| B1421/21[③]、[④] | 日照传感器电路（乘客侧） | 可能的故障部位：<br>·日照传感器<br>·日照传感器与空调放大器之间线束和插接器<br>·日照传感器与车身 ECU 之间线束和插接器<br>·空调放大器<br>·车身 ECU | 存储<br>（8.5min 或更长） |
| B1422/22 | 压缩机锁止传感器电路 | 可能的故障部位：<br>·空调压缩机锁止传感器<br>·压缩机传动带<br>·压缩机与电磁离合器之间线束和插接器<br>·空调放大器<br>·CAN 通信系统 | — |
| B1423/23 | 压力开关电路 | 可能的故障部位：<br>·压力传感器<br>·压力传感器与空调放大器之间线束和插接器<br>·制冷管线<br>·空调放大器 | — |
| B1424/21[②] | 日照传感器电路（驾驶人侧） | 可能的故障部位：<br>·日照传感器<br>·日照传感器与空调放大器之间线束和插接器<br>·日照传感器与车身 ECU 之间线束和插接器<br>·空调放大器<br>·车身 ECU | 存储<br>（8.5min 或更长） |
| B1441/41 | 空气混合风门控制伺服电动机电路 | 可能的故障部位：<br>·空调放大器<br>·空调线束<br>·空气混合控制伺服电动机 | 存储（30s） |
| B1442/42 | 进气风门控制伺服电动机电路 | 可能的故障部位：<br>·空调放大器<br>·空调线束<br>·进气控制伺服电动机 | 存储（30s） |
| B1443/43 | 出风口风门控制伺服电动机电路 | 可能的故障部位：<br>·空调放大器<br>·空调线束<br>·出风控制伺服电动机 | 存储（30s） |

# 第九章 其他典型汽车数据流分析

（续）

| 项目 | 检测项目/显示范围 | 正常状态 | 数据分析 |
| --- | --- | --- | --- |
| B1446/46④ | 空气混合风门控制伺服电动机电路（驾驶人侧） | 可能的故障部位：<br>·空调放大器<br>·空调线束<br>·空气混合控制伺服电动机 | 存储（30s） |
| B1451/51 | 压缩机电磁阀电路 | 可能的故障部位：<br>·空调压缩机<br>·空调放大器及外部可变压缩机螺线管之间线束和插接器<br>·空调放大器 | — |
| B1497/97 | IC多路通信故障 | 可能的故障部位：<br>·空调线束<br>·空调放大器 | 存储<br>（10s或更长） |
| B1499/99 | 多路通信电路 | 可能的故障部位：<br>CAN | 存储 |

① 若车内温度大约为 −18.6℃或更低，即使系统正常也可能输出故障码 B1411/11。
② 若环境温度大约为 −52.9℃或更低，即使系统正常也可能输出故障码 B1412/12。
③ 若在暗处进行检查，即使系统正常也可能输出故障码 B1421/21 或 B1424/24。
④ 适应于自动空调。

# 第十章
# 汽车数据流分析应用实例

通过前面九章的学习，我们对汽车数据流及汽车数据流分析的作用已经有了比较系统的了解，也已经初步掌握了运用汽车数据流分析来诊断故障的方法。本章将列举一些较为典型的运用汽车数据流分析故障的实例，以便于通过这些实际的案例增加一些"实践经验"，提高运用数据流分析诊断汽车故障的技术水平。

## 例一　奥迪 A6 2.0L 轿车怠速不稳

### 1. 故障现象

一辆奥迪 A6 2.0L 轿车，发动机在怠速工况下运转不平稳，排气管有冒黑烟的现象，汽车油耗明显上升。

### 2. 故障检修过程

用大众汽车公司的专用故障诊断仪 V.A.G1551 读取故障码，显示为没有存储故障码，但显示氧传感器无反馈电压。

该车在不久前因同样的故障在其他修理厂更换过氧传感器，因此，氧传感器故障的可能性较小，故障应该在反馈电路或发动机 ECU 本身。利用数字式万用表从氧传感器插头测量氧传感器反馈电压，始终处于 0.9V 以上，说明当前混合气偏浓。

由于 V.A.G1551 显示无反馈电压，说明氧传感器至发动机 ECU 的线路或 ECU 内部氧传感器信号反馈部分有故障。

根据上述检查与分析结果，再用数字式万用表电阻档测量传感器到发动机 ECU 信号线的电阻值，及其搭铁的电阻值，电阻值均为 0，即氧传感器信号线路正常。因此，怀疑是 ECU 本身的故障。

### 3. 故障分析与处理

拆下发动机 ECU，打开保护盖，发现电路板有明显烧蚀，更换后故障排除。通过仔细观察，烧蚀部分正好是氧传感器信号处理电路部分。

由于 ECU 得不到氧传感器的空燃比反馈信号，故而不能对喷油时间进行适时地调整，使得发动机怠速不稳。从测得的氧传感器信号电压在 0.9V 以上可知，发动机的混合气处于过浓状态，但由于 ECU 得不到此反馈信号，未能对喷油时间及时进行调整，导致发动机冒黑烟，且油耗过高。

> **专家解读：**
> 本案例在使用故障诊断仪通过 ECU 诊断接口处不能读取所需数据流时，采用了万用

表在氧传感器的输出端（ECU 的输入端）检测信号电压的方法获得了氧传感器的信号。在故障检修时，除了采用专用型故障诊断仪和通用型故障诊断仪通过 ECU 诊断接口获取数据的方法外，汽车万用表和汽车示波器也是获取数据流的有效手段。因此，现在大多数专用型或通用型故障诊断仪，都附带了万用表和波形显示功能，以方便故障的检修。

## 例二　奥迪 A6 2.4L 轿车加速不良

### 1. 故障现象

一辆奥迪 A6 2.4L 轿车，发动机急加速不良，当加速踏板踩到底时，发动机转速上升很缓慢，使得汽车在行驶过程中车速上不来。

### 2. 故障检修过程

该车发动机采用电子节气门，无节气门拉索，而其加速踏板位置传感器和节气门位置传感器工作正常与否，都将直接影响发动机的加速性能。因此，用大众汽车公司的专用故障诊断仪 V.A.G1551 读取这两个传感器的动态数据，进入 08 功能（读测量数据块）中的显示组 "062"，将加速踏板慢慢踩到底，显示区 1、2 为节气门位置传感器，二者的变化相反，且应在 3%～97% 之间变化；显示区 3、4 为加速踏板位置传感器，3 区应在 12%～97% 之间变化，而 4 区则应在 4%～49% 之间变化。

检测数据流显示，各区数值均在正常范围之内，说明数据流检测结果未发现节气门位置传感器和加速踏板位置传感器信号异常。对发动机电子控制系统多次读取故障码，均未得到故障码，这说明节气门位置传感器和加速踏板位置传感器正常。

导致上述故障现象的可能原因还有燃油供给不足、点火不良或进气不畅等。为检验燃油供给系统是否正常，将燃油压力调节器的真空管拔下，使喷油器喷油压力增加，此时故障现象明显加剧，这可初步否定故障由燃油供给不足所引起的可能性。

用 V.A.G1551 检测发动机怠速时的点火提前角为 9.5°，改变发动机的转速，发现点火提前角的变化很缓慢，加速踏板踩下去后过一会儿点火提前角才增大。点火提前角能随发动机转速的上升而增大，应该不是点火控制系统的问题，点火提前角变化迟缓，很有可能是进气不畅（随节气门开度增大，进气量增加迟缓）所引起的。

### 3. 故障分析与处理

检查进气系统，拆下空气滤清器上壳体后，发现空气滤清器已很脏，且进气滤网堵塞严重。清除滤网的杂物，并更换滤芯后，起动发动机，加速顺畅，故障排除。

**专家解读：**

本案例是由进气系统进气不畅而导致了发动机加速困难，故而无故障码。发动机 ECU 中的点火控制子程序根据发动机转速和进气流量控制基本点火提前角，由于进气不畅，使得发动机在加速踏板踩下时转速上不来，故而使发动机 ECU 未能及时改变（增大）点火提前角，表现出点火提前角的变化滞后于加速踏板踩下的速率。

### 例三　捷达前卫轿车热车后怠速运转时严重抖动

**1. 故障现象**

一辆捷达轿车，此前由于怠速不稳定而清洗了节气门体，并用 V.A.G1551 诊断仪进行了基本设定，怠速可稳定在 760～800r/min，但热车后怠速运转时严重抖动。

**2. 故障检修过程**

首先，连接 V.A.G1551 诊断仪，进行读取故障码操作，得到故障码 00533。该故障码的含义为空气流量传感器 G70 对地开路或短路。由于此前空气流量传感器 G70 插接器曾拔下过插头，怀疑故障码可能是因此而引起的，故而消除故障码后，进行相关数据检测。进入数据流 02 组第 4 区，显示进气流量在怠速时为 4.0g/s，当加速时，进气流量数据可升至 15.0g/s 以上，这说明进气流量响应良好，空气流量传感器没有问题。继续观察其他相关数据流，发现 01 组第 4 区点火提前角怠速时在 6°～15° 之间波动。

根据上述数据流检测的结果进行相关数据流分析，点火提前角不稳定与怠速抖动有着因果关系。但又是什么原因引起点火提前角波动和怠速不稳定的呢？为找到故障的真实原因，又返回故障码测试功能，此时又出现了 00525 故障码，也就是说，ECU 自诊断系统确实检测到了氧传感器 G39 信号异常。

然后，连接 V.A.G1551 诊断仪进行相关数据流检测。进入数据流 07 组第 2 区，测得氧传感器的信号电压一直在 0.45V，急加速时也无任何变化。据此数据分析，应该是氧传感器失效引起的故障。

**3. 故障分析与处理**

更换氧传感器，起动发动机并热车后，怠速稳定，加速也正常，故障排除。

原来是氧传感器失效后，发动机 ECU 对空燃比失控，燃烧不充分，引起了点火提前角波动，并导致发动机怠速抖动。

> **专家解读：**
>
> 本案例是发动机起动正常，而在热车后发动机怠速抖动严重。这是因为发动机还在冷机状态时，其燃油喷射控制还处于开环控制状态，此时并未用到氧传感器信号，故而氧传感器信号异常对开环控制状态下的发动机工作并无影响。当发动机达到正常工作温度后，发动机 ECU 的燃油喷射控制进入闭环控制，ECU 需要根据氧传感器的反馈信号对喷油时间做出调整，以便将混合气的浓度控制在理论空燃比附近。当氧传感器失效而不能产生与实际的混合气浓度相对应的电信号时，发动机 ECU 对空燃比失控而导致怠速抖动。

### 例四　桑塔纳 2000GSi 型轿车发动机热车时怠速抖动

**1. 故障现象**

一辆 1998 款桑塔纳 2000GSi 型轿车，行驶里程达 70000km，发动机起动正常，但热车后发动机怠速抖动严重。

## 2. 故障检修过程

能顺利起动但热车后怠速不稳，可能的故障原因有：点火控制系统的控制电路不良，或是燃油喷射控制系统空燃比控制不良，也有可能是怠速控制系统本身有故障。用V.A.G1552专用故障诊断仪进行故障信息读取操作，有故障码00553，其含义为"空气流量传感器G70对地开路或短路"，故障码所反映的故障部位是空气流量传感器线路和传感器本身。

该车空气流量传感器为热膜式，检查其线路和传感器并未发现异常。用V.A.G1552诊断仪对发动机进气相关参数进行检测，进入数据流02组，测得怠速时的空气流量为3.9g/s，偏大，但还在正常范围之内；用手拨动节气门，随着节气门开度的增加，进气流量值随之增大至15.0g/s，说明空气流量传感器响应良好。

再用数字万用表直流电压档检测空气流量传感器的输出电压，将表的探针刺入传感器的3号和5号端子连线，测得怠速时的电压为1.62V，加速时电压可迅速上升至3.0V，传感器信号电压反应也正常，因此判断为空气流量传感器没有故障。

发动机热车时怠速抖动，而空气流量传感器又是正常的，于是，就怀疑节气门的开度不正常，紧接着就对节气门进行检查，结果为节气门拉索调节正常，节气门也无松旷、抖动现象；检查发现节气门体有脏污，将其拆下清洁后装车，并对节气门控制单元进行了基本调整。然后，用V.A.G1552诊断仪对节气门位置传感器进行检测，结果显示为节气门位置传感器电压正常。

故障码提示的故障部位没有问题，与故障现象相关的节气门控制单元及节气门位置传感器也正常，那怠速抖动的原因就有可能是点火系统有问题了。该车为电子高压配电，无分电器，检查各缸高压导线，连接良好，也无破损的痕迹；用断火法检查各缸的工作情况，各气缸均工作。再用V.A.G1552诊断仪检测点火提前角，进入数据流01组观察点火提前角的变化情况，发现怠速时点火提前角在7°~15°之间波动，超出了正常范围，原来是点火提前角的不稳定导致了发动机怠速的抖动。

是什么原因导致点火提前角波动的呢？是否是混合气的浓度控制出了问题？为寻找最终的原因，重新运行发动机，在低温时发动机怠速不稳现象不明显，而当发动机温度正常后怠速运转抖动严重。分析氧传感器是与混合气浓度控制有关的传感器，且在发动机冷机时因氧传感器未进入工作状态，发动机ECU为开环控制（不用氧传感器信号对空燃比进行修正控制），而当发动机热机时，ECU进行闭环控制，如果氧传感器有问题，就会与故障现象相吻合。

于是，对氧传感器进行检测，用V.A.G1552诊断仪进入数据流07组2区，氧传感器输出电压一直显示为0.2V，且在急加速时也无改变。拆下氧传感器后发现，其顶尖呈棕色，判断为氧传感器铅中毒。

## 3. 故障分析与处理

更换氧传感器后，再运行发动机，故障消除。再次进入数据流07组2区检测氧传感器的输出信号电压，显示电压能正常变化。

**专家解读：**

本案例发动机的故障是由氧传感器铅中毒引起的，由于氧传感器有0.2V的电压输出，发动机ECU自检程序就不会认为氧传感器有故障。而氧传感器长期输出0.2V左右这一"混合气过稀"的信号，使ECU自检程序误判为"空气流量传感器信号不可靠"，故而存储空气流量传感器的故障码。ECU 对空燃比失控，引起了点火提前角的波动，从而导致发动机怠速抖动。

## 例五　桑塔纳 2000GSi 轿车高速行驶时发冲

### 1. 故障现象

一辆上海桑塔纳 2000GSi 时代超人轿车，低速行驶正常，当时速达到 130km/h 以上时，就会出现车辆行驶发冲，且加速无力的故障现象。

### 2. 故障检修过程

用 V.A.G1552 诊断仪读取故障码，未发现故障码。该车曾更换过火花塞、分缸高压线和点火线圈等点火系统部件，并清洗过喷油器，还替换过氧传感器，拆解过变速器，但均未能排除故障。

为验证故障症状，反复试车，发现故障基本上都是在车速超过 130km/h，发动机转速约为 4000r/min 时出现，将车辆用举升机举起后试验，其试验结果也是一样。试验中发现，如果不挂档，发动机转速能平顺地超过 4000r/min。

根据试验结果分析可能的故障原因，由于变速器已经拆解修理过，有故障的可能性不大，很有可能是发动机高速保护功能错误地起作用所致。也就是说，在发动机转速和车速并未达到限定值时，发动机 ECU 误启用发动机高速保护功能，从而导致了发动机突然断油减速，并引起车辆发冲。

为验证上述分析，断开车速传感器插接器后再试车，换档后车速超过 130km/h 时故障并未出现，但只要 ECU 重新接上车速传感器信号线，故障现象就会再现。这一试验结果表明，极有可能就是因发动机 ECU 得到了错误的车速（比实际车速高）信号而误启用限速保护，并导致了车辆发冲和加速无力故障现象的发生。

发动机 ECU 得到错误车速信号的可能故障原因有：

① 车速传感器不良。
② 车速传感器与发动机 ECU 之间的连接线路不良。
③ 发动机 ECU 内部有故障。

车速传感器、车速表及发动机 ECU 的电路原理如图 10-1 所示。由于车速显示正常，因此，应该不是车速传感器的问题，可能的故障原因有车速传感器至发动机 ECU 之间的连接线路，或发动机 ECU 本身。

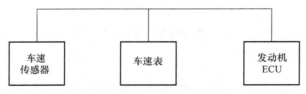

图 10-1　车速传感器、车速表及发动机 ECU 的电路原理

重新连接 V.A.G1552 诊断仪读取数据，在举升机上测试，当车速表显示 130km/h 时，V.A.G1552 诊断仪显示的车速数据 130MPH，MPH 为英里/小时，折算成千米/小时大约为 190km/h。根据此检测数据分析，故障可确认为源自车速传感器至发动机 ECU 之间的连接线路，

或发动机 ECU 本身。

经检查，车速传感器至发动机 ECU 之间的线路连接状况正常，线束也无其他异常情况，因此，基本上可排除线路故障而使输入发动机 ECU 的车速信号异常的可能性，可确定为 ECU 内部车速传感器信号处理电路有故障。

### 3. 故障分析与处理

考虑到更换发动机 ECU 的成本较高，发动机 ECU 的超速限速保护功能取消也不会有太大的影响，就将连接发动机 ECU 的车速信号线剪断，路试车速超过 130km/h 时再无故障出现，故障排除。

> **专家解读：**
> 
> 本案例是由于发动机 ECU 内部的车速信号处理电路出现了故障，使得通过 I/O 接口输入中央微处理器 CPU 的车速数据比实际值大，当实际车速达 130km/h 以上时，CPU 得到的数据却已经超过了设定的超速保护的车速，故而输出超速保护（发动机断油）控制信号，从而导致了车速一达到 130km/h 就会有发冲的现象发生。

## 例六　捷达都市先锋轿车加速无力

### 1. 故障现象

一辆捷达都市先锋轿车，发动机起动和匀速行驶时均正常，但在汽车加速（踩下加速踏板）时，感到车辆加速无力。

### 2. 故障检修过程

首先，用故障诊断仪 V.A.G1552 进行故障码读取操作，结果为发动机 ECU 无故障码。然后用 V.A.G1552 进行读取相关数据流操作，起动发动机，在发动机怠速运转的情况下读取相关的测量数据块：001 数据块和 002 数据块的显示如图 10-2 和图 10-3 所示。

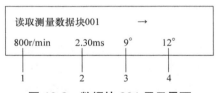
图 10-2　数据块 001 显示界面

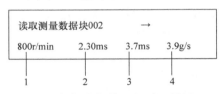
图 10-3　数据块 002 显示界面

001 组数据块各区所显示的数据为：

第 1 数据区显示的是发动机转速，显示的数据为 800r/min，为正常的发动机怠速。

第 2 数据区显示的是发动机负荷（曲轴每转喷射持续时间），正常值为 1～2.5ms，显示值为 2.30ms，在正常范围之内。

第 3 数据区显示的是节气门的开度，怠速时的正常值应为 2°～5°，显示数据为 9°，明显大于正常值。

第 4 数据区显示的是点火提前角，怠速时的正常值应为 12°±4.5°，显示数据为 12°，在正常范围之内。

002 组数据块各区所显示的数据为：

第 1 数据区、第 2 数据区与 001 组数据块显示的内容相同，分别为发动机的转速 800r/min 和发动机的负荷 2.30ms。

第 3 数据区显示的是喷油脉宽（发动机每个工作循环持续喷油时间），怠速时的正常值为 2.00～5.00ms，显示数据在正常范围之内。

第 4 数据区显示的是进气流量，怠速时的正常值为 2.0～4.0g/s，显示值也在正常范围之内。

从上述显示的数据流中可看出：节气门的开度偏大（数据块 001 组的第 3 位，正常值怠速时应为 2°～5°）。

从显示的数据流看出，只有节气门的开度数据不正常（偏大），而节气门开度增大原因有两种可能：一种可能是发动机的负荷大，另一种可能性是节气门体脏污。

3. 故障分析与处理

从 001 组数据块的第 2 数据区显示的数据来看发动机的负荷并不大。因此，可以确认节气门体脏污引起了发动机加速无力。清洗节气门体，并进行怠速基本设定，发动机加速无力的现象消失，故障排除。

> 🔥 **专家解读：**
>
> 本案例充分地运用了汽车数据流分析，通过对异常数据（怠速时的节气门开度偏大）的故障分析找到了故障的原因。一般来说，发动机怠速时的负荷数据正常值为 1～2.5ms，当该值不超过 2.5ms，但接近 2.5ms 时，就可能是节气门体脏污。

## 例七　桑塔纳 2000GLi 轿车怠速过高且熄火后不易起动

### 1. 故障现象

一辆上海桑塔纳 2000GLi 轿车，发动机起动后怠速正常，但行车数千米后发动机怠速升至 1940r/min，且居高不下；热车熄火后再起动很困难，油耗也比以前明显增加。

### 2. 故障检修过程

用金奔腾大众-中文 1552 汽车电脑解码器调取故障码，显示为冷却液温度传感器 G62 短路/断路的故障信息。为排除故障码所记录的是偶发性故障的可能性，清除故障码后，再用 1552 调取故障码，看故障码是否还存在。结果故障码重新出现，验证了冷却液温度传感器 G62 的故障确实存在。

用 1552 汽车电脑解码器检测相关数据流，在路试过程中发现冷却液温度传感器 G62 在刚起动时温度为 96℃，然后逐渐下降，96℃→89℃→45℃→27℃→0℃→-17℃→-28℃。在冷却液温度降至 27℃时松开加速踏板，发现怠速开始上升，逐渐升至 1940r/min 左右，此时 1552 汽车电脑解码器显示的冷却液温度为 -28℃，由此看来，冷却液温度传感器损坏的可能性很大。停车后，起动发动机很困难，起动了 6、7 次才将发动机起动。

为了验证冷却液温度传感器的好坏，拔下冷却液温度传感器插接器的两端子插头，结果发动机一下子就起动了，而此时 1552 解码器显示的冷却液温度为 95.2℃。至此，可以确认是冷却液温度传感器出现了故障。

### 3. 故障分析与处理

更换冷却液温度传感器后，无论发动机处于冷机还是热机状态，均很容易起动，且发动机怠速也恢复正常，故障排除。

> **专家提醒：**
>
> 在发动机热机状态下更换冷却液温度传感器前，一定要先拧松膨胀罐的盖子，给冷却系统泄压后再拆卸传感器，以避免沸水从冷却液温度传感器的安装螺孔喷出伤人。

与绝大多数汽车一样，桑塔纳2000GLi型轿车发动机的冷却液温度传感器也是温度系数为负的热敏电阻，即温度越低时，传感器的电阻越大。发动机冷却液温度高低变化时，冷却液温度传感器通过其自身电阻的相应改变，而向发动机ECU提供一个反映冷却液温度的电压信号，ECU根据此信号对喷油时间和点火时间进行修正控制。当冷却液温度传感器损坏后，发动机ECU就会启用故障运行功能，以设定的温度参数（起动时和运行时不同）替代冷却液温度传感器信号。拔下冷却液温度传感器插头时，发动机起动后1552解码器所显示的95.2℃即为ECU启用的预设温度数值。

冷却液温度低时，ECU会做出加浓混合气的喷油量修正。当冷却液温度传感器损坏而使ECU得到的是-28℃数据时，发动机ECU就会通过修正喷油器的喷油时间来多喷油，这实际上使发动机处于混合气过浓的状态，因而造成了怠速上升和油耗增加。发动机熄火后起动，由于发动机处于热机状态，而冷却液温度传感器提供给发动机ECU的温度信号是"负"，ECU进行冷机起动加浓喷油控制，过多的喷油量将火花塞淹没，故而使得发动机在热机熄火后再起动时变得起动非常困难。

> **专家解读：**
>
> 本案例故障检修过程可能会让人产生不解的是，发动机ECU已存有冷却液温度传感器G62断路/断路的故障码，ECU应该启用冷却液温度传感器故障运行模式，使发动机都在设定的温度（室温）下起动。这样的话，发动机热机时起动应该比冷机时起动更加容易才对，1552汽车电脑解码器显示的冷却液温度也不应该是-28℃。实际上，发动机ECU并没有启用冷却液温度传感器故障运行模式。可以解释得通的原因是：在发动机熄火到再接通点火开关时，ECU的冷却液温度信号端子的信号出现过间歇中断，故而ECU存有故障码G62。此后，冷却温度传感器仍然提供信号，且其信号电压仍然在正常的范围之内，但是冷却液温度传感器已经失效，从而使其温度信号严重错误，进而导致了故障的发生。这应该是ECU记录了冷却液温度传感器的故障码，却并没有启用冷却液温度传感器故障运行功能的原因了。

## 例八 桑塔纳2000GSi型轿车加速无力且油耗增加

### 1. 故障现象

一辆桑塔纳2000GSi型轿车，该车因交通事故进行了修复，但之后出现了加速无力的故障现象，汽车的油耗也明显增加。

### 2. 故障检修过程

汽车加速无力有燃油供给系统、点火控制系统及空气供给系统的故障可能，也有发动机电子控制系统故障的可能性。首先，用 V.A.G1551 故障诊断仪读取故障码，发动机 ECU 无故障码输出。接着进入数据流读取操作，观察点火提前角的变化情况，结果发现 001 数据组中的点火提前角数值偏小（即点火过迟），且在提高发动机转速时也无明显的增大，根据此检测结果分析，爆燃传感器有故障的概率极大。

爆燃传感器与发动机 ECU 的连接情况如图 10-4 所示，首先检测 1、2 缸爆燃传感器 G61，拔下传感器的插接器，测量插头 1、2 号端子与发动机 ECU 的 68、67 号端子之间的电阻，结果均为 $0.3\Omega$，表明传感器线路正常；测量传感器 G61 插座 3 个端子相互之间的电阻，均为无穷大，也正常。再检测 3、4 缸爆燃传感器 G66，用同样的方法检测传感器的线路和传感器，结果也为正常。

根据检测结果还不能断定爆燃传感器就是好的，准备更换传感器再试，但在拆卸 3、4 缸爆燃传感器时，发现传感器固定螺栓轻轻一拧就可松开，检查 1、2 缸爆燃传感器的固定螺栓也较松。故障原来是爆燃传感器安装没有紧固造成的。

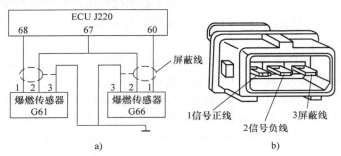

图 10-4 桑塔纳 2000GSi 型轿车爆燃传感器接线图
a）接线图  b）插座端子排列

### 3. 故障分析与处理

桑塔纳 2000GSi 型轿车用了两个压电式爆燃传感器，1、2 缸爆燃传感器 G61 安装在进气管侧 1、2 缸之间的缸体上；3、4 缸爆燃传感器 G66 安装在进气管侧 3、4 缸之间的缸体上。将两个爆燃传感器紧固螺栓拧紧到 20N·m 后再试车，加速正常。再用 V.A.G1551 故障诊断仪检测点火提前角，进入数据流 01 组 4 区，点火提前角数值显示在正常范围，故障排除。

> **专家解读：**
>
> 本案例是汽车在交通事故后进行修复时，维修人员没有按爆燃传感器的技术要求拧紧其紧固螺栓，传感器内惯性配重的预压力不足，发动机运转时的缸体振动引发惯性配重的振动增强，使压电元件受到的压力增大，传感器输出的电压信号增强，从而导致了发动机 ECU 产生"发动机爆燃"的误判，并进入爆燃推迟点火控制模式，在发动机没有发生爆燃的情况下误将点火提前角减小，造成点火时间过晚而加速困难、油耗增加。
>
> **注意：** 压电式爆燃传感器的紧固螺栓一定要按照规定拧紧力矩将其拧紧，否则会使传感器信号不准确，从而导致发动机 ECU 点火提前角控制不良。

## 例九 奥迪 A6 轿车突然熄火后不能起动

### 1. 故障现象

一辆奥迪 A6 轿车，在行驶途中出现了发动机温度过高现象，且发动机突然熄火，之后发动机不能起动。

### 2. 故障检修过程

发动机突然熄火且不能起动，而起动转速正常，多为点火系统不点火造成的，有点火系统部件和线路故障的可能性，也有发动机电子控制系统故障的可能性。

首先验证故障症状，起动发动机，无着火的迹象，观察转速表也不动（该车转速表信号取自点火电压脉冲），证实了是点火系统没有点火造成了发动机不能起动。

打开左边熔断器盒，用 12V 试灯测试 17 号熔断器。起动发动机时试灯亮 2s 后便熄灭，拆下正时盖，正时带良好，正时正确。用 325C 汽车专用示波器测量凸轮轴位置传感器，没有 9V 的方波信号输出；用万用表直流电压档检测传感器的电源电压，为 10.5V，正常；检查传感器的搭铁也良好。根据这些检查结果，判断为凸轮轴位置传感器有故障，拆下凸轮轴位置传感器检查发现，传感器内的霍尔元件已脱落，于是更换了凸轮轴位置传感器。

起动发动机，可以起动，但马上又熄火了，多次起动均是如此。用 M431 故障诊断仪读取故障码，显示为发动机 ECU 不良，说明该车防盗 ECU 已经锁死。

### 3. 故障分析与处理

该车防盗 ECU 在仪表板后面，为白色，拆下仪表板，更换防盗 ECU。然后用 M431 故障诊断仪重新匹配，发动机顺利起动，且运转正常。发动机温度仍然过高，检查为节温器不能打开，更换节温器后故障彻底排除。

> **专家解读：**
>
> 本案例汽车的故障不止一个，检修人员在故障检修过程中的诊断步骤也比较多。实际上，检修人员在验证故障症状后，如果先用 M431 故障诊断仪读取数据流，可以省去一些故障诊断操作，使故障检修更加快捷。

## 例十 捷达王 GTX 轿车怠速不稳且动力不足及冒黑烟

### 1. 故障现象

一辆捷达王 GTX 轿车，出现了怠速不稳的故障现象，且动力不足，排气管冒黑烟。

### 2. 故障检修过程

首先，用 V.A.G1552 故障诊断仪读取故障码。有两个故障码，一个为怠速调节超出自适应值，另一个为 AKF（炭罐电磁阀）N80 对地断路/短路。进入 V.A.G1552 的 08 功能读取相关数据流。起动后，发现节气门开度超标（数值为 7°）；进入数据组 007，看 2 区氧传感器的电压，为 0.45V 并保持不变，即使踩加速踏板加油该电压值也稳定不变。正常情况氧传感器的信号电压应在 0.1～0.8V 之间不断变化，因此，可以确定为氧传感器已损坏。

更换氧传感器后，再读取氧传感器信号电压数据，电压应在 0.1～0.8V 之间正常变化。然后拆下节气门体进行清洗，并做了基本设定（进入 1-01-02-05-04-098）后，诊断仪显示 "ADP.

OK"。试车检验，发动机怠速运转平稳，且加速有力。再次读取故障码，又发现 AKF N80 对地断路/短路故障码，并且怎么也消除不掉。

有此故障码有两种可能的原因，一是炭罐电磁阀插接器松动，二是电磁阀本身损坏。打开发动机罩盖，发现 AKF N80 插接器的插头松动。

### 3. 故障分析与处理

将 AKF N80 插接器的插头插牢，再用 V.A.G1552 故障诊断仪读取故障码，故障码不再出现。试车检查，发动机工作正常，故障排除。

---

**专家解读：**

本案例故障实际上有三个，即节气门体脏污、氧传感器失效和 AKF 插接器松动。

节气门体脏污减少了怠速时的进气量及空燃比，自然会对发动机的怠速稳定性和加速性能造成影响。

氧传感器工作时，会根据混合气浓度的变化，产生在 0.1～1.0V 的范围内变化 [变化频率 > 1（次/s）] 的电压信号，发动机 ECU 根据此信号对喷油时间进行修正，将空燃比控制在理论空燃比（14.7∶1）附近。氧传感器失效后，不能及时准确地检测混合气的浓度，使 ECU 失去了对空燃比的反馈控制，导致了发动机混合气过浓或过稀，并引起怠速不稳、动力不足及冒黑烟。

炭罐电磁阀的作用是控制流经炭罐至进气管的通气量，在发动机转速达到 2000r/min 以上时，由发动机 ECU 控制其工作，使适量的空气通过炭罐，以便将炭罐中的汽油蒸气及时地"驱赶"到进气管，并随进气管内的混合气一起进入气缸被烧掉，从而使炭罐中的活性炭能持续地吸附燃油箱的汽油蒸气。当其插接器的插头松动而不工作时，炭罐中活性炭吸附的汽油蒸气不能及时地被"清除"，这会影响炭罐正常的吸附汽油蒸气功能。

---

## 例十一 丰田佳美轿车行驶中偶尔熄火且热车起动困难

### 1. 故障现象

一辆装备 5S-FE 型电喷发动机的丰田佳美轿车，行驶约 20 万 km 时，出现了热机起动困难，行驶中偶尔熄火的故障现象。

### 2. 故障检修过程

根据故障现象分析，该故障原因最大的可能是电子电路中电子元件的热稳定性差，导致了热机时不点火或不喷油。

起动发动机试车，发现发动机故障指示灯 CHECK 点亮，说明发动机电子控制系统有故障。用故障诊断仪进行故障码读取操作，获得故障码为"22""14"。为确认故障码，在点火开关 ON 位置时，拔下 EFI 熔断器 10s 以上，以消除故障码。然后再起动发动机进行读取故障码操作，获得故障码"14"，其含义是"无点火控制信号"，涉及的故障范围有：点火控制模块到 ECU 间 IGF 反馈信号线、IGT 点火信号线、点火控制模块、发动机 ECU 等。

由于故障只是在热机时出现，所以故障检查应该在故障出现时进行。为此，又起动发动机，在热机发动机出现熄火且起动困难时，先用观察和触摸的方法检查可能的故障部件，检查结果为：点火线圈温度正常，点火控制模块烫手，说明故障可能是点火控制模块内部的电子元件或相关的线路,在发动机高温时有搭铁或短路故障。

为确定故障具体的部位,先用数字万用表测发动机 ECU 的 IGT、IGF 两端子对 E1 端子的脉冲电压,在故障出现时,测得 IGT 与 E1 之间的电压仅为 0.5V(标准应为 0.7~1.0V)。再对点火控制模块用湿毛巾强制降温后检测,能达到正常的脉冲值,且此时发动机起动容易,这说明确实是点火控制模块内部电子元件高温时性能不良。

**3. 故障检修实例分析**

通过上述故障分析诊断,确定为点火控制模块有问题后,更换点火控制模块,发动机即可顺利起动,且不再出现热机熄火现象,故障排除。

> **🔥 专家解读:**
>
> 本案例是由于点火控制模块内部电子元件高温时性能不良,导致了故障的产生。电子点火控制系统中电子元件热稳定性差,导致温度高时工作异常而出现发动机不工作或工作不良,也是经常出现的故障。此类故障应该在故障出现时进行,并且检修操作要迅速、快捷,以避免温度下降后给故障的诊断造成困难。
>
> 对于只是热机时出现的故障,应避免在发动机温度还未上升、故障还未出现时进行故障检修,更不要盲目拆换部件,否则,容易造成检修成本提高,且故障不能迅速排除的不利局面。

## 例十二 捷达王轿车低速时游车

**1. 故障现象**

一辆 2001 款捷达王轿车,在低速行驶时出现游车现象,行车时前后耸车(感觉就像在车后用力推似的)。

**2. 故障检修过程**

先后用元征、车博士等不同的诊断仪检测到的故障码均为 01165(节气门设置错误),且故障码无法消除,更换节气门后仍然无法消除故障。用金奔腾 1552 故障诊断仪读取故障码,结果仍然为 01165,用金奔腾 1552 故障诊断仪清除故障码后,发动机一起动又立即产生故障码 01165。用金奔腾 1552 故障诊断仪读取 098 数据组节气门匹配数据,显示 ADP.OK(即节气门控制组件匹配),再读发动机怠速时的空气流量传感器 MAF 的数据,发现其数值为 5.8g/s,而正常值应为 2.0~5.0g/s。

检查导致进气流量数据增大的其他相关因素,结果冷却液温度传感器、节气门位置传感器及氧传感器均正常,据此,可判定为空气流量传感器有故障。

**3. 故障分析与处理**

更换空气流量传感器 MAF,车辆行车时汽车前后耸车现象消失,故障排除。

> **🔥 专家解读:**
>
> 本案例空气流量传感器不良,但有信号产生,故而 ECU 自诊断系统未能识别出其有

故障。但是，其怠速时的 5.8g/s 数值导致了发动机 ECU 误判为怠速时节气门开度大，从而以为是节气门没有被设定，故而储存故障码 01165（节气门设置错误），并进入"故障运行"控制模式，最终导致了发动机游车。

### 例十三　捷达轿车发动机怠速不稳且加速不良

#### 1. 故障现象

一辆捷达 GT 轿车，发动机怠速不稳，且抖动严重，加速不良，给人的直觉好像是发动机某缸没有工作。

#### 2. 故障检修过程

首先，用金奔腾 1552 故障诊断仪读取故障码，显示为无故障码。接着进入仪器 08（读取测试数据块）功能，读取 09 数据组数据，显示氧传感器的控制值，最高达到了 25%，这说明发动机的燃烧不良，混合气过稀而造成了发动机怠速严重抖动。

拆下火花塞，观察火花塞绝缘体及电极的情况良好；检查气缸压力，各缸的压力均正常。重新装上火花塞，再起动发动机后仔细观察故障现象，这时听到有"咝、咝"的漏气声，但仔细检查发动机各个部位的密封垫及真空管等，均未发现有漏气。继续检查进气系统，并更换了空气流量传感器，故障现象并未消除。用手堵住空气流量传感器的一部分，使进气流量减小时，发动机怠速抖动会有所减缓，这说明还是混合气过稀造成了上述故障现象。

检查点火系统及燃油供给系统，清洗喷油器及油压调节器，清洗汽油泵并更换燃油滤清器等，但故障现象改善并不明显。检查喷油压力，也在正常范围之内，说明混合气过稀与燃油供给系统无关。更换点火系统全部相关组件后，故障现象依旧。

当在检查配气机构时，发现进气通道上有 2 个小洞，空气从此进入，这部分进气没有经过空气流量传感器的计量，从而导致了混合气过稀。

#### 3. 故障分析与处理

通过分析可知，这 2 个孔是由气门室盖螺栓磨损造成的，本来气门室罩盖螺栓与进气道有一定的距离，但这台车的 2 个螺栓已松动，加上进气道后端与盖由胶垫连接，这两个因素的共同作用将进气道磨坏了。用铝焊处理磨损的窟窿，然后将气门室罩盖螺栓锯掉一段，再紧固、装复试车，故障现象消失，故障排除。

**专家解读：**

氧传感器控制值的正常范围为 -10% ~ 10%，正常情况下该数值应该在 0 上下波动。偏离正常范围时，负值表示混合气过浓，正值表示混合气过稀。本案例测得的氧传感器控制值为正，最高达到了 25%。本例是由于进气通道漏气而导致了混合气过稀，除此之外，燃油供给系统故障而使燃油供给比实际需要量少时，也会导致混合气过稀。例如：喷油器堵塞、空气流量传感器不良、油压调节器不良等，均会导致混合气过稀。

## 例十四　捷达都市先锋轿车发动机转速与车速不相符

### 1. 故障现象

一辆捷达都市先锋 AT 轿车，在行驶过程中其发动机转速已达到了 3000～4000r/min，而实际的车速却只有 30km/h 左右，发动机转速与车辆的行驶速度明显不相符。

### 2. 故障检修过程

使用故障诊断仪 V.A.G1552 读取故障码，在自动变速器系统查询到故障码为 00518，该故障码的含义为节气门电位计 G69 信号超出允许值。

用举升机将车辆举起，然后挂上 D 位，并踩下加速踏板，用故障诊断仪 V.A.G1552 进入自动变速器系统，观察数据流 003 组第 3 区数据，发现档位只是在 1、2 档之间反复变化。再阅读 001 组数据，2 区的节气门位置电位计电压在踩踏加速踏板时，总是显示 3V 没有变化。根据这些数据流分析，可以确定故障源自节气门位置传感器。

### 3. 故障分析与处理

更换节气门体总成，并对发动机 ECU 与节气门控制单元进行匹配设定后，再清除故障码，试车时发动机转速上升时，车速相应提高，汽车运行恢复正常，故障排除。

> **专家解读：**
>
> 自动变速器 ECU 是根据车速（变速器输出轴转速）信号和节气门位置传感器信号进行自动换档控制的。当自动变速器 ECU 接收不到节气门位置传感器信号，或节气门位置传感器信号始终保持在一个固定值时，自动变速器 ECU 就会判定为节气门位置传感器或传感器线路有故障，并执行应急程序，使得自动换档只在低档之间进行，故而发生发动机转速升高而车速不能提高的故障现象。

## 例十五　捷达前卫轿车发动机怠速忽高忽低

### 1. 故障现象

一辆捷达前卫轿车，发动机的怠速不稳定，忽高忽低

### 2. 故障检修过程

根据故障现象，像是节气门设定错误，因而怀疑是车主在其他汽修厂清洗过节气门体但没有进行匹配。但车主说该车此前没有故障，没有在其他修理厂修过车。于是，首先采用故障诊断仪 V.A.G1552 进行故障码读取操作，未发现故障码。然后起动发动机，并使其怠速运转，测量节气门的开度数据流。检测结果为节气门开度数据在 3.5%～7% 之间变化不定。

根据测得的数据，判断为节气门体脏污。拆下清洗后，发现节气门不能进行基本设定，显示如下：

```
System in basic setting  060
72.1%    85.0%    8   ERROR
```

接通点火开关（ON），检查节气门状态，输入 1-01-08-05，进入 08 功能 05 组数据读取：

```
Read measuring value block 5
0/min    0%    0km/h    Idling
```

显示区 4 是节气门状态，Idling 表示怠速触点闭合，属正常。起动发动机并使其怠速运转，测量数据有以下异常变化：

```
Read measuring value block 5
0/min    0%    0km/h    Part throttle
```

显示区 4 在 "Idling" 和 "Part throttle" 之间变化不定，"Part throttle" 表示节气门部分打开（怠速触点断开），正常情况下，在没有踩下加速踏板时，应该显示 "Idling"。根据此数据分析，可以确定是节气门位置传感器内部出现了故障。

### 3. 故障分析与处理

由于节气门位置传感器与节气门体不可拆修，于是更换了节气门体总成。起动发动机检验，怠速稳定，故障排除。

> **专家解读：**
>
> 本例故障是由于节气门位置传感器内部的怠速触点接触不良，导致了怠速信号时通时断，使得 ECU 对发动机的工况判定发生错误，在 "Idling" 和 "Part throttle" 之间变化不定，并导致了发动机在怠速时其转速忽高（Part throttle 时）忽低（Idling 时）地变化。

## 例十六　捷达前卫轿车怠速不稳且空档滑行时熄火

### 1. 故障现象

一辆捷达前卫轿车，发动机怠速不稳定，在行驶中空档滑行发动机会自行熄火，且加速性也不良。

### 2. 故障检修过程

采用故障诊断仪 V.A.G1552 进行故障码读取操作，进入 1-01-02 读取故障码，显示结果为无故障码。然后起动发动机，在发动机怠速运转时进入 01-08-03，读取 03 组数据流，显示结果为：

```
Read measuring value block 3
860/min    479mbar    10.1%    3.7°V.TO
```

显示第 3 区所显示的怠速时节气门开度数据为 10.1%，明显偏大（正常值为 2%～5%），可能的故障原因有：

1）节气门体上有脏污，导致节气门不能在正常的关闭位置。
2）节气门位置传感器内部的电位计损坏，其提供的信号有较大的偏差。
3）节气门拉索调节不当，使节气门在加速踏板完全松开时不能完全关闭。

上述 3 个可能的故障原因中，节气门位置传感器内部电位计损坏而导致怠速时节气门开度信号不正确的故障概率较低，节气门拉索调节不当的可能性也很小，最有可能的原因就是节气

# 第十章 汽车数据流分析应用实例

门体脏污。

### 3. 故障分析与处理

拆下节气门体后发现节气门处有很多油污，用化油器清洗剂将其清洗干净，再进行基本设置（与发动机 ECU 进行匹配），起动发动机试车，怠速稳定且加速性能良好，故障排除。

> **专家解读：**
> 本例发动机怠速不稳是由节气门体脏污所引起的。发动机在怠速工况时，由于节气门体脏污而使进气量减少，不足以维持正常的怠速转速（860r/min）。在这种情况下，发动机 ECU 控制节气门开度增加，以提高发动机转速。当节气门开度数据超过 5% 时，就会出现发动机的怠速不稳定，且加速性不良的情况。

## 例十七　三菱帕杰罗汽车怠速偏高

### 1. 故障现象

一辆三菱帕杰罗吉普车，此车的怠速可升高至 2000r/min 左右，且降不下来。

### 2. 故障检修过程

用故障诊断仪 MUT-II 读取故障码，结果为无故障，然后读取发动机数据流，相关数据如表 10-1 所示。

表 10-1　98 款三菱帕杰罗发动机数据流

| 项次 | 检测项目（英文） | 检测项目（中文） | 检测数据 |
|---|---|---|---|
| 12 | AFS | 空气流量传感器 | 42Hz |
| 13 | AIR TEMP SNSR | 进气温度传感器 | 15° |
| 14 | TPS | 节气门位置传感器 | 635mV |
| 16 | BATT VOLTAGE | 蓄电池电压 | 14.1V |
| 17 | VARIABLE RES | 混合气调节（可变电阻） | 2707 mV |
| 18 | GRANK SIGNAL | 曲轴旋转信号 | OFF |
| 21 | CLT TEMP SNSR | 冷却液温度传感器 | 80℃ |
| 22 | CRANK A SNSR | 曲轴角度传感器（发动机转速） | 2219r/min |
| 25 | BARO PRES SNSR | 大气压力传感器 | 100kPa |
| 26 | IDLE POS SW | 怠速位置开关 | ON |
| 27 | PWR STEER SW | 动力转向器液压开关 | OFF |
| 28 | A/C SW | 空调开关 | OFF |
| 29 | INHIBITOR SW | 防手动换档开关 | N，P |
| 34 | AFS RESET | 空气流量传感器复位信号 | ON |
| 37 | ENGLOAD | 发动机负荷 | 23% |
| 38 | CRANK A S2 | 曲轴角度传感器 2 | 2203r/min |
| 41 | INJECTOR | 喷油器 | 3.8ms |
| 44 | ADV IGNITON | 点火提前角 | BTDC15° |
| 45 | ISC STEPMTR | 步进电动机 | 120 步 |
| 49 | A/C RELAY | 空调继电器 | OFF |

观察相关数据流发现，ISC STEPMTR（步进电动机式怠速控制阀）异常，正常数据应为 10 步左右，而现在是 120 步。分析数据流，可能的故障原因有：怠速控制线路有断路或电源不良；ISC 阀损坏或步进电动机有故障；发动机 ECU 损坏。

首先，检查相关线路及电源，未发现异常。由于发动机 ECU 的故障概率较低，所以初步确定为怠速控制阀的问题。于是，更换步进电机式怠速控制阀，起动发动机，怠速可降到 719r/min，但是打转向盘（动力转向器液压开关 ON）或开空调（空调开关 ON）时发动机不提速。此时查看相关数据流，虽然 ISC STEPMTR 可升至 120 步，但怠速仍然是 719r/min 左右。由此看来，是发动机 ECU 有故障了。

### 3. 故障分析与处理

更换发动机 ECU，试车检验，发动机怠速正常，打转向盘和开空调时，发动机怠速均可提高，故障排除。

> **专家解读：**
> 本例故障实际上有怠速控制阀和发动机 ECU 两个故障，分析故障原因可能是步进电动机式怠速控制阀卡死，导致发动机只有高怠速，而发动机 ECU 的损坏可能也是由怠速控制阀的卡死所引起的。

## 例十八　桑塔纳 2000GSi 轿车怠速不稳且加速不良

### 1. 故障现象

一辆累计行驶里程仅 4600km 的上海桑塔纳 2000GSi 时代超人轿车，在高速公路上行驶时突然出现不能加速的现象。变速器在 5 档，加速踏板踩到底，车速最高也只能达到 80km/h。

### 2. 故障检修过程

试车验证故障症状，发现发动机怠速不稳，从怠速匀加速时发动机提速缓慢，但转速能升到 5000r/min 以上；急加速时发动机提速非常缓慢。

根据故障现象分析，可能的故障原因有：点火系统故障而引起缺缸，并导致发动机怠速不稳和加速性不良；空气流量传感器有故障。用 V.A.G1552 故障诊断仪读取故障信息，结果为无任何故障码。检查各气缸高压分线正常，然后更换 4 缸的火花塞，故障依旧。

用 V.A.G1552 故障诊断仪读取相关数据流，发现怠速时空气流量传感器的动态数据偏大，为 4.3g/s（正常值为 2~4g/s）。将空气流量传感器的插接器断开后，其动态数据在 3.4~3.8g/s 之间变化，属于正常范围，这时加速仍然缓慢。

一般情况下，如果空气流量传感器和其他各部分均正常，怠速时的空气流量传感器正常数据应在 2.7g/s 左右。如果断开空气流量传感器，发动机 ECU 将自动以 2.7g/s 的数据代替，进行燃油喷射和点火控制，发动机的加速响应会明显改善。但是，该车在断开空气流量传感器的前后，其加速响应没有明显的变化。这就说明了该车有除空气流量传感器以外的其他故障存在。

在做发动机加速和怠速试验时，可闻到一股硫黄味，这种情况可能的原因有：燃油品质不佳、氧传感器故障、点火时间不当等导致混合气燃烧情况不好。从车主那儿了解到，该车一直使用同一标号的汽油，并没有使用过劣质汽油，且平时汽车起动时从未发现有硫黄味，这种现象是在高速行驶时突然出现的。按理说这种高标号的汽油品质不至于太差，因而燃油品质问题基本上可排除。如果是氧传感器的故障，就可能会有故障码，通常情况下，会在发动机加速时伴有冒黑的现象，但这两种情况均没有，因此，氧传感器的故障可能性也很小。

再用 V.A.G1552 故障诊断仪读取相关数据流，发现怠速时点火提前角在 5° 左右变化，在加速时该数值也能增大。正常的点火提前角数据应在 $12° \pm 4.5°$，最低也应有 7.5°，并在发动机转速上升时相应增大。反复试验中读取数据进行比照，该车的点火提前角无论是怠速还是其他的转速下，其点火提前角均比正常值要小许多。根据此数据流分析，发动机 ECU 点火提前角调节能正常起作用，但点火提前角在发动机各种转速下均偏小，很显然故障的可能原因有：正时带没有正确安装；发动机 ECU 有故障。

车主一再强调，此车为新车，才行驶 4000 多 km，没有动过任何部件。那么是发动机 ECU 有问题？由于查看正时带安装正确与否比较容易，因而就拆下正时带罩盖进行检查，结果发现凸轮轴正时带轮的固定螺栓有明显的用扳手扳动过的痕迹。将正时带转动到与曲轴上的正时带轮正时记号对齐时，凸轮轴上的正时记号大约落后了 5 个齿，且正时带有一处的边缘已经开裂。至此，故障的真正原因找到。

### 3. 故障分析与处理

更换新的正时带，并正确安装后试车，发动机怠速稳定，且加速性能良好，故障排除。

才行驶 4600km 的新车为什么会有这样的故障？从故障的实际情况分析，很有可能是驾驶人或是修理人员在检查正时带时，不小心绞进了什么东西，致使正时带损坏，并造成点火提前角减小很多。幸亏驾驶人送修及时，正时带还没有断裂。否则，就有可能造成活塞与气门相撞的事故。

> **专家解读**：本故障检修实例给予了两点提示：
>
> 一是对车主的或驾驶人提供的车况要进行分析，不能盲目听信，有时车主反映的情况不一定真实。车主描述故障情况不真实有两种原因，一种是因为他们不懂汽车，其描述容易模糊不清而导致误解；另一种是车主有某种特殊的原因，例如，本例可能是车主怕新车自己进行过拆装而厂家不给保修或索赔，对一些拆修行为有意进行隐瞒。因此，在进行故障检修时，不能完全听信车主或驾驶人的描述。
>
> 二是要充分运用数据流分析功能，通过数据流静态或动态数值比较和动态数据变化分析，可以准确分析各传感器的实际工作状况、ECU 的工作情况等，并对可能的故障做出准确的判断，给故障的诊断和修复带来极大的方便。

## 例十九　桑塔纳轿车怠速不稳且加速困难

### 1. 故障现象

一辆桑塔纳轿车，行驶里程已达 10 万 km 以上，出现了怠速波动，加速困难，行驶无力，并伴有"闯车"的现象。该车经汽车修理人员做了必要的保养作业，清洗了喷油器、节气门体，更换了火花塞、高压线，并检查了燃油压力也在 250～300kPa 的正常范围之内，但故障依然存在。

## 2. 故障检修过程

首先，进行故障症状的确认。起动发动机后怠速运行时有略微抖动，急加速时发动机有回火症状，且在低转速区滞留约 2s 后才能提升至 3000r/min 以上；如果是缓慢加速，则加速过程基本正常。试车结果表明，急加速性能差是该车的主要故障症状。

采用 V.A.G1552 故障诊断仪读取故障码，显示为"系统正常"，然后又进入 08（测试数据块读取）功能，在发动机怠速工况下，测得的相关数据流和经验正常范围如表 10-2、表 10-3 所示。

表 10-2 测得的发动机怠速工况下的主要数据流

| 发动机转速 | 进气质量 | 喷油脉宽 | 点火提前角 | 节气门开度 | 氧传感器 |
|---|---|---|---|---|---|
| 720～860r/min | 3.2～3.6g/s | 2.85ms | < 7°～12° | < 7° | （0.635±0.1）V（变化）|

表 10-3 发动机怠速工况下主要数据流经验正常范围

| 发动机转速 | 进气质量 | 喷油脉宽 | 点火提前角 | 节气门开度 | 氧传感器 |
|---|---|---|---|---|---|
| 760～800r/min | 2.5～2.8g/s | 1.65～1.90ms | < 12°±2° | < 2°～4° | （0.9±0.1）V（变化）|

从仪器显示的数据流与经验正常值（以往发动机正常时测得的数据流范围）比较结果看，有多个数值偏离正常范围。这种情况下，数据流分析的关键在于先找到一个切入点，由此分析才能深入下去。

首先，从节气门开度数值分析入手，测得的节气门角度值达 7°，超出了经验正常值范围。发动机 ECU 具有学习修正功能，因此，节气门体清洗后即使未做基本设定，ECU 通过自适应修正，节气门的开度也会很快达到使怠速正常的适当范围之内。因此，角度过大应该是发动机 ECU（J220）进行怠速稳定自适应修正的结果，而不是故障所引起的。

喷油脉宽达到了 2.85ms，也超过了经验正常范围；氧传感器信号长时间滞留在 0.455～1.0V 之间，也有可能是 J220 调整的结果。再看进气质量，同样也超出了经验正常范围，但与前面分析的其他数据相比，只有进气质量是单向的输入信号，因而可以认为是该信号与实际进气量存在偏差，造成了其他数据的相应改变及波动。

为验证上述分析，在急加速时测相关数据流，各相关数据流的变化情况为：节气门角度响应良好；点火提前角在转速未能提升起来的 2s 时间里，停留在 20°以内，然后才随转速的上升而上升到 30°以上；喷油脉宽也难以达到 10ms 以上；氧传感器的信号响应性跃变也不明显；进气质量在急加速的 2s 内只升至 15g/s 以下，而正常情况下，该数值可瞬间达到 20g/s 以上。

对上述数据流进行综合分析，最大的故障可能性就是空气流量传感器性能下降，其信号失准，从而造成了本例故障现象的发生。

## 3. 故障分析与处理

更换空气流量传感器，试车检验，发动机怠速稳定，急加速时发动机转速响应及时，故障排除。用 V.A.G1552 故障诊断仪再次读取数据流，怠速工况下的主要数据流如表 10-4 所示。

表 10-4 修复后的发动机怠速工况下主要数据流

| 发动机转速 | 进气质量 | 喷油脉宽 | 点火提前角 | 节气门开度 | 氧传感器 |
|---|---|---|---|---|---|
| 760～800r/min | 2.65g/s | 1.85ms | < 12° | < 4° | 0.25～0.675V（变化）|

发动机怠速工况下各相关数据流均在经验正常范围之内，急加速时，点火提前角可迅速升至 40° 以上，喷油脉宽可升至 10ms 以上，进气质量可升至 25g/s 以上，氧传感器信号也恢复正常。

本故障检修案例进一步提示了当多个数据流存在关联关系时，就需要根据这几个数据间的因果关系，找到哪个是"因"，哪些是"果"，只有这样。才能准确而又迅速地找到真正的故障原因。本例的 5 个相关数据流中，"因"就是进气质量数值异常，是它引起了其他数据的变化。

在怠速工况，空气质量数据大于正常值，致使喷油时间增加而引起混合气过浓，这又迫使发动机 ECU 根据氧传感器的信号对喷油时间做出必要的调整，从而导致了怠速不稳定，并使其他相关数据值超出正常范围。

在急加速工况时，由于空气流量传感器信号的响应性差，信号不能与实际进气量同步，致使 J220 由此确定的喷油量比实际需要量少，造成混合气过稀，故而发动机进气管回火、动力输出不足、加速时转速难以上升。

> **专家解读：**
>
> 从本例和上例的数据流分析检修故障过程给我们的提示是，即使是同类车型有相似的故障现象，故障原因也有可能不同。在进行故障诊断时，既不能盲目听信车主的故障描述，也不能盲目地自信历史经验。根据实际的故障现象进行相关的数据流检测与分析是最为行之有效的手段。
>
> 本数据流分析实例也说明了数据流关联分析的重要性。当测得的数据流中有多个数据异常时，一定要将各个数据联系起来，进行综合分析，分清它们之间的相互关系。千万不能孤立地逐个分析每个数据，否则容易造成故障检修多走弯路。

## 例二十　丰田佳美轿车突然熄火后不能起动

### 1. 故障现象

一辆丰田佳美（CAMRY）SV33 型轿车，装备 3S-FE 型 2.0L 发动机，该车出现了发动机不能起动故障，偶尔能起动，行驶后又会突然熄火，且无法再起动。

### 2. 故障检修过程

这种故障现象的可能原因包括进气系统有阻塞或漏气、燃油供给系统供油不畅或不供油和点火系统不点火或点火不正常等。

检查进气系统和燃油供给系统未发现异常，检查相关的参数均在正常范围之内。所以，把故障检修的重点放在点火系统。

检查高压跳火情况，结果为无火。短接检查插座的 TE1 和 E1 端子，从仪表板上发动机检查指示灯的闪烁读取 ECU 内部存储的故障信息，闪示的故障码为 14，该故障码所表示的可能故障原因有：IGT 或 IGF 信号断路；点火线圈损坏；点火控制模块损坏；发动机 ECU 损坏。

根据故障码的故障信息提示检查相关的部件：拆下分电器，检测分电器内的 Ne、G 信号感应线圈的电阻，分别为 180Ω 和 140Ω，均正常。检查点火线圈、分电器、点火控制模块等点火系统部件的插接器，均未见松动。检查点火控制模块，其 5 个接线端子的线路连接如图 10-5

所示，起动发动机时，B 与 C 之间的电压 0～12V 变化，IGT 端子有脉冲电压，IGF 端子没有脉冲电压，检查结果表明点火控制模块在 IGT 端子输入脉冲电压（点火信号）后，通过 C 端子可通断点火线圈初级电流，但 IGF 端子没有反馈信号输出，这说明点火控制模块有故障。

由于点火控制模块更换成本较高，故对其连接线路再仔细检查，结果发现点火控制模块插接器内的 IGF 端子连线断路，并非点火控制模块本身的故障。

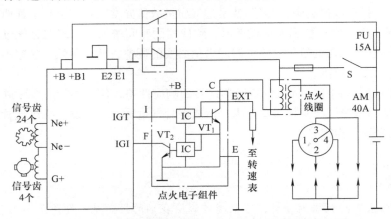

图 10-5　丰田佳美轿车 3S-FE 发动机点火系统电路原理

**3. 故障分析与处理**

将点火控制模块插接器断线处修复，发动机可顺利起动，且运转正常，故障排除。

> 🔥 **专家解读：**
>
> 本例发动机电子控制系统设有单独的点火控制模块，点火控制模块插接器 IGF 端子输出的是点火控制模块内部产生的反馈信号，在点火系统工作正常时有 IGF 信号输出，发动机 ECU 根据此信号判断点火系统工作正常与否。当发动机 ECU 连续几次接收不到 IGF 信号时，就会判断为点火系统有不点火故障，发动机 ECU 自诊断系统就会启用其安全保护控制，立即停止燃油泵继电器和喷油器工作，使发动机熄火，以避免排气管中的三元催化转化器因过度反应而被烧坏。因此，当点火控制模块插接器的 IGF 端子断线，而使发动机 ECU 接收不到点火控制模块发出的 IGF 信号时，由于发动机 ECU 自诊断系统的安全保护控制，使发动机燃油供给系统停止了供油，因而发动机会立即熄火，且不能起动。

## 例二十一　桑塔纳 2000GSi 油耗高且尾气呛人

**1. 故障现象**

一辆桑塔纳 2000GSi 轿车，出现了油耗增加且尾气呛人的现象，车辆在行驶中动力性尚可，但会有间歇性"闯"车现象出现。汽车维修人员针对故障现象作了必要的保养与清洗之后，故障现象有所减缓，但又出现了新的故障现象：原地加速后收油，仪表盘上的发动机转速会降至 500r/min，并来回波动几次后才能稳定在 800r/min 左右。

## 2. 故障检修过程

首先，用 V.A.G1552 故障诊断仪进行节气门体的基本设定，输入 098 组号完成节气门体与发动机 ECU 的匹配后，故障现象依旧。进行故障码读取操作，显示为"系统正常"。进入测量数据块读取功能，测得发动机怠速工况下主要数据流如表 10-5 所示。

表 10-5　测得的发动机怠速工况下主要数据流

| 发动机转速 | 进气质量 | 喷油脉宽 | 点火提前角 | 节气门开度 | 氧传感器 |
|---|---|---|---|---|---|
| 760~800r/min | 4.6g/s | 3.4ms | <8°~12° | <5° | 0.635~0.1V（变化） |

根据所测得的数据流进行分析，虽然进气质量明显高于经验正常值，但不能就此判定为进气流量传感器或 ECU 内部的传感器信号处理电路有故障。根据维修手册的提示"若大于 4.0g/s，可能是发动机负荷过大"，是否有导致发动机怠速时负荷增大的因素？

影响发动机负荷的一个主要因素是空调的开启，于是按动空调面板上的 A/C 开关，同时观察数据流 20 组号第 3 区的空调开关状态，反应正常，而且相关数据也均有所响应，例如，进气质量和喷油脉宽均有所增加，这说明故障与空调系统无关。

继续查看冷却液温度、空气温度等数据流，均处于热机状态，因而也可排除暖机高怠速有异常。

做急加速试验，点火提前角、喷油脉宽、进气质量响应均良好，只是在收油后，转速会跌落到 400r/min 左右，再上下波动几次才能保持稳定。是什么原因引起转速的跌落和波动呢？结合油耗高、尾气呛人这些故障现象，以及进气质量数据在各工况下均偏高等情况，判定是空气流量传感器有故障。

## 3. 故障分析与处理

更换空气流量传感器后，急加速时怠速跌落及波动的现象消失，尾气呛人及"闯车"等故障现象也都消失了，故障排除。

空气流量传感器失效后，由于提供了错误的空气流量信号，不仅导致了发动机各工况下的空气质量数据偏高，致使混合气过浓、油耗增加、尾气呛人，而且也影响了发动机 ECU（J220）对发动机怠速的控制，尤其是在节气门开度在大幅度变化后，需要反复数次才能将怠速稳定下来。

> **专家解读：**
>
> 　　本例数据流分析故障检修过程再次提醒我们，不能看到那个数据流数值或状态异常，就直接更换与该数据流相关的传感器或控制器。要考虑数据流的关联性，以及数据流之间的因果关系。

## 例二十二　桑塔纳 2000 轿车怠速抖动且在加速时前后窜动

### 1. 故障现象

一辆桑塔纳 2000 轿车，怠速抖动较为严重，且在行驶中，特别是在加速时，车辆前后窜动，乘坐的舒适感很差。

## 2. 故障检修过程

首先，用 V.A.G1552 故障诊断仪进行故障码读取操作，显示有 00533 和 00561 两个故障码。故障码 00533 表示空气流量传感器 G70 对地断路或短路，00561 表示混合气适配超过调节界限。

进入检测仪 08 功能，读取测量数据块，显示的进气质量信号可随发动机转速的变化而改变，而喷油脉宽及节气门开度均超过经验正常值的上限。结合故障码 00533 的提示，可以确定燃料供给系统存在问题，应做必要的保养。于是，清洗了喷油器和节气门体，装车后清除了故障码并进行了基本设定。起动发动机后发现急速抖动更加严重了，再次读取故障码，仍有 00533 故障码，反复清除也不能消除该故障码，这说明"空气流量传感器 G70 对地断路或短路"故障确实存在，需要对空气流量传感器及其线路进行检查。

该车热膜式空气流量传感器的外形与电路如图 10-6 所示。

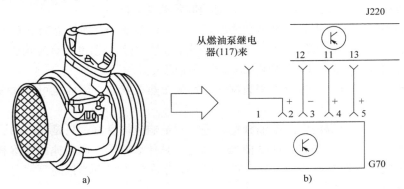

图 10-6　热膜式空气流量传感器的外形与电路
a）传感器外形　b）传感器电路

空气流量传感器的 5 端子插接器的 2 号端子连接车载电源，发动机起动后应有 12V 电压；3 号端子为搭铁端子；4 号端子是 J220 提供的 5V 工作电压；5 号端子是传感器输送到 ECU 的信号端子。

检测 2、3、4 端子的电压均正常，用针刺的方法检测 5 号端子（传感器输出信号）的电压，急速时为 1.32V 左右，在急加速时可升至 3.2V 以上，检测结果反映传感器 G70 有信号输出，且信号电压的变化值也是正确的。检测结果表明空气流量传感器线路正常，那为什么会有故障码 00533 呢？

为寻找故障原因，将空气流量传感器的插接器拔开，再看进气质量数据流，发现与传感器插接器连接时无多大变化，也能随着发动机转速的变化而变化。由此可见，仪器检测到的进气质量数据流并不是 ECU 根据空气流量传感器信号计算得到的真实值，而是在产生 00533 故障码后 ECU 启用故障运行功能的替代值。

通过努力，终于将 00533 故障码清除掉，急速也有所好转，但故障并没有完全排除。在发动机 ECU 启用故障运行时，仍有如此严重的故障现象，应该还有其他的故障，例如点火系统存在断火故障。

## 3. 故障分析与处理

更换了一组高压导线，同时更换了空气流量传感器，起动发动机后试车，急速平稳，再次调取故障码，系统显示正常（00533 故障码不再出现），原地急加速性能良好，路试结果也一切正常，故障彻底排除。

> **专家解读：**
> 本例故障检修过程给我们的提示是，故障码可以给汽车电子控制系统的故障检修带来极大的方便，但有些故障仅仅依靠故障码是不够的，需要通过数据流分析才能找到真正的故障。故障码 00533 提示空气流量传感器 G70 对地断路或短路，但实测传感器的信号电压有正常的变化，并没有找到故障码所提示的短路或断路故障。通过对比空气流量传感器断开前后的进气质量数据流，才发现是发动机 ECU 自诊断系统已经检测到了空气流量信号异常，启用了故障运行功能，根据故障现象又推断出还存在点火系统故障的可能。
> 本故障实例再次说明了汽车数据流分析在现代汽车检修中的作用，熟悉汽车数据流，运用好数据流分析方法，就不会有什么疑难的故障。

## 例二十三　桑塔纳 2000GSi 轿车怠速不稳且加速冒黑烟

### 1. 故障现象

一辆桑塔纳 2000GSi 轿车，油耗极高，尾气很呛人，使人无法忍受，行驶中加速不良。此前汽车修理人员清洗了喷油器和节气门体，检测了燃油压力，且更换了火花塞，但故障症状并无好转。

### 2. 故障检修过程

首先，确认故障症状，起动发动机，怠速抖动较大，尾气伴有黑烟，在排气管口附着大量黑色炭粒。从这些故障症状来看，起因可能是发动机存在混合气空燃比失调。于是，连接 V.A.G1552 故障诊断仪，进入 08 读取测量数据块功能，测得相关数据流如表 10-6 所示。

表 10-6　测得的发动机怠速工况下主要数据流

| 发动机转速 | 进气质量 | 喷油脉宽 | 点火提前角 | 节气门开度 | 氧传感器 |
| --- | --- | --- | --- | --- | --- |
| 720~890r/min | 5.7g/s | 4.2ms | <8°~14° | <5% | 0.670V |

从测得的相关数据流分析可知，进气质量远远超出了经验正常值上限，喷油脉宽相比正常也增大了两倍之多。可见，车辆的油耗过高是必然的。根据该车型以往的维修经验，尾气达到冒黑烟的程度时，要重点考虑氧传感器性能是否良好。显示的氧传感器信号一直处于 0.670V 区域，且变化很慢。据此，很有可能是氧传感器性能下降引起了上述故障现象的出现。为验证此推断，进行了如下检测：

1) 在发动机运转时拔下氧传感器的 4 端子线束插头，观察数据流，氧传感器数据显示为 0.455V。该电压是氧传感器工作的基准电压，只有在线路中断时才一直保持稳定。该数据值表示发动机 ECU 至氧传感器之间的信号线路良好。

2) 用试灯测量氧传感器加热器端，试灯亮，说明加热线至燃油泵继电器之间的线路良好；测量加热器电阻也正常。

3) 将氧传感器线束插头插回，氧传感器信号恢复，急加速时测信号的变化频率可达 10 次/s 左右。

综合分析，氧传感器信号可在极端变化下有所响应，此外，数据流 09 组第 4 区的怠速 λ 调

节值已达 −20%，超出了正常范围（−10% ~ 10%），这说明 ECU 已针对氧传感器反馈信号做出了相应的调节，但已超出了调节极限。根据上述检测结果和数据流分析，故障原因应该出自空气流量传感器。

### 3. 故障分析与处理

更换空气流量传感器，试车检验，故障现象消失，故障排除。

> **专家解读：**
>
> 从"进气质量远远超出经验正常值上限"、"喷油脉宽相比正常增大了两倍之多"的数据流来看，由于空气流量传感器失效，提供的信号不准确，使得 ECU 对进气质量产生误判，因而根据空气流量传感器及其他相关传感器的信号计算得到的喷油时间过长，从而导致了混合气过浓，使排气管冒黑烟。
>
> 根据氧传感器信号进行空燃比反馈控制过程中，"氧传感器信号一直处于 0.670V 区，且变化很慢"实际上是氧传感器对混合气浓度情况的正常反应，并非是氧传感器有故障，因为混合气确实一直处于过浓状态。由于根据氧传感器的信号对混合气的空燃比修正量有限，相比于对进气质量的误判而增加的喷油量要小很多，因此，即使 λ 调节值已经超出了正常范围许多，也不能将混合气的空燃比降至理论空燃比，故而混合气浓度一直处于过浓状态，导致发动机油耗极高。

## 例二十四　日产天籁轿车空调压缩机不工作

### 1. 故障现象

一辆东风日产天籁轿车，开空调时，空调面板上显示正常，但出风口吹出的风不凉。

### 2. 故障检修过程

初步检查发现鼓风机工作正常，但压缩机不工作，该车空调控制系统电路原理如图 10-7 所示，可能的故障原因有：

1）空调系统的电源线路与控制线路有接触不良或有断路之处。
2）空调电子控制系统有故障。
3）发动机电子控制系统有故障。
4）压缩机本身有故障。

首先进行直观检查，检查空调系统电源线路、控制线路及熔断器等，均无异常，初步判断为发动机电子控制单元切断了压缩机电磁离合器线圈电路，使压缩机停止了工作。

连接专用故障诊断仪，进行故障码读取操作：先进入发动机控制单元读取故障码，无故障码显示；再进入空调控制单元读取故障码，也没有故障码读取；然后进入车身控制单元读取故障码，仍然无故障码；最后进入电源分配单元读取故障码，还是没有显示故障码。自诊断结果表明，各电子控制系统无故障。

进行数据流读取操作。操作故障诊断仪如下：

1）进入空调控制单元，选取数据监控模式，读取数据流，选择空调开关信号，显示"ON"，说明空调控制单元已经输出压缩机工作信号。

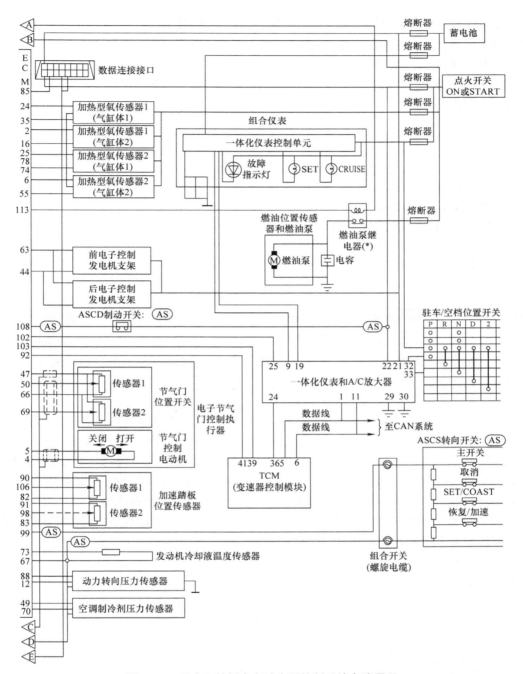

图 10-7 日产天籁轿车自动空调控制系统电路原理

2）诊断仪进入发动机控制单元，选取数据监控模式，读取数据流，选择空调开关信号，显示"ON"，说明发动机控制单元已经接收到空调开关信号。

3）选取压缩机继电器控制信号，显示"OFF"，说明发动机控制单元没有发出压缩机工作信号。

数据流读取结果表明，由于某个原因，发动机控制单元没有发出压缩机工作信号，从而导致了压缩机不工作。为验证该判断，可将诊断仪选择主动测试模式，选取压缩机继电器动作，压缩机立刻工作，证实压缩机及控制线路均正常，是发动机控制单元发出了停止压缩机工作控制信号，使压缩机停止了运转。

用故障诊断读取发动机监控数据。为确保发动机的性能，天籁轿车发动机控制单元有如下停止压缩机工作设置：

1) 加速踏板踩到底（节气门开度过大）时。
2) 在起动发动机时。
3) 当发动机转速过高（高于6000r/min）时。
4) 当发动机转速很低（低于300r/min）时。
5) 当发动机冷却液温度过高时。
6) 空调制冷管路内压力过高时。
7) 在发动机转速过低或车速过低的情况下，操纵动力转向。

针对上述发动机监控设置，逐条读取发动机监控数据流如表10-7所示。

表10-7 发动机监控数据流

| 节气门开度 | 发动机冷却液温度 | 发动机转速 | 制冷管路压力传感器电压 | 动力转向状态 |
|---|---|---|---|---|
| 8% | 82℃ | 750r/min | 1.48V | ON |

从上述发动机监控数据流可知，节气门开度、发动机冷却液温度、发动机转速及制冷管路压力传感器电压均正常，动力转向状态ON则不正常。因为检测时并没有打转向盘，由此可断定动力转向压力传感器或其连接线路有故障。

检查动力转向压力传感器插头电压。拔下动力转向压力传感器插头，测量插头端子的电压，其中两个端子对地电压有5V，一个端子为0V。根据电路原理可知，传感器的三个端子中，连接蓝色导线的端子为传感器电源端，正常电压为5V；连接黑色导线的端子为公共接地端；连接白色导线的端子为信号端，正常电压为：不打方向时0.4~0.8V，打方向时0.5~4.5V。而现在没有打方向，却有5V电压，说明线路有短路之处，或控制单元有故障。

查找线路有无短路故障。顺着动力转向压力传感器连接线路查找，发现在发动机舱右下方，传感器线束已被磨破，5V的电源线和信号线搭在了一起，故而连接这两根线的电源端子和信号端子均有5V电压。故障原因找到。

**3.故障分析与处理**

将破损的导线进行包扎处理，起动发动机后，再测量传感器连接白线插头端子对地电压，约0.5V，打开空调，压缩机正常工作，空调制冷恢复正常。

> 🔥 **专家解读：**
>
> 该车压缩机受发动机室智能电源分配控制单元（IPDM）控制，在空调控制单元、车身控制单元、发动机控制单元及智能电源分配控制单元之间的控制信息交流，是通过CAN总线传输的。当某个控制单元有需要压缩机停机的信号时，通过CAN总线将信息传送给发动机控制单元，由发动机控制单元控制压缩机停机。因此，动力转向压力传感器线路短路，这个看似与空调系统毫无关系的故障，却会导致空调压缩机不工作。

# 第十章 汽车数据流分析应用实例

## 例二十五　别克凯越轿车空调压缩机不工作

### 1. 故障现象

一辆 2002 款别克凯越轿车，自动空调开启时，鼓风机工作正常，但压缩机不工作。

### 2. 故障检修过程

该车空调系统控制电路如图 10-8 所示，空调压缩机不工作的可能原因有：空调电源线路有断路，或熔断器熔丝烧断；空调压缩机继电器有故障；空调压缩机电磁离合器有故障；自动空调控制系统中的传感器、控制器有故障。

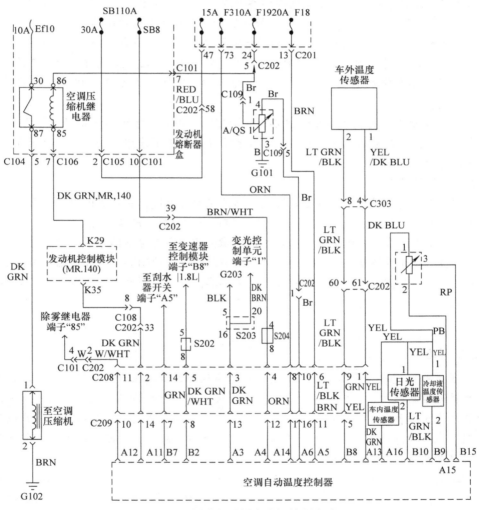

图 10-8　别克凯越轿车空调控制电路

首先做直观检查，检查熔断器正常，线路也无松脱或破损之处。然后进行故障自诊断操作，读取故障信息。连接别克故障诊断仪 TECH-II，分别读取空调控制系统（HVAC）和发动机动力控制系统（PCM）的故障码，结果为两个电子控制系统均无故障码。用诊断仪特殊功能对压缩机进行测试，压缩机电磁离合器可以吸合，说明压缩机电磁离合器也没有故障。

根据电路原理分析，由发动机控制器直接控制空调继电器（压缩机）工作，而空调的起动则是由空调控制器发出的。于是，读取发动机数据中空调请求信号一项，显示为OFF，在空调开关已经打开的情况下，空调自动温度控制器并没有发出请求信号，说明空调控制系统中肯定有故障存在。

对照空调的工作状态，在空调控制器上读取各传感器数据，显示湿度传感器、阳光传感器、室内温度传感器电压值均在正常范围之内，只有室外温度传感器显示反常，显示的环境温度为-38℃，与实际温度相去相去甚远，在空调控制面板显示器上，也显示-38℃。

检查室外温度传感器。在前中网处找到室外温度传感器，测得其电阻为2500Ω，正常，而显示器显示环境温度为-38℃，说明该传感器线路或空调自动温度控制器有故障。

检查传感器线路。打开点火开关，测量传感器插头，电压只有1.2V；再拆开空调控制面板，测量空调自动温度控制器A13与B8之间的电阻，为1MΩ。这就可以断定，传感器到空调面板之间的线路有接触不良之处。测量面板B8端子电压，为4.5V，确认空调自动温度控制器没有问题。

查找线路故障处。从室外温度传感器到空调控制面板处，传感器线路经过了3个接插件，顺着导线颜色查找，在发动机舱内的一个接线插头处，发现了线路接触不良问题所在，该处插头已严重氧化。

### 3.故障分析与处理

将该插头进行清洁处理，重新插好插头，再测量室外温度传感器处的电压，有4.5V电压，恢复正常。将所有元件线路插头都装复后试车，空调制冷良好，故障排除。

本例由于室外温度传感器电路的接触不良故障，使得室外温度信号不正常，造成空调自动温度控制器做出"环境温度过低"的误判。自动空调的电子控制器设有环境温度过低自动停止空调压缩机工作的保护功能，当通过室外温度传感器检测到"环境温度过低"时，就不会发出空调压缩机工作请求，空调压缩机也就不会工作了。

**专家解读：**

电子控制器通过自诊断程序，对输入信号与设定的标准值进行比较，来判断信号电路和元件是否有故障，也就是说，只有信号丢失，或信号超出了设定的范围，自诊断程序才作出有故障判断，并储存故障信息。由于室外温度传感器线路插头氧化，导致信号不准确，但信号并没有丢失，也没有超出设定的范围，故而自诊断程序未作出有故障判断，所以在进行自诊断操作时，没有显示故障码。

该车空调面板上室外温度显示方式为：车辆以32km的速度每行驶0.5 min后，显示值刷新一次；车辆以72km的速度每行驶1.0 min后，显示值刷新一次；如果室外温度下降，则显示值会即时更新；如果车辆行驶超过3h，车辆起动后，显示当前环境温度；如果车辆行驶不足3h，车辆起动后，显示以前车辆运行时的环境温度。因此，当排除室外温度传感器及其电路故障后，如果空调面板上显示的车外温度仍不准确，驾驶车辆行驶一段时间后，其显示值会自动恢复正常。

## 例二十六　奥迪 A6 轿车修理后发动机不能起动

### 1. 故障现象

一辆进口奥迪 A6 2.6L 型轿车，在一家汽修厂修理后发动机不能起动，经检查，起动发动机时，发动机 ECU 无点火信号和喷油信号输出。

### 2. 故障检修过程

从故障现象分析，可能的故障原因主要有：

1）发动机电控系统线路有短路或断路故障。
2）发动机转速等传感器及其线路有故障。
3）发动机 ECU 有故障。

首先，检查发动机电子控制系统。通过直观检查和相应的检测，相关传感器及其线路均未发现问题，判断为发动机 ECU 有故障。于是，按零件号（4A0 862 257B）购回发动机 ECU，装车后试车，发动机可发动，但 2~3s 后即熄火，说明还有其他的故障存在。

进行故障码读取操作。用大众公司专用的故障诊断仪 V.A.G1552 读取故障码，得到的故障码是 01176，表示信号太弱或钥匙非法。发动机能够发动，说明发动机 ECU 已经有点火信号和喷油信号输出，发动机立即熄火的原因很有可能是新更换的发动机 ECU 与原防盗系统不匹配，防盗系统起了作用。

### 3. 故障分析与处理

对发动机 ECU 与原防盗控制模块进行匹配，方法如下：

1）使用匹配过的合法钥匙打开点火开关（ON）。
2）连接专用的故障诊断仪 V.A.G1552，进入地址码为 25 的防盗控制系统。
3）选择"ADAPATION"（匹配）功能，代码为 10。
4）输入通道号"00"，屏幕显示"是否清除数值"，按"Q"键确认。
5）屏幕显示"数值被消除"，表示匹配完成，发动机 ECU 的随机代码被防盗控制模块记忆。

匹配完成后，发动机即可顺利发动，故障排除。

> **专家解读：**
>
> 本例给我们的提示是，更换发动机 ECU 后，需要与原防盗系统进行匹配，否则，发动机不能正常起动。匹配方法如上所述，但不同车型"通道号"不同，奥迪车型为"00"。

## 例二十七　广汽本田缤智 RU5 车型发动机故障指示灯亮

### 1. 故障现象

有一辆 16M 广汽本田缤智 RU5 车型，行驶里程 61000km，前几天保养之后，行驶过程中发现仪表上的发动机故障指示灯点亮。

### 2. 故障检修过程

接入专用故障诊断仪读取故障码为 P0172，表示混合气过浓。消除故障码后再试车，不再亮灯。进行相关的检查和修理后，再进行试车检验，行驶了 20 多 km 都没有亮故障指示灯。认为已没有故障。但是，第 2 天发动机故障指示灯点亮，说明汽车还是有故障存在。

再次连接故障诊断仪，读取故障码，依然显示混合气过浓的故障码 P0172。于是读取数据流，发现"空燃比反馈（短期性燃油调整）"数据显示 0.71，这个数值明显太低了（正常值应该在 1 左右），说明发动机 ECU 的确检测到了空燃比偏低（混合气过浓），故而一直在作减少喷油时间来进行修正，以保持实际空燃比在 14.7 附近。同时，还发现进气流量信号 MAF 数据偏大，为 2.8g/s 左右，而比对同型号的其他车，在相同怠速工况下为 2.1g/s 左右，相差较大。

分析混合气过浓最常见的原因有：供油过多或进气减少，以及反馈信号出错这三个方面。根据广汽本田汽车维修手册的故障排除指引，采用替换件的方法，找来一个同型号且正常的缤智车辆，先后替换了 MAF 传感器，氧传感器，一组喷油器，发动机故障指示灯能熄灭了，但是读取数据流，数据显示没有任何变化。

于是，对燃油系统压力也进行了测量，测得压力是 4.2kgf/cm$^2$，这属于正常范围。再根据获取的数据进行分析，MAF 数值严重偏高，根据燃油喷射控制的原理，发动机 ECU 根据 MAF 信号计算出发动机进气量，根据曲轴位置传感器信号计算出发动机转速，根据进气量和转速这两个主控信号计算出相对应的喷油持续时间（喷油脉宽），喷油脉宽加宽，喷油量增大，一般喷油脉宽为 2 ~ 10ms。如果电脑控制喷油量较多，而实际进气并没有那么多，就会造成混合气偏浓的故障。仔细分析故障原因，为什么发动机 ECU 检测到的数据会偏大，或者是什么原因会造成实际进气量减少呢？结合之前已经做过的检查和替换件，怀疑是实际的进气量小于 ECU 检测量。为了排除进气系统存在堵塞的情况，试着拆下空气滤清器进行气路检查，并进行了替换试验，结果故障灯不亮了，读取数据流，也显示数据正常，说明空气滤清器处有问题。

**3.故障分析与处理**

对比检查两个空气滤清器壳体盖，终于发现了异常，故障车原来的空滤器盖子上多了一个橡胶圈，这个橡胶圈本该是装在节气门体上的，估计是上次做保养的时候，由于技师的粗心大意，将其错误地安装在了空气滤清器盖上，造成了实际进气量偏小，和发动机 ECU 检测数据不符而导致短期性燃油调整数据偏小，并点亮故障指示灯。

将橡胶圈正确安装后，相关数据流均正常，发动机故障指示灯不亮，故障排除。

**专家解读：**

本例故障是由于实际的进气量小于 ECU 检测到的进气量，而发动机 ECU 是按照检测到的进气量来控制喷油的脉宽（喷油量），故而导致了混合气偏浓，故障指示灯亮起。

# 参 考 文 献

[1] 麻友良.汽车电器与电子控制系统［M］.4版.北京：机械工业出版社，2019.
[2] 张凤山，静永臣.汽车数据流速查手册［M］.北京：机械工业出版社，2011.
[3] 麻友良.汽车点火系统原理与故障检修实例［M］.北京：机械工业出版社，2010.
[4] 麻友良.汽车车身电气系统原理与故障检修实例［M］.北京：机械工业出版社，2011.
[5] 张永艳.基于数据流分析的丰田普锐斯排故案例探讨［J］.时代汽车，2019（9）：56-60.
[6] 赵明敬.数据流分析法在汽车电控系统故障排除中的应用［J］.汽车运用技术，2019（19）：69-71.
[7] 陈媛媛.现代汽车维修的特点及数据流技术在维修中的应用分析［J］.内燃机与配件，2019（1）：115-116.
[8] 刘金良.数据流分析在汽车电控发动机故障诊断中的应用分析［J］.时代汽车，2019（3）：72-75.
[9] 张丽丽.数据流分析在汽车故障诊断中的运用［J］.内燃机与配件，2017（18）：71-72.
[10] 孙培路.数据流分析在汽车故障诊断中的运用［J］.汽车维修，2017（1）：30-31.
[11] 龚击.数据流技术在汽车维修中的应用论述［J］.时代汽车，2016（10）：15-18.
[12] 麻友良，程胭脂，等.数据流分析在汽车故障诊断中的应用［J］.汽车维修，2015（10）：9-11.